U0535006

推动产业迈向中高端

理论、政策与实践

曾智泽 等◎著

中国社会科学出版社

图书在版编目（CIP）数据

推动产业迈向中高端：理论、政策与实践/曾智泽等著．—北京：中国社会科学出版社，2018.4
ISBN 978-7-5203-2201-0

Ⅰ.①推… Ⅱ.①曾… Ⅲ.①产业结构升级—研究—中国 Ⅳ.①F121.3

中国版本图书馆 CIP 数据核字（2018）第 052783 号

出 版 人	赵剑英
责任编辑	王　曦
责任校对	孙洪波
责任印制	戴　宽
出　　版	中国社会科学出版社
社　　址	北京鼓楼西大街甲 158 号
邮　　编	100720
网　　址	http://www.csspw.cn
发 行 部	010-84083685
门 市 部	010-84029450
经　　销	新华书店及其他书店
印刷装订	北京君升印刷有限公司
版　　次	2018 年 4 月第 1 版
印　　次	2018 年 4 月第 1 次印刷
开　　本	710×1000　1/16
印　　张	18
插　　页	2
字　　数	263 千字
定　　价	86.00 元

凡购买中国社会科学出版社图书，如有质量问题请与本社营销中心联系调换
电话：010-84083683
版权所有　侵权必究

前　言

当前，我国产业总体上处于全球创新链外围、价值链低端。为及时弥补我国产业发展因低要素成本优势逐渐丧失受到的侵蚀①，有效缓解高消耗、低人均的资源能源和高排放、低容量的尖锐矛盾②，顺利实现"两个一百年"奋斗目标，我国产业迫切需要迈向全球价值链中高端③。我国产业已完成量的积累，进入到质的提升阶段，科技发

---

① 国际比较表明，近年来我国工资上涨速度不仅显著快于美日欧等发达经济体，而且快于南非、巴西等发展中国家。参见国家信息中心宏观经济形势课题组《中国制造业成本国际比较及降成本六大建议》，《中国证券报·中证网》2016年2月29日。同时，工业用地日益稀缺，土地价格不断攀高。另外，随着物价指数的上涨，原材料的总体价格也在不断攀升。参见陈佳贵、黄群慧、吕铁等《中国工业化进程报告（1995—2010）》，社会科学文献出版社2012年版，第72—73页。由于我国低要素成本优势逐渐丧失，印度及东南亚国家，甚至非洲等国家越来越深入地进入到传统制造业和技术密集型产业的低技术环节，对我国形成挤压态势。

② 目前，我国45种主要矿产资源人均占有量不足世界人均水平的1/2，人均可再生淡水资源仅为世界平均水平的1/3左右，人均石油、人均天然气可开采储量均不到世界平均水平的1/10，主要能源、矿产资源对外依存度持续上升，石油和铁矿石对外依存度均超过50%。但2013年，我国GDP仅占世界经济的12.3%，而消耗的煤炭、一次能源和淡水分别占世界消耗总量的50.3%、22.4%和15%左右。与此同时，环境污染和生态恶化已成为我国实现经济社会全面发展的巨大障碍，不考虑人均和历史因素，我国已成为全世界二氧化碳排放最多的国家，长期存在的高投入、高能耗、高排放增长模式造成大气、水、土壤等污染严重，生态环境承载能力已经达到甚至超出上限。参见马建堂、王军《保持中高速迈向中高端，全面建成小康社会——"十三五"时期我国发展环境、深刻变化和主要任务》，《国家行政学院学报》2015年第3期。

③ 2016年5月，中共中央、国务院印发的《国家创新驱动发展战略纲要》要求，到2020年，若干重点产业进入全球价值链中高端，成长起一批具有国际竞争力的创新型企业和产业集群；到2030年，主要产业进入全球价值链中高端。本书据此把"推动产业迈向中高端"理解为"推动产业迈向全球价值链中高端"的缩略语，不再把"产业迈向中高端"与产业升级、产业结构升级等作为近似语混同起来研究，而仅仅聚焦研究我国参与全球价值链分工程度较高的产业，迈向全球价值链中高端的途径与技术创新政策。

展已进入从点的突破向系统能力提升的重要时期，以增强产业控制力的技术创新为根本途径，以协同一体化技术创新政策体系为重要保障，推动我国参与全球价值链分工程度较高的产业，实现攻克关键核心技术、提高产品质量、打造有世界影响力的企业和品牌"三位一体"刻不容缓。然而，推动我国产业迈向中高端面临突破关键核心技术需要企业集中科技资源与科技资源分散、我国产业力求进入全球价值链中高端与发达国家力图将我国锁定在低端的突出矛盾。针对既有技术创新政策难以快速有效提升企业技术创新能力、忽视消化吸收再创新和产供用协同创新及传统产业技术创新等不足的问题，我国需要明确企业在技术创新中的主导地位，大力发展技术创新工具及相关服务平台，分类有序推进产业迈向中高端，努力构建协同一体化政策体系。

本书是在中国宏观经济研究院2016年年度重点课题（课题题目：推动产业迈向中高端的技术创新政策研究；研究课题编号：A2016041007）基础上编纂而成。本书撰写分工是：曾智泽负责全书框架设计，书稿修改定稿；杨威协助曾智泽书稿设计和修改工作。具体章节撰稿人分工为：第一章、第五章、第六章撰稿人，曾智泽；第二章撰稿人，杨威、曾智泽、马玥；第三章撰稿人，李红宇、曾智泽；第四章撰稿人，付保宗；第七章撰稿人，姜江；第八章撰稿人，杨威；第九章撰稿人，徐建伟；第十章撰稿人，周维富；第十一章撰稿人，杨超；第十二章撰稿人，李哲、曾智泽。

在研究过程中，课题得到了国家发展改革委宏观经济研究院王昌林副院长、白和金前院长、马晓河前副院长、毕吉耀研究员、俞建国研究员、肖金成研究员、臧跃茹研究员、刘立峰研究员和国务院发展研究中心创新发展研究部马名杰研究员的大力帮助，国家发展改革委产业所黄汉权所长、费洪平副所长（正司级）、王岳平前副所长给予了大力支持，在此深表感谢。通过课题组成员的共同努力，课题研究成果得到有关方面认可，部分观点已纳入相关政策与实践。当然，课题研究成果还存在诸多不足之处，需要在下一步研究中进一步完善。

本书课题组

目　录

第一章　产业迈向中高端的核心标志及实现途径 …………… 1

　一　产业迈向中高端的核心标志是掌握中高附加值环节 ……… 1

　二　增强产业控制力的技术创新是推动产业
　　　迈向中高端的根本途径 ……………………………………… 4

　三　协同一体化技术创新政策是实现产业
　　　迈向中高端的重要保障 ……………………………………… 7

第二章　推动产业迈向中高端的技术创新政策研究观点综述 …… 12

　一　关于技术创新 ……………………………………………… 13

　二　关于技术创新政策 ………………………………………… 22

　三　关于产业迈向中高端 ……………………………………… 28

　四　文献总结与评述 …………………………………………… 36

第三章　我国技术创新政策现状评价 …………………………… 49

　一　我国技术创新政策的总体成效 …………………………… 49

　二　我国技术创新政策的主要特点 …………………………… 51

　三　我国技术创新政策的突出短板 …………………………… 57

第四章　我国产业迈向中高端阶段的技术创新特征和政策研究 … 66

　一　我国产业技术创新的阶段性变化特征 …………………… 67

　二　我国产业迈向中高端的技术创新制约因素 ……………… 76

　三　政策建议 …………………………………………………… 82

第五章 我国产业迈向中高端的条件、矛盾和政策诉求 …… 86

一 我国产业在全球价值链中的地位 …… 86
二 我国产业迈向中高端的基础条件 …… 91
三 我国产业迈向中高端面临的突出矛盾 …… 95
四 我国产业迈向中高端的技术创新政策诉求 …… 105

第六章 推动产业迈向中高端的技术创新政策调整取向与建议 …… 108

一 技术创新政策调整取向 …… 108
二 推动我国产业迈向中高端的技术创新政策建议 …… 118

第七章 战略性新兴产业技术创新瓶颈与政策需求调查研究
——基于30个省市区调查问卷与部分地区实地调研的分析 …… 134

一 战略性新兴产业技术创新的成就、问题与制约 …… 135
二 战略性新兴产业技术创新政策需求调查 …… 137
三 推动战略性新兴产业发展的技术创新政策建议 …… 140

第八章 我国装备制造业迈向中高端的技术创新瓶颈与政策需求调查研究
——基于《2014年全国企业创新调查统计资料》及青岛装备制造业的调研分析 …… 144

一 我国装备制造业迈向中高端的技术创新瓶颈 …… 145
二 我国装备制造业突破技术创新瓶颈的政策需求调查 …… 150
三 政策建议 …… 160
附件1 青岛特锐德——面向客户需求的技术创新 …… 163
附件2 CAX在装备制造企业应用情况 …… 165

第九章 消费品工业迈向中高端的技术创新瓶颈与政策需求调查
——基于全国消费品工业基本面和
青岛市的调查分析 …… 168

一 我国消费品工业发展现状及面临的技术创新瓶颈 …… 169
二 青岛消费品工业迈向中高端的技术创新瓶颈调查 …… 172
三 关于技术创新的政策诉求与建议 …… 175
  附件1 海尔集团自主创新取得显著成效 …… 179
  附件2 CAX软件助力红领集团技术创新 …… 179
  附件3 青啤产品转型升级面临多重制约 …… 180

第十章 原材料工业迈向中高端的技术创新瓶颈与政策需求调查研究
——基于《2014年全国企业创新调查统计资料》及
十大产业调整振兴规划评估调查的分析 …… 182

一 原材料工业发展现状特征及其迈向
  中高端的技术创新瓶颈制约 …… 183
二 原材料工业技术创新政策需求调查 …… 193
三 调查结论与建议 …… 196

第十一章 利用CAX软件与系统推动
我国产业迈向中高端研究 …… 200

一 全球CAX软件与系统发展情况 …… 201
二 CAX软件与系统在我国技术创新中的作用 …… 204
三 我国CAX软件与系统面临的问题 …… 208
四 促进CAX软件与系统发挥更大作用的建议 …… 213

第十二章 日韩推动产业迈向中高端的
技术创新政策经验与启示 …… 219

一 日韩推动产业迈向中高端的总体背景 …… 220

二　日韩推动产业迈向中高端的创新途径 …………………… 222
　　三　日韩推动产业向中高端发展的政策经验 ………………… 231
　　四　日韩产业迈向中高端的启示 ……………………………… 238
　　五　日韩等国经验的参考借鉴分析 …………………………… 242
　　六　政策建议 …………………………………………………… 246

**附录一　我国技术创新政策汇总（2006 年 1 月—
　　　　　2016 年 9 月）** …………………………………………… 249

附录二　工业企业技术创新调查问卷及企业名录 ……………… 274
　　一　企业基本信息 ……………………………………………… 274
　　二　主要调查问题 ……………………………………………… 274
　　三　其他调查问题 ……………………………………………… 280
　　四　青岛调研企业名录 ………………………………………… 280

第一章　产业迈向中高端的核心标志及实现途径

摘要： 掌握中高附加值环节是产业迈向中高端的核心标志，增强产业控制力的技术创新是推动产业迈向中高端的根本途径，协同一体化技术创新政策是实现产业迈向中高端的重要保障。

关键词： 产业；中高端；技术创新

产业发展有其内在运行轨迹和规律。一般遵循技术水平由低级到中级再到高级的路径升级演进。台湾著名实业家施振荣提出的"微笑曲线"[①]认为，要增加企业的赢利，绝不能长期处于底端的组装、制造位置，而是需要往左端的技术、专利或右端的品牌、服务位置迈进。产业迈向全球价值链中高端以增加赢利的路径亦然。

一　产业迈向中高端的核心标志是掌握中高附加值环节

产业迈向中高端问题的由来，是发展中国家或地区在资金、技术、人才不足的情况下，以低成本要素优势切入全球价值链分工，以

[①] 微笑曲线是一条形象反映企业或产业在产品不同环节获利情况的曲线，分左、中、右三段，左段为技术、专利，中段为组装、制造，右段为品牌、服务；中段位置为获利低位，而在左右两段位置则为获利高位，整个曲线看起来像是个微笑符号。微笑曲线已得到大量国际贸易数据的印证：在全球价值链中，高端环节获得的利润占整个产品利润的90%—95%，而低端环节只占5%—10%。

微薄利润推动工业化发展，在遭遇发展瓶颈并具备一定条件后，努力寻求从全球价值链低端、中低端进入到中高端以期增加赢利和国民收入，实现更高发展目标。不难推测，发展中国家或地区参与全球价值链分工程度较高的若干产业如果成功迈上中高端，将通过技术扩散等途径带动其他产业和产业结构升级。

（一）垂直专业化分工深化带来产业价值链在国家间的分解

第二次世界大战后，随着专业化生产的发展，尤其是在关税及贸易总协定（成立于1947年）和世界贸易组织（成立于1994年）的推动下，商品和人员、资本、技术等生产要素的跨国流动日益频繁，经济全球化不断深化。发达国家的跨国公司为尽可能降低生产和交易成本，实现利益最大化，通过投资者驱动[1]和购买者驱动[2]两种形式把相关发展中国家的生产纳入全球生产体系，跨国公司掌控关键核心技术和营销渠道与品牌，专注于附加价值最高的环节，而将附加价值不高的环节通过跨国采购、外包、对外直接投资生产等形式转移到发展中国家。这种将产品的整条价值链拆解为诸多环节，在全球范围内择优配置资源的全球价值链分工，使得产业国际分工从国家间到企业内、从产业间到产业内、从产品间到产品内越来越深化、细化，打破了产业发展的国别独立性和完整性，形成了全球生产网络，促进了全球贸易和相关国家经济增长，同时也引发了全球制造业生产模式的重大变革，深刻影响着分工参与国尤其是发展中国家的产业成长[3]。

（二）以低端环节参与全球价值链分工存在低端锁定的风险

据联合国贸发会议（2013）估算，当前，全球贸易的80%由跨国公司完成，并且公司内贸易占据着主导地位（戴翔，2016）。发展中国家或地区在全球价值链分工中主要从事简单的加工组装活动，虽然处于被选择和被控制的地位，但由于参与全球价值链分工能快速获

---

[1] 即跨国公司对外直接投资。
[2] 即跨国公司采用契约形式的跨国采购。
[3] 产业成长是指某个产业形成以后，在动力机制的综合作用下不断扩大自身的过程，在生命周期中经历从弱小、幼稚、不成熟走向强大、成熟、具有竞争力的过程。参见张平《全球价值链分工与中国制造业成长》，经济管理出版社2014年版，第26页。

取资本、市场和较先进的技术、管理经验等，能加快推动其制造业成长，如"亚洲四小龙"①、"亚洲四小虎"②和中国的经济由此而迅速崛起，因而越来越多的发展中国家或地区积极参与到全球价值链分工当中。但是，从长远观点看，参与全球价值链分工对发展中国家或地区产业成长也带来一定负面效应，如外资产业控制度过高带来的产业安全威胁、本土产业的技术对外依赖问题、国内产业附加值低下甚至恶化问题、发展中国家间产业竞争引发的挤压问题等等（张平，2014）。

（三）掌握核心技术、拥有知名品牌是产业迈向中高端的关键

在经济全球化趋势不可逆转、参与全球价值链分工的发展中国家越来越多的背景下，价值链低端的竞争日趋激烈，利润越来越薄，发展中国家因此更难以进行风险更高的技术研发积累和投入，可能被固化在低端，陷入"悲惨增长"陷阱。因此，有条件的发展中国家适时推动产业迈向全球价值链中高端，是增加分工体系中的自主成分和话语权，更好地分享经济全球化成果，实现产业持续、高效甚至跨越式成长的必然选择。由于最终产品的生产不再由任何一个国家独立完成，最终产品的全部价值甚至产品的一个流转环节都不再完全由任何一个国家的本土要素所独自创造，所以一国产业是处于高端、低端还是中高端、中低端，已经不能简单地用最终产品来衡量，关键要看是否掌握产品设计、核心组件供应、品牌管理和营销等产生高附加值的环节（欧内斯特，2002）。例如，中国高技术产业以加工贸易③方式参与全球价值链分工，通过大量进口技术含量高的芯片、元器件、零部件等加工组装为产成品再大量出口，最终产品虽然是高技术产品，但自身并不掌握关键核心技术，也不掌握营销渠道和品牌，因而至今

---

① "亚洲四小龙"指的是亚洲的中国香港、新加坡、韩国和中国台湾，从20世纪60年代开始利用西方发达国家向发展中国家转移劳动密集型产业的机会，吸引外国大量的资金和技术，迅速走上发展道路，成为东亚和东南亚地区的经济火车头之一。

② "亚洲四小虎"指的是泰国、马来西亚、菲律宾和印度尼西亚四国。这四个国家的经济在20世纪90年代都像80年代的亚洲四小龙一样突飞猛进，因而得名。

③ 指从境外报税进口原材料、半成品、零部件、元器件等物料，由境内企业加工组装后再将制成品出口的经营活动。

仍整体处于全球价值链低端。

基于上述大背景，在梳理相关文献的基础上，我们认为：产业迈向中高端是指发展中国家参与全球价值链分工程度较高的产业从要素驱动向创新驱动转变，从成本竞争向技术、质量、品牌、服务竞争转变，在全球价值链、创新链中从低进入壁垒、低生产率、低附加值环节、低创新率，向中高进入壁垒、中高生产率、中高附加值环节、中高创新率转变的过程。其中，进入并掌握产生中高附加值的环节是核心标志，掌握关键核心技术及相关知识产权是基本前提和内在要求，拥有一批高质量的产品、一批主导甚至主宰世界产业发展方向的跨国企业和一批世界影响力大的国际品牌是外在表现，取得超过世界平均水平甚至达到发达国家水平的销售利润率是根本目的。

二　增强产业控制力的技术创新是推动产业迈向中高端的根本途径

发展中国家推动产业迈向全球价值链中高端的技术创新，由于要破除对发达国家及跨国公司的技术依赖，要破解发达国家的阻碍和控制，因此不同于一般意义上的技术创新，必须是增强产业控制力的技术创新。

（一）单纯依靠技术引进难以推动产业迈向中高端

技术引进包括许可证贸易、设备进口和引进外资等多种形式。随着经济全球化的深化，引进外资成为发展中国家引进技术的重要形式之一。一般认为，外资企业会对东道国（尤其是发展中国家）通过技术上的示范效应、竞争效应、对当地员工的培训效应和产业关联效应推动当地产业技术进步。但实证分析表明，外资企业对发达国家的直接投资普遍存在显著的技术外溢，但对发展中国家却并不具有显著的技术外溢效应①。从全球价值链分工视角的研究表明，发展中国家可以通过工艺升级、产品升级、功能升级和价值链升级四种类型向全球价值链中高端攀升，但一般只可以完成工艺升级和产品升级，而功能升级和价值链升级则很难实现。这是因为发展中国家试图向高附加值的价值链环节升级时，会受到跨国公司的阻碍和控制②（Humphrey、Sehmitz，2000；转引自张平，2014）。

（二）推动产业迈向中高端要求系统化的技术创新

技术创新是产业迈向中高端最主要的途径（辜胜阻，1998；傅家骥，1998；周叔莲、王伟光，2001；王岳平，2005）。在发展中国家产业迈向全球价值链中高端的四种类型中，工艺升级需要通过工艺（过程）创新③、渐进式（改进型、应用型、累进性）创新④来实现，产品升级需要通过产品创新⑤、根本性（突破型、重大）创新⑥来实

---

① Caves（1974）、Globerman（1979）、Imbriani 和 Reganati（1997）分别对澳大利亚、加拿大以及欧洲国家的实证检验都证实了外资企业对东道国企业普遍存在显著技术外溢效应的结论。Kokko（1996）、Sjoholm（1999）等人证实 FDI 在乌拉圭、印度尼西亚等国存在技术溢出，但 Haddad 和 Harrison（1993）、Aitken 和 Harrison（1999）等分别对委内瑞拉、摩洛哥等的检验结果却表明 FDI 不具有显著的技术外溢效应，在考虑了一些条件后才显示出一定的技术外溢效应。Xu 和 Lu（2008）提出外资企业与中国产业的出口技术含量没有相关性；Wang 和 Wei（2008）认为加工贸易和外资企业对中国出口结构升级没有帮助；Lemonie 和 Unal - Kesenei（2004）发现，加工生产促进了中国贸易的技术升级，但这种基于进口技术和外资企业的外向型且高度竞争的产业限制了当地生产及中国国内产业的技术扩散。参见张平《全球价值链分工与中国制造业成长》，经济管理出版社 2014 年版，第 16—17 页。

② 例如，浙江临海是中国模具业的集聚地，集中了上千家模具企业。当初，日本企业将其纳入了全球价值链，并在生产过程中进行一定的技术转移。当临海决定进军高端市场时，却遭到日本企业的"围追堵截"，不仅对其进行设计封锁、技术封锁，甚至进行市场封锁。这样的故事，在长三角内比比皆是。参见刘志彪《全球价值链中我国外向型经济战略的提升——以长三角地区为例》，《中国经济问题》2007 年第 1 期。

③ 工艺（过程）创新是指一个产品生产技术的重大变革，包括新工艺、新设备及新的管理和组织方法。参见柳卸林《技术创新经济学》，中国经济出版社 1993 年版，第 1 页。

④ 渐进式（改进）创新是一种渐进的、连续的小创新，常出自直接从事生产的工程师、工人之手。虽是小创新，但它的重要性不可低估。柳卸林：《技术创新经济学》，中国经济出版社 1993 年版，第 5 页。

⑤ 产品创新是指技术有变化的产品的商业化，它可以是完全新产品，也可以是对现有产品的改进。柳卸林：《技术创新经济学》，中国经济出版社 1993 年版，第 1 页。

⑥ 根本性（突破性）创新是在观念上有根本的突破，一般是研究开发部门精心研究的结果，常伴有产品创新、过程创新和组织创新的连锁反应，可在一段时间内引致产业结构的变化。柳卸林：《技术创新经济学》，中国经济出版社 1993 年版，第 5 页。

现，而功能升级和价值链升级则不仅需要技术系统的变革①和技术—经济范式的变更②，而且需要组织创新、营销创新、管理创新等意义不亚于技术创新的非技术创新③。

狭义理解的技术创新始于研究开发而终于市场实现（《中共中央、国务院关于加强技术创新、发展高科技实现产业化的决定》，1999；国家统计局，2006；傅家骥，1998；彭玉冰、白国红，1999；张黎夫、姜琼，1993）。广义理解的技术创新始于发明创造而止于市场实现甚至是技术扩散（美国国家科学基金会，1969；凯密，1975；OECD，1993；许庆瑞，1990）。为实现工艺、产品、功能和价值链升级，推动产业迈向中高端的技术创新除了包括上述狭义理解和广义理解的技术创新，还应包括品牌、组织、销售、管理等方面的创新④和新兴工业的发展等⑤。根据技术创新理论的鼻祖熊彼特的观点，技术创新包括产品创新、工艺创新、市场创新、资源配置创新、组织创新

---

① 技术系统的变革将产生具有深远意义的变革，影响经济的几个部门，伴随新兴产业的出现。这时，不但有根本性的、渐进的创新，还会有技术上有关联的创新群的出现。柳卸林：《技术创新经济学》，中国经济出版社1993年版，第5页。

② 技术—经济范式的变更既伴随着许多根本性的创新群，又包含有许多技术系统的变更。它几乎影响到经济的每一个部门，并改变人们的常识。它们的兴衰将表现为经济周期。柳卸林：《技术创新经济学》，中国经济出版社1993年版，第5页。

③ 进入20世纪后期以后，非技术创新在发达国家经济发展中的作用日益突出。例如，日本丰田公司的精益生产管理模式、全面质量管理，都是非技术的管理创新，但它们对企业的竞争力起着重要的作用，是日本企业竞争力提升的关键。柳卸林：《技术创新经济学》，中国经济出版社1993年版，第6页。

④ 杜辉认为技术创新是指企业生产和工艺技术的更新，包括新技术的发明、引进，也包括传统技术的改造升级，涉及产品、品牌、工艺、组织、销售、管理等方面的创新。参见杜辉《企业技术创新的内涵及运作模式》，《西安石油大学学报》（社会科学版）1999年第3期。

⑤ 内野达郎认为技术创新包括技术进步、新兴工业的发展、新商品的出现、投入产出结构的变化、自动化生产、新推销法的发明、流通机构的变革、消费内容和消费者习惯的变化、劳动力向生产率高的部门的转移、收入差距的缩小等。参见［日］内野达郎《战后日本经济史》，赵毅等译，新华出版社1982年版。

五种情况①。根据上述文献，我们认为，推动产业迈向中高端的技术创新是一国为实现产业在全球价值链上的工艺、产品、功能和价值链升级，整合技术、资金、人才等资源，基于开创或使用新的有形工具、装备或无形的技能、方法，推出新的产品、新的生产（工艺）方法并通过组织、营销、管理等系统化技术创新提高产业竞争力和国家竞争力②的过程。

三 协同一体化技术创新政策是实现产业迈向中高端的重要保障

学者们公认一国政府有必要影响或者改变技术创新的速度、方向和规模，由此而采取的一系列公共政策总称技术创新政策。由于推动产业迈向中高端的技术创新既不同于发达国家以原始创新为主的技术创新，也不同于发展中国家早期的以模仿为主的技术创新，相应地，起重要保障作用的推动产业迈向中高端的技术创新政策也必然与一般意义上的技术创新政策有所不同，它应当是一个协同一体化的政策体系。

---

① 熊彼特是技术创新理论的鼻祖，他以原材料和生产力量等"新的组合"表达出"技术创新"的含义。在他看来，间断出现的、大步骤调整的"新的组合"（即技术创新）才会导致"发展"，而不间断、小步骤调整的"新的组合"只能导致"增长"。其中，新组合的实现被他称为"企业"（通常为新创企业，而不是旧企业），实际"实施新的组合"的人被他称为企业家（与马歇尔定义的一般意义上的企业管理者有很大不同）。他强调，企业家的职能甚至职业就是实施创新——实现"新的组合"，这个创新"根本没必要必须是任何一种发明"。他还列举了发展（即技术创新）这个概念包括下面五种情况：①引进一种新的产品；②采用一种新的生产方法；③打开一个新的市场；④征服或者控制原材料或半制成品的某种新的供应来源；⑤任何一种工业执行新的组织。这五种情况被后人归纳为五个创新，即产品创新、工艺创新、市场创新、资源配置创新、组织创新。参见约瑟夫·阿洛伊斯·熊彼特《经济发展理论》，江西教育出版社2014年版，第60—80页。

② 按照OECD的定义，国家竞争力是一个国家能够生产经受得住国际竞争并提高国民收入水平的产品和服务的能力。参见路风《走向自主创新：寻求中国力量的源泉》，广西师范大学出版社2006年版，第266页。

(一) 推动产业迈向中高端的技术创新政策需发挥弥补市场失灵和系统失灵及体现国家战略等作用

OECD 认为，一国政府制定技术创新政策的合理性主要在于技术创新存在市场失灵、系统失灵和实现国家战略需要。首先，技术创新政策的根本出发点是弥补市场失灵，主要是弥补技术创新特别是基础科学研究因其部分公共品性质而导致市场投资严重不足，因其溢出效应使私人收益小于社会收益而导致的私人部门创新动力不足和技术创新活动可能带来的负面作用（阿罗，1962）。其次，技术创新政策的根本作用是弥补国家创新系统存在的缺陷，正确定位政府、企业、大学、科研机构等的功能，充分发挥各自的积极性，以提高技术创新资源配置效率、提升企业的技术创新能力、加速技术创新扩散。最后，技术创新政策的根本目标是实现国家战略，核心是强化具有战略导向技术的高效开发、有效利用和快速扩散，以保障国家产业安全[①]、经济安全[②]和国家安全[③]。

技术创新政策是一国政府影响或者改变技术创新的速度、方向和规模而采取的一系列公共政策的总称。具体到技术创新政策的内涵、外延和工具选择，存在明显分歧，主要有三类观点：一是认为技术创新政策属于技术政策、科技政策，旨在促进科学技术成果从科学技术的生产部门向产业部门流动、转移（罗伟，1996；王春法，1998；彭

---

① 产业安全在国家经济安全中居于关键位置。产业竞争力是产业安全最核心的问题。影响产业竞争力的因素主要是生产要素、需求条件、相关产业与支持产业、企业战略和结构及竞争等环境因素，和政府与产业的合作、产业自己的改革、管理思想的改变、教育培训制度和科技政策的改革等因素。参见雷家骕、林苞、王艺霖《多重复杂背景下中国经济安全问题》，机械工业出版社 2012 年版，第 34—40 页。

② 国家经济安全是指一国在经济领域最为根本的利益不受伤害。这包含两层意思，一是一国在经济领域最为根本的利益处于不受伤害的状态；二是一国有能力使自己在经济领域最为根本的利益不受伤害。一国只有处于前者状态并具备后者能力，才能说国家经济是安全的。对一个国家的经济安全来说，金融安全是近期经济运行安全的核心；产业竞争力是中期经济发展安全的核心；体制及文化是长期经济发展安全的核心。国家经济安全是国家安全的一部分。参见雷家骕、林苞、王艺霖《多重复杂背景下中国经济安全问题》，机械工业出版社 2012 年版，第 1—5 页。

③ 国家安全是指一国最为根本的利益不受伤害。参见雷家骕、林苞、王艺霖《多重复杂背景下中国经济安全问题》，机械工业出版社 2012 年版，第 1 页。

富国，2003）。二是认为技术创新政策是科技政策和产业政策等多项政策的结合（Rothwell，1985）。三是认为技术创新政策是一个有特定目标、一定针对性的综合、有机体系（OECD，1984；柳卸林，1993；连燕华，1999；陈劲等，2005）。我们认为，第一类"转移论"观点仅适用于企业没有技术创新能力的情况；第二类"结合论"观点适用于一般意义上的技术进步情况；第三类"体系论"观点适用于推动产业迈向中高端的情况。

（二）推动产业迈向中高端需要协同一体化的技术创新政策体系

克林顿任期内的美国政府在技术创新政策上一直注重影响国家开发、扩散、采用新技术及使新技术和现有技术商业化的能力，强调国家的繁荣要求有一项综合性的技术创新政策，要求将国家的经济、贸易、教育和培训、科学、国防政策等融合为一体（陈劲，2013）。相比之下，发展中国家要打破"路径依赖"、推动产业迈向中高端，必须实现攻克关键核心技术、产品质量提升、国际知名企业和品牌培育"三位一体"，尤其需要综合发挥科技政策的引领作用，产业政策的配合作用，财税、金融、贸易等经济政策的促进作用和教育、文化、社会政策等的基础性支撑作用，避免相关政策之间相互矛盾和政策效应相互抵触甚至抵消。我们认为，推动产业迈向中高端的技术创新政策，与发展中国家早期单纯以提高企业生产能力、技术能力为主的技术创新政策有所不同，也与发达国家主要产业已处于中高端的技术创新政策有异，它应是承前启后、继往开来、适时提升发展中国家产业发展层次与水平的一个综合性政策体系。基于上述认识，我们提出，推动产业迈向中高端的技术创新政策是政府为弥补市场失灵、系统失灵和实现国家战略目标而实施的科技政策与相关经济、贸易、产业、教育、国防等政策组成的协同一体化政策体系。

（执笔人：曾智泽）

参考文献

1. 陈劲、王飞绒：《创新政策：多国比较和发展框架》，浙江大学出版社 2005 年版。
2. 陈劲等：《科学、技术与创新政策》，科学出版社 2013 年版。
3. 戴翔：《中国攀升全球价值链：实现机制与战略调整》，人民出版社 2016 年版。
4. 杜辉：《企业技术创新的内涵及运作模式》，《西安石油大学学报（社会科学版）》1999 年第 3 期。
5. 傅家骥：《技术创新学》，清华大学出版社 1998 年版。
6. 辜胜阻、刘传江：《技术创新与产业结构高度化》，《武汉大学学报（哲学社会科学版）》1998 年第 6 期。
7. 经济合作与发展组织（Organization for Economic Cooperation and Development，简称 OECD）：《技术创新统计手册》，美国，1992 年。
8. 连燕华：《关于技术创新政策体系的思考》，《科学学与科学技术管理》1999 年第 4 期。
9. 柳卸林：《技术创新经济学》，中国经济出版社 1993 年版。
10. 罗伟、连燕华、方新：《技术创新与政府政策》，人民出版社 1996 年版。
11. 美国国家科学基金会：《成功的工业创新》，美国，1969 年。
12. ［日］内野达郎：《战后日本经济史》，赵毅等译，新华出版社 1982 年版。
13. 彭富国：《中国地方技术创新政策效果分析》，《研究与发展管理》2003 年第 3 期。
14. 彭玉冰、白国红：《谈企业技术创新与政府行为》，《经济问题》1999 年第 7 期。
15. 王春法：《技术创新政策：理论基础与工具选择》，经济科学出版社 1998 年版。
16. 王岳平：《产业技术升级与产业结构调整关系研究》，《知识经济》2005 年第 4 期。
17. 许庆瑞：《技术创新管理》，浙江大学出版社 1990 年版。
18. 张黎夫、姜琼：《技术创新新特征发微》，《荆州师范学院学报》，1999 年第 3 期。

19. 张平:《全球价值链分工与中国制造业成长》,经济管理出版社 2014 年版。
20. 周叔莲、王伟光:《科技创新与产业结构优化升级》,《管理世界》 2001 年第 5 期。
21. Rothwell R., "Public Innovation Policy: To Have or to Have not?", *R&D Management*, 1986, 16 (1).

第二章　推动产业迈向中高端的技术创新政策研究观点综述

摘要：本章以梳理技术创新和技术创新政策的内涵、外延与分类以及产业迈向中高端的内涵与特征为基础，以整理和归纳我国技术创新的障碍、技术创新政策的绩效与不足、技术创新与技术创新政策推动产业迈向中高端的相关观点为重点，提出了在不影响理论严谨性前提下，对技术创新、技术创新政策内涵与外延的认识不必拘泥于各种争议、采取实用主义的主张；评价了我国技术创新面临的突出障碍与以往技术创新政策的无所作为，为深化、细化推动产业迈向中高端的技术创新政策研究初步探明了方向、奠定了基础。

关键词：技术创新；中高端；技术创新政策

推动我国产业迈向中高端是本书的根本目标。政府如何通过有效的技术创新政策推动产业迈向中高端是本书的核心内容。梳理国内外有关产业迈向中高端、技术创新政策等文献，是本书的研究起点。

同时，技术创新政策是通过直接作用于技术创新实践而发挥作用的，推动产业迈向中高端是通过有效的技术创新实践直接作用于企业和产业发展而发挥作用的，因此，研究推动产业迈向中高端的技术创新政策，绕不开对技术创新理论与实践经验的研究。技术创新理论与实践是推动产业迈向中高端的技术创新政策研究的桥梁和纽带。所以，笔者把有关技术创新理论与实践经验的文献也纳入观点综述。

此外，产业迈向中高端是一个较新的提法，目前以技术创新及其相关政策推动产业迈向中高端的研究文献较少。不过，产业升级、产业转型升级、产业结构优化升级等与产业迈向中高端在内涵上十分接近，国内外相关研究文献也较多。梳理有关产业升级的理论、政策和实践，对研究推动产业迈向中高端的技术创新政策有重要参考价值。因此，笔者把产业升级的相关文献视同产业迈向中高端的文献也纳入观点综述。

一 关于技术创新

技术创新与自主创新、技术变革、技术进步、科技创新等概念联系紧密，常常被混用。王伟光认为可以将技术创新、技术进步、技术变革视为同义语[①]。只不过技术变革有时可能会包括一些"无意义的或无效的"技术创新。柳卸林认为技术进步是"以往各种创新积淀性的经济表现和反映"，技术创新是技术进步的根源，但是技术进步不太强调产品创新和过程创新[②]。周寄中认为，科技创新包括科学创新和技术创新两个部分，科学创新包括基础研究和应用研究的创新，技术创新包括应用技术研究、试验开发和技术成果商业化的创新[③]。路风认为，在技术领先的欧美国家，只有创新的概念，没有自主创新的概念，但日韩出现过，因此，自主创新是一个与技术落后状态有关的概念，同时也是一个与奋起自强有关的概念[④]。

（一）技术创新的内涵与外延

技术创新理论的鼻祖熊彼特本人并没有直接提出并界定"技术创新"这个概念，他以原材料和生产力量等"新的组合"表达出"技术创新"的含义。他认为，"技术创新"的内涵包括以下几个方面：

[①] 王伟光：《中国工业行业技术创新和创新效率差异》，博士学位论文，中国社会科学院研究生院，2002年。
[②] 柳卸林：《技术创新经济学》，中国经济出版社1993年版。
[③] 周寄中：《科学技术创新管理》，经济科学出版社2002年版。
[④] 路风：《走向自主创新：寻求中国力量的源泉》，广西师范大学出版社2006年版，第37页。

首先，技术创新是一个实施并最终实现生产要素等"新的组合"的经济过程。其次，技术创新是在科学发明基础之上的经济活动，而不是一个科学发明活动。也就是先有科学发明，后有技术创新。再次，技术创新需要具有"企业家精神"的企业家去专职落实生产要素等的"新的组合"，一般意义上的管理型企业家无法胜任技术创新工作。最后，技术创新是以发展为特征的现象，新组合是间断出现的、能对旧组合通过竞争而加以消灭的；如果新组合是不间断、小步骤从旧组合中产生并带来一定变化的现象，则是以增长为特征的现象，不在技术创新之列。

从熊彼特提出技术创新理论至今100多年的时间里，国内外专家学者和相关机构基于不同的背景、不同的理解，对技术创新的内涵和外延进行了不同的表述，极大地丰富和发展了熊彼特关于技术创新的内涵与外延，甚至建立起了不同的技术创新理论体系①。尽管国内外专家学者及相关机构对技术创新的内涵与外延见仁见智，表述五花八门，但概括起来主要是狭义理解和广义理解两类。

狭义理解的技术创新始于研究开发而终于市场实现。代表性观点如《中共中央、国务院关于加强技术创新发展高科技实现产业化的决定》（1999）指出：技术创新是指企业应用创新的知识和新技术、新工艺，采用新的生产方式和经营管理模式，提高产品质量，开发生产新的产品，提供新的服务，占据市场并实现市场价值。国家统计局认为：创新指一个创新设想从产生到实现的过程，它包括研究开发、设计、试生产、市场调查、试销等；"过程"完成了，就是实现了创新，否则就是未实现创新②。华桂宏、周家华和森谷正规明确指出，技术创新不是指科学知识的发现和技术发明本身③④。弗里曼、P. 斯通曼、

---

① 如技术创新的新古典学派、新熊彼特学派、制度创新学派、国家创新系统学派和演化经济学派。
② 《全国工业企业创新调查数据 2006》，中华人民共和国国家统计局网站（http://www.stats.gov.cn）。
③ 华桂宏、周家华：《论科技创新与经济发展》，《南京师大学报》（社会科学版）1998年第1期。
④ ［日］森谷正规：《日本的技术：以最少的耗费取得最好的成就》，上海翻译出版公司1985年版。

曼斯菲尔德、厄特巴克等也像熊彼特一样强调新产品、新过程、新系统和新装备的首次应用①②③④；张风、何传启则不强调首次应用，认为技术创新是学习、引进、开发和应用新技术后产生经济效益的过程，可以涉及研究与发展活动，但这种研究与发展是围绕某个产品或工艺创新开展的⑤。傅家骥和彭玉冰、白国红等比较忠实于熊彼特关于技术创新的本意，认为：技术创新是企业家抓住市场的潜在营利机会，重新组织生产条件和要素，建立起效能更强、效率更高和费用更低的生产经营系统，从而推出新的产品、新的生产（工艺）方法、开辟新的市场、获得新的原材料或半成品供给来源或建立企业的新的组织，它是包括科技、组织、商业和金融等一系列活动的综合过程⑥⑦。也有学者把狭义的技术创新延伸到了技术扩散，如张黎夫、姜琼认为：技术创新一般是指新产品的开发、新工艺的应用、新技术的推广与扩散等各种围绕技术而展开的商业活动⑧。

广义理解的技术创新始于发明创造而止于市场实现甚至是技术扩散。代表性观点如美国国家科学基金会认为：技术创新是一个复杂的活动过程，从新思想和新概念开始，通过不断地解决各种问题，最终使一个有经济价值和社会价值的新项目得到实际的成功应用⑨。OECD也认为：技术创新包括新产品和新工艺，以及产品和工艺的显著变化。如果在市场上实现了创新（产品创新），或者在生产工艺中应用

---

① Chris Freeman and Luc Soete, *The Economics of Industrial Innovation*, The MIT Press, 1997.
② P. 斯通曼：《技术变革的经济分析》，机械工业出版社1989年版。
③ Mansfield E., *Industrial research and technological innovation.* New York: W. W. Norton, 1968.
④ Utterback, James M., "Innovation in industry and the Diffusion of Technology", *Science*, 1974.
⑤ 张风、何传启：《国家创新系统 第二次现代化的发动机》，高等教育出版社1999年版。
⑥ 傅家骥：《技术创新学》，清华大学出版社1998年版，第13—31，343—351页。
⑦ 彭玉冰、白国红：《谈企业技术创新与政府行为》，《经济问题》1999年第7期。
⑧ 张黎夫、姜琼：《技术创新新特征发微》，《荆州师范学院学报》1999年第3期。
⑨ 美国国家科学基金会（National Science Foundation，简称NSF）：《成功的工业创新》，美国，1969年。

了创新（工艺创新），那么，就说创新完成了。因此，创新包括了科学、技术组织、金融和商业的一系列活动①。一些专家学者也持类似观点，如凯密认为技术创新应当包括与技术产生和应用有直接联系的那些基础研究和市场行为；许庆瑞认为技术创新是指从一个新的构想出发到该构想获得成功的商业应用为止的全部活动，它包括科学发现、发明到研究成果被引入市场、商业化和应用扩散的一系列科学、技术和经营活动的全过程②。

还有学者对技术创新的理解更加泛化。如内野达郎认为技术创新包括技术进步、新兴工业的发展、新商品的出现、投入产出结构的变化、自动化生产、新推销法的发明、流通机构的变革、消费内容和消费者习惯的变化、劳动力向生产率高的部门的转移、收入差距的缩小等③。杜辉认为技术创新是指企业生产和工艺技术的更新，包括新技术的发明、引进，也包括传统技术的改造升级，涉及产品、品牌、工艺、组织、销售、管理等方面的创新④。

此外，学者和机构对技术创新的理解与认识不是一成不变的，而是动态变化的。例如，美国国家科学基金会于1969年对技术创新的理解是从新思想、新概念开始，但到1974年却改变成技术创新一是特定的重大技术创新，二是有代表性的普遍意义上的技术变革，但不包括模仿与改进型变动⑤；到1976年进一步把改进变动也纳入进来，提出技术创新是将新的或改进的产品、过程或服务引入市场⑥。中国国家统计局2014年定义的（技术）创新指本企业推出了新的或有重大改进的产品或工艺，或采用了新的组织管理方式或营销方法，此处的"新"是指它们对本企业而言必须是新的，但对于其他企业或整个

---

① 经济合作与发展组织：《技术创新统计手册》，美国，1992年。
② 许庆瑞：《技术创新管理》，浙江大学出版社1990年版，第124—190页。
③ ［日］内野达郎：《战后日本经济史》，赵毅等译，新华出版社1982年版。
④ 杜辉：《企业技术创新的内涵及运作模式》，《西安石油大学学报》（社会科学版）1999年第3期。
⑤ 美国国家科学基金会：《1974年：科学指示器》，美国，1974年。
⑥ 美国国家科学基金会：《1976年：科学指示器》，美国，1976年。

市场而言不要求一定是新的[①]。这比 2006 年界定的范围更宽，并且没有拘泥于熊彼特、Freeman 等关于新技术首次应用的理论认识。

（二）技术创新的分类

从技术创新的产出成果形态看，可以分为产品创新与过程（工艺）创新。从技术变化量的大小看，可分为重大创新和渐进式（改进）创新。从节约生产要素的角度看，可分为资本节约型创新、劳动节约型创新和中性的技术创新。从技术变化性质看，可分为累进性创新（增量创新）、根本性创新、技术体系创新和技术革命。从技术成就的角度看，可分为突破型创新、应用型创新与改进型创新[②]。

得到广泛认可的是 Abernathy 和 Utterback 的产品创新和过程创新分类观点。其中产品创新是指技术有变化的产品的商业化，它可以是完全新产品，也可以是对现有产品的改进；过程创新是指一个产品生产技术的重大变革，包括新工艺、新设备及新的管理和组织方法[③]。OECD 也将技术创新分为技术的产品创新和技术的工艺创新，其中，技术的产品创新是指实现具有改进的性能特征的产品或商品化；技术的工艺创新是实现或采纳新的或重大改进的生产方法或交付方法，可以涉及诸如设备、人力资源、工作方式或者它们的组合等变化[④]。

英国苏塞克斯大学科学政策研究所（20 世纪 80 年代）基于重要性的技术创新分类也颇有见地，包括：①渐进的创新。这是一种渐进的、连续的小创新，常出自直接从事生产的工程师、工人、用户之手。虽是小创新。但它的重要性不可低估。②根本性的创新，这种创新的特点是在观念上有根本的突破，一般是研究开发部门精心研究的结果。常伴有产品创新、过程创新和组织创新的连锁反应，可在一段时间内引致产业结构的变化。③技术系统的变革。这种性质的创新将产生具有深远意义的变革，影响经济的几个部门，伴随新兴产业的出现。这时，不但有根本性的、渐进的创新，还会有技术上有关联的创

---

① 国家统计局：《2014 年全国企业创新调查统计资料》，中国统计出版社 2016 年版。
② 祝尔娟等：《技术创新》，天津人民出版社 2001 年版，第 11—15 页。
③ James M. Utterback：《把握创新》，清华大学出版社 1999 年版。
④ OECD、欧盟统计局：《技术创新调查手册》，新华出版社 2000 年版。

新群的出现。④技术—经济范式的变更。这种变更既伴随着许多根本性的创新群，又包含有许多技术系统的变更。它几乎影响到经济的每一个部门，并改变人们的常识。它们的兴衰将表现为经济周期①。

（三）技术创新的途径

除了公认的自主创新的三条途径（即原始创新、集成创新、引进消化吸收再创新）外，祝尔娟等认为，技术创新有三种途径，一是在模仿的基础上创新。所谓在模仿的基础上创新，是指在拆解他人样机的情况下，掌握他人的设计、工艺、制造原理，并进而在这一基础上引入自己的技术创新，以改进产品性能、提高产品质量、降低产品成本。在模仿的基础上创新将是我国企业在相当长的时期内的主要创新手段。二是在引进的基础上创新。在本身技术水平较低的时候，采用在引进技术上的自主创新可说是一种事半功倍的创新方式。三是结合技术轨道进行自主创新。对一个发展中国家而言，结合技术轨道的发展模式进行自主创新，可以把握技术创新机会，避开技术落后带来的负影响，通过技术创新以追赶发达国家②。

许继琴认为，可以根据企业技术创新中技术来源的主流，把企业的技术创新分为内源创新、外源创新、内源创新与外源创新相结合的合作创新等三种途径，当然在这三种途径中都程度不同地存在着另外的两种途径③。

庄卫民认为技术创新的途径可分为自主创新、模仿创新和合作创新。其中，自主创新是指企业依靠自己的技术力量，通过独立的研究开发活动产生技术突破，并通过自己的努力推动创新的后续环节，率先使重要的新技术商品化，获取商业利润，达到预期目标的创新活动。自主创新的思想来源于自己，创新中各要素的组合自主实现。模仿创新是指企业通过逆向工程等手段，对引进的技术和产品的消化、吸收、再创新的过程。模仿创新不同于简单的原样仿造，它包含着渐

---

① 柳卸林：《技术创新经济学》，中国经济出版社1993年版。
② 祝尔娟等：《技术创新》，天津人民出版社2001年版，第19—32页。
③ 许继琴：《企业技术创新途径研究》，《中国科技论坛》2002年第5期。

进的创新和对原设计的不断改进。合作创新，是指以企业为主体，企业与企业、企业与研究院所或高等院校合作推动创新的组织方式①。

（四）我国技术创新的障碍

当前，我国工业缺乏重大突破性、颠覆性创新，关键技术受制于人的局面仍然没有根本改变；重点产业关键核心技术仍未突破；科技对产业的支撑不够，创新资源碎片化等问题亟待改变，关键共性技术的重要突破十分缺乏，难以形成有效的创新链条，其相应的成果转化应用也难以部署产业链、融通资金链，技术创新对行业发展的支撑作用难以有效发挥②。

傅家骥等通过对1051家企业技术创新的调查分析，认为缺乏创新能力和体制不顺是企业技术创新的最大障碍。其中，缺乏技术创新能力具体表现在缺乏人才、缺乏信息、缺乏管理创新的能力三个方面；体制不顺则制约企业提高技术创新能力③。卢锐、杨忠认为，技术人才，特别是高技术研究人才供给不足的问题，在目前和将来都是影响我国技术创新的最大障碍④。李晓峰和徐玖平也认为，我国企业技术创新能力不够，技术创新机制不健全⑤。吕政认为，企业积累能力不足、科技人才缺乏、研发机构不健全是增强企业科技创新力的主要障碍⑥。张文彬、王毅通过对我国12家重点工业企业进行实地调研，认为企业创新主体地位有待进一步加强，主要障碍是动力不足、能力不强；企业核心技术创新能力的提高难以取得突破性进展，主要障碍是基础研究能力积累不足、市场认可度低；产业链创新能力的建立难以突破，主要障碍来自技术供给联盟的运行机制和产业链布局；

---

① 庄卫民、龚仰军：《产业技术创新》，东方出版中心2005年版，第74—79页。
② 王鹏：《2014—2015 中国工业技术创新发展蓝皮书》，人民出版社2015年版，第25—26页。
③ 傅家骥、高建：《中国企业技术创新的关键问题——1051家企业技术创新调查分析》，《中外科技政策与管理》1996年第1期。
④ 卢锐、杨忠：《制度视野中的技术创新政策研究》，《中国软科学》2004年第10期。
⑤ 李晓峰、徐玖平：《我国企业技术创新的现状、问题及对策》，《经济体制改革》2005年第2期。
⑥ 吕政：《工业技术创新体制与政策分析》，《吉林大学社会科学学报》2005年第2期。

国内市场需求促进企业技术创新能力面临深化问题；技术创新国际化面临严峻挑战；人才问题成为制约企业技术创新能力提升的重要瓶颈①。刘伟通过选取1996—2007年间我国16个高技术行业的数据进行实证研究认为，所有制结构是影响高技术企业技术创新的重要制度因素，行业的国有企业比重越高，越不利于行业技术创新能力的提高②。季健霞针对中小企业的技术创新的研究发现，中小企业自身的技术创新机制尚未建立，缺乏技术创新的动力；经济技术环境的营造不利，企业重速度轻效益，缺乏技术创新的压力；中小企业规模小，技术创新资金匮乏，经济基础薄弱，缺乏技术创新实力；中小企业技术创新的整体素质低下，人才匮乏，技术薄弱，缺乏技术创新的潜力③。肖广岭和柳卸林通过对北京中关村科技园区的一些主要公司进行实际采访和调查，发现企业技术创新面临产权不清和技术、管理等智力因素入股与参与分配、税收优惠和公平税负、技术创新的文化环境等七个方面的环境问题④。卫玲认为，中国企业技术创新存在的突出问题是技术创新的主体错位，企业缺乏研发投资的积极性等⑤。

关于技术创新能力，原国家科委界定为创新决策能力、研究开发能力、工程化能力、生产制造能力、市场营销能力、组织协调能力以及资源配置能力等⑥。傅家骥认为技术创新能力是创新资源投入能力、创新管理能力、创新倾向、研究开发能力、制造能力和营销能力的集合。技术创新能力是技术能力的组成部分。技术创新能力与吸收能力

---

① 张文彬、王毅：《我国重点工业企业技术创新能力建设的问题与对策》，《技术经济》2011年第5期。
② 刘伟：《中国技术创新的作用及其影响因素研究》，东北财经大学出版社2011年版。
③ 季健霞：《我国中小企业技术创新的现状、问题及路径选择》，《技术经济与管理研究》2000年第2期。
④ 肖广岭、柳卸林：《我国技术创新的环境问题及其对策》，《中国软科学》2001年第1期。
⑤ 卫玲、郭俊华：《我国企业技术创新存在的问题与完善路径》，《西安交通大学学报（社会科学版）》2014年第2期。
⑥ 原国家科委：《国家科委关于实施技术创新工程意见的通知》，国科发工字[1997]207号。

和生产能力之间存在一定的关系,三项能力共同构成技术能力①。C. Yam 等从功能角度出发,认为技术创新能力应包括资源配置能力、R&D 能力、战略规划能力、组织能力以及市场开拓能力②。

(五)技术创新的工具

刘燕华等指出,人类发展和科学技术演变的历史表明,重大的历史跨越和重要的科技进步都与思维创新、方法创新及工具创新密切相关。由于人的思维能力和本身执行能力的限制,对于创新过程中一些超过能力或阻碍创新进程的工作需要一些辅助工具完成③。林岳等提出,对于企业技术创新而言,创新的理论、方法和工具,相关领域的科技知识,具有创新思维能力的个体和组织,是企业实现技术创新必不可少的三要素④。

兰芳认为,计算机辅助创新技术在欧美等国家已被广泛地使用在企业新产品研发、制造系统和流程优化的设计阶段,已成为企业创新中必不可少的工具⑤。林岳等认为,计算机辅助创新(Computer Aided Innovation,CAI)技术等诸多创新工具,现在可以通过计算机实现,极大地提高创新的效率。CAI、CAD 和 CAE 等都属于 CAX 序列,是任何一家公司都必须具备的基础设施,是企业发展和壮大的基本条件⑥。钟万勰和陆仲绩认为,CAE 软件的模拟仿真分析能力不仅是企业进行创新设计的重要工具,而且也已成为与理论研究和物理实验同等重要的研究手段。CAE 技术在制造业和国民经济各领域中具有广泛

---

① 傅家骥:《技术创新学》,清华大学出版社 1998 年版。
② C. M. Yam, William Lo., "Analysis of sources of innovation, technological innovation capabilities and performance: An empirical study of Hong Kong manufacturing industries", *Research Policy*, 2011, 40 (3): 391–402.
③ 刘燕华等:《技术创新方法国际比较与案例研究》,科学出版社 2011 年版。
④ 林岳等:《计算机辅助创新技术在航空企业技术创新工程中的实施模式研究》,《科技进步与对策》2015 年第 2 期。
⑤ 兰芳、覃波、梁艳娟:《产品创新工具——CAI 技术研究》,《装备制造技术》2008 年第 4 期。
⑥ 林岳等:《技术创新实施方法论(DAOV)》,中国科学技术出版社 2009 年版。

的应用,是提升企业自主创新能力和国际竞争力的关键技术①。

二 关于技术创新政策

经济合作与发展组织(OECD)综合各方面研究认为,一国政府制定技术创新政策的合理性主要在于技术创新存在市场失灵、系统失灵和战略需要②。但新古典经济学派主张政府不必在产业部门的技术开发、扩散及商业化过程中扮演任何角色,而只需对大学和公共部门的基础科学研究进行资助;新熊彼特学派主张对技术创新过程中的各个环节都给予政策支持,并强调促进技术创新扩散的政策尤为重要;国家创新体系学派主张建设功能完善的组织间网络,以提高企业的技术创新能力为核心目标③。

(一)技术创新政策的内涵与外延

学者们普遍认为,技术创新政策就是一国政府为了影响或者改变技术创新的速度、方向和规模而采取的一系列公共政策的总称,但对技术创新政策的具体内涵和技术创新政策工具的选择,却存在明显分歧。主要有以下几类观点:

一类观点认为技术创新政策属于技术政策。如罗伟等人认为,技术创新政策是科技政策的重要组成部分,与经济政策和产业政策紧密相关,包括能源、教育和人力资源政策的整合④。王春法认为,技术创新政策就是政府为了促进科学技术成果从研究开发机构向产业部门流动并最终实现其商业价值而采取的一系列公共政策措施的总和。如果说科学技术成果的商业化是所有研究开发活动的终极目标,则促进

---

① 钟万勰、陆仲绩:《CAE:事关国家竞争力和国家安全的战略技术——关于发展我国 CAE 软件产业的思考》,《中国科学院院刊》2007 年第 2 期。
② 余志良、谢洪明:《技术创新政策理论的研究评述》,《科学管理研究》2003 年第 6 期。
③ 江岩:《市场失灵、技术生命周期与技术创新政策》,《齐鲁学刊》2005 年第 3 期。
④ 罗伟、连燕华、方新:《技术创新与政府政策》,人民出版社 1996 年版。

科学技术成果的转化也就是技术创新政策的最终目标①。彭富国认为技术创新政策是以科学技术成果从科学技术的生产部门向产业部门转移乃至经历市场检验的过程为作用对象的公共政策,主要处理由科学技术成果的流动而形成的科学技术部门与产业部门之间的关系②。

一类观点认为技术创新政策是多项政策的结合。如 Rothwell 将技术创新政策定义为科技政策和产业政策协调的结合③。Gaudin 认为技术创新政策是一种社会的、经济的和文化的政策,并提出了创新政策三级模式:结构级(重大项目)、操作级(智力投资)和关系级(竞争/协同关系)④。

一类观点认为技术创新政策是一个体系。如柳卸林认为,技术创新政策是国家创新系统的重要组成部分,逐步从隐含在科技政策、经济政策中到形成特有目标、一定针对性的综合政策体系⑤。连燕华认为,技术创新政策不是技术政策与科学技术的结合,更不简单地只是产业政策的一个子集,而是科学技术政策与产业政策及其他政策系统相关政策的结合,是涉及技术创新活动的各种政策的有机组合而形成的一个政策体系⑥。赵兰香认为,技术创新政策是一个既不同于科学政策、技术政策、产业政策,但又与上述政策密切相关的政策体系⑦。陈劲等认为,创新政策是指一国政府为促进技术创新活动的产生和发展,规范创新主体行为而制定并运用的各种直接或间接的政策和措施的综合体系。⑧ OECD 组织的科技委员会也认为,技术创新政策是科

---

① 王春法:《技术创新政策:理论基础与工具选择》,经济科学出版社 1998 年版。
② 彭富国:《中国地方技术创新政策效果分析》,《研究与发展管理》2003 年第 3 期。
③ Rothwell R., "Public Innovation Policy: To Have or to Have not?". *R&D Management*, 1986, 16 (1): 34 – 63.
④ Gaudin, T., *Definition of innovation policy*. In: G. Sweeney (ed.), Innovation Policies: An International Perspective, London: Francis Pinter Publisher Ltd., 1985, pp. 129 – 132.
⑤ 柳卸林:《技术创新经济学》,中国经济出版社 1993 年版。
⑥ 连燕华:《关于技术创新政策体系的思考》,《科学学与科学技术管理》1999 年第 4 期。
⑦ 赵兰香:《技术创新过程中的政策需求分析》,《科学学与科学技术管理》1999 年第 4 期。
⑧ 陈劲、王飞绒:《创新政策:多国比较和发展框架》,浙江大学出版社 2005 年版。

技政策与政府其他政策，特别是经济、社会和产业政策，包括能源、教育和人力资源政策形成一个整体①。

还有一类折中的观点。如闫莉认为，从狭义上看，技术创新政策仅仅是指与科学技术成果商业化有关的政策措施，是对科学技术成果供应、数量、来源及质量等排除在外；从广义上看，技术创新政策除了包括促进科技成果转化的政策外，还应该包括影响或者是促进科学技术成果供应的规模、速度和方向的政策，比如，技术搜寻活动以及国际技术转移活动等②。郝春禄认为，技术创新政策核心功能就是在技术供应与技术应用之间促成良性循环，从而为国民经济持续发展奠定一个坚实的技术基础并提供充足的发展动力的公共政策体系③。

（二）技术创新政策的分类

Ergas 主要通过比较研究美国、英国、法国、德国、瑞士和瑞典的技术创新政策，基于知识目标将技术创新政策划分为任务导向型（mission–oriented）和扩散导向型（diffusion–oriented）两类，即支持新知识创造与现有知识的扩散两类④。一些学者在此基础上演化衍生了若干细化的分类。如 Cantner 和 Pyka 从创新政策演进的视角，提出了市场贴近程度和政策措施特定性的两维政策分类框架，将技术创新政策分为基础研究 1 型、基础研究 2 型、扩散型和使命型⑤。Freitas 和 Tunzelmann 从政策的知识目标、政策工具、政策执行等三个维度，将创新政策分为使命型与扩散型、特定型与一般型、地方主导与中央

---

① J. Ronayne, *Science in government*. Edward Arnold Ltd 41 Bedford Square London WC1B 3DQ, 1984.

② 闫莉：《日本技术创新政策制定的理论依据及其政策手段选择》，《日本研究》2000 年第 4 期。

③ 郝春禄：《对技术创新政策的几点思考》，《辽宁工业大学学报》（社会科学版）2006 年第 3 期。

④ Ergas H., *The importance of technology policy*. In: Dasgupta P., Stoneman P (Eds.), *Economic Policy and Technological Performance* Cambridge: Cambridge University Press, 1987.

⑤ Cantner, U., Pyka, A., "Classifying technology policy from an evolutionary perspective", *Research Policy*, 2001, 30 (5): 759–775.

主导六类①。Foray 和 Cantner 等认为二分法已经在不同国家的政策设计和实行中得到了验证，证明其是比较精简的政策划分方式②③。

Rothwell 和 Zegvold 从政策工具角度将创新政策分为供给型政策工具、环境型政策工具和需求型政策工具等三类。其中，供给型政策工具主要指政府通过资金投入、技术研发、信息服务、人才培养与引进等的支持来改善相关技术创新要素的供给，从而带动技术创新能力和产品研发水平的提升；环境型政策工具则指政府通过法规管制、财税金融等政策来引导和支持技术发展，并为技术研发等创新活动提供有利的政策环境；需求型政策工具主要指政府通过贸易管制、服务外包以及公共采购等措施来减少市场的不确定性，对新产品和新技术应用起着积极的稳定作用，从而推动产品开发和技术创新活动④。这一分类在我国得到了广泛认可。

此外，Hauser 和 Zettelmeyer 将技术创新政策分为三个层面：一是基础研究方面的政策，二是技术创新能力提升方面的政策，三是创新成果市场和产业化方面的政策⑤。Johansson 等将技术创新政策工具分为一般性政策工具（general instruments）和特定政策工具（specific instruments）。一般性政策工具主要包括制度安排、基础设施建设、政策激励、教育与培训、国际贸易、规范劳动市场、金融市场、公司等内容，特定性政策工具则包括创新系统、R&D、技术商业化、政府采购等⑥。

---

① Isabel Maria Bodas Freitas, Nick von Tunzelmann, "Mapping Public Support for Innovation: A Comparison of Policy Alignment in the UK and France", *Research Policy*, 2008, (37): 1446 – 1464.

② Foray, D., Llerena, P., "Information structure and coordination in technology policy a theoretical model and two case studies", *Journal of Evolutionary Economics*, 1996: 6, 157 – 173.

③ Cantner, U., Pyka, A., "Classifying technology policy from an evolutionary perspective", *Research Policy*, 2001, 30 (5): 759 – 775.

④ Rothwell R., Zegvold W., *Industrial Innovation and Public Policy*, *Preparing for the 1980s and the 1990s*. Frances Pinter, 1981: 59 – 82.

⑤ John R. Hauser, "Florian Zettelmeyer. Metrics to Evaluate R, D&E", *Research Technology Management*, 1997, 40 (4): 32 – 38.

⑥ Johansson S., Wulff F., Bonsdorff E., "The MARE Research Program 1999 – 2006: Reflections on Program Management", *AMBIO*, 2007, 36 (2/3): 119 – 122.

石定寰将技术创新政策大致分为四类：政府直接支持的、与指令性科技计划相关的创新政策类，如各类科技计划；政府间接支持的与指导性科技计划相关的创新政策；政府一般性创新政策，主要的如财税政策、科技人员的奖励政策等；特殊性创新政策等[①]。刘凤朝和孙玉涛根据创新政策效力将其分为法律、行政法规、部门规章三种等级，从创新政策类别依据政策侧重点将其分为科技政策、产业政策、财政政策、税收政策和金融政策[②]。

（三）我国技术创新政策的绩效

陈向东等通过对我国1985—2000年间151项技术创新政策的实证研究，我国的技术创新政策偏重于创新活动的外部激励和外部设施建设，而创新主体内部的政策创新激励从数量上看相对较弱[③]。姚静洁认为，我国政府在激励企业进行技术创新颁布的一系列政策中，从数量上看已经初具规模，但是从调查问卷的结果分析出的效果并不明显[④]。OECD在其 *Reviews of Innovation Policy CHINA* 中指出，中国创新政策和创新投入并没有实现预期效果[⑤]。邢斐、张建华通过定量分析发现，直接资助以及高校提供的公共研发对企业私人研发产生替代效应，但科研机构提供的公共研发对私人研发具有正的促进效应，而专利保护政策对企业研发具有不显著的负向影响，并由此推断信息不对称和项目的不可验证性导致的道德风险，以及以应用技术为主的科研导向、企业整体创新能力偏低，是导致创新政策效果不佳的主要原因[⑥]。程华通过对国家层面发布的与产业技术创新相关性最强的454条技术创新政策的研究发现，这些创新政策对发明专利拥有量和申请

---

① 石定寰：《国家创新系统：现状与未来》，经济管理出版社1999年版，第121页。
② 刘凤朝、孙玉涛：《我国科技政策向创新政策演变的过程、趋势与建议——基于我国289项创新政策的实证分析》，《中国软科学》2007年第5期。
③ 陈向东、胡萍：《我国技术创新政策效用实证分析》，《科学学研究》2004年第1期。
④ 姚静洁：《我国企业技术创新政策的特征和实施效果分析》，硕士学位论文，东南大学，2005年。
⑤ 《OECD中国创新政策研究报告》，薛澜等译，科学出版社2011年版。
⑥ 邢斐、张建华：《我国创新支持政策：理论分析及其有效性检验》，《当代经济科学》2009年第4期。

量等知识产出有一定的促进作用,但是对新产品产值等经济产出似乎没有影响,而且还有下降的趋势①。俞文华将我国若干技术创新支持政策与 WTO 的《补贴与反补贴措施协议》相比较,认为我国若干技术创新支持政策大多集中在支持前竞争开发活动之后的阶段或其他非绿灯条款范围的产业技术创新活动,很可能将不同程度地面临着不可起诉的补贴条款或被禁止的补贴条款的约束②。冯毅梅认为,为了与 WTO 的《补贴与反补贴措施协议》相适应,要使我国对技术创新的财政金融支持政策,从过去对产品商业化 R&D 及其后阶段的支持为主,转向对产业研究和前竞争开发活动 R&D 阶段的支持③。

(四) 我国技术创新政策的不足

刘世锦等认为,我国政府的资源配置、政策体系与支持自主创新导向不协调,创新政策的吸引力较弱。不少地方政府以零地价、减免税政策来吸引投资,使企业无需创新也能获得高额利润。由于部门分割,科技政策与产业政策、投资政策、贸易政策、消费政策之间没有形成有机的衔接,存在着相互矛盾和抵触的现象④。祝尔娟等认为,我国在引进基础上的技术创新虽有成绩,但与日本、韩国比较,我们做得并不好,甚至在某些方面是失败的。主要原因在于:一是把技术引进的目的看作是提高生产能力的手段,而不是技术创新的基础;二是由于同样原因,在引进技术时,只注意引进技术装备,不注意引进相应的软件技术;三是技术引进中因行政决策代替科学决策,影响了引进的效率⑤。彭纪生等认为,要真正实现"以市场换技术",就必须对引进的技术在消化吸收的前提下,通过模仿创新或二次创新,才

---

① 程华:《中国技术创新政策演变、测量与绩效实证研究:基于政策工具的研究》,经济科学出版社 2014 年版。
② 俞文华:《加入 WTO 对我国若干技术创新支持政策的冲击及其政策含义》,《当代经济科学》2001 年第 2 期。
③ 冯毅梅、李兆友:《试析入世以来我国技术创新政策的特点》,《人民论坛》2013 年第 9 期。
④ 刘世锦等:《通过体制改革和政策调整为创新提供动力》,张玉台、刘世锦:《激励创新:政策选择和案例研究》,知识产权出版社 2008 年版。
⑤ 祝尔娟等:《技术创新》,天津人民出版社 2001 年版。

能够实现创新的突破，但消化吸收作为技术政策目标，只是在 1985 年和 1996 年前后得到些微的重视，在其他年份几乎没有纳入技术政策考虑的范围①。冯毅梅、李兆友认为，我国的技术创新决策一直是专家统治的领域，"政府—科学家"的二元决策主体关系成为技术政策决策模式的核心特征。过度强调政府、专家的决策主导作用，易导致部分行政官员以国家利益为由干预技术决策，降低决策的效率，造成创新政策制定过程中的缺陷。虽然，目前已有国内企业逐步参与到技术创新政策制定中来，但只是大型企业特别是国有企业，科技型中小企业却很少发声，加上既得利益集团对政策干预过多，导致技术创新政策补贴多偏向国有企业，削弱了中小企业、民营企业的创新能力。因此，这类技术创新政策很难得到高效执行②。吕薇认为，目前我国的创新体系建设进入了战略转型期，创新政策应从针对创新活动的政策为主转向完善影响创新的制度环境为主；从注重科技投入数量转向提高科技投入的产出效果；从鼓励增加创新的直接要素投入转向各种相关要素投入的平衡③。

三　关于产业迈向中高端

我们认为，产业迈向中高端缘起于全球价值链分工，是发展中国家为摆脱跨国公司的低端锁定、提升产业发展层次与水平、获取更大收益而提出的发展目标。这也为技术创新和技术创新政策提出了新的要求。

（一）产业迈向中高端的提出背景

1985 年，美国经济学者迈克尔·波特（Porter）首次提出"价值

---

① 彭纪生、孙文祥、仲为国：《中国技术创新政策演变与绩效实证研究（1978—2006）》，《科研管理》2008 年第 4 期。
② 冯毅梅、李兆友：《技术创新政策执行困境及其破解》，《人民论坛》2015 年第 23 期。
③ 吕薇：《改革开放以来我国创新体系建设回顾与展望》，《建设创新型国家：30 年创新体系演进》，中国发展出版社 2008 年版。

链"这一概念,他认为,价值链是指最终商品或服务在形成的过程中,由同一企业内部或者是不同企业之间通过分工生产而联结起来的从原料到最终消费品的所有环节或阶段①。基于波特的价值链理论,Gereffi 提出了"全球商品价值链"的概念,提出全世界不同的企业在产品的设计、生产和营销等行为形成的价值链中进行合作,但是这些行为分散于不同地方的不同企业当中,因此,最终产品的生产也随之分布在不同企业的各种中间行为之中②。2002 年,联合国工业发展组织界定了"全球价值链"这一概念,认为全球价值链是为了实现商品或者服务价值而连接生产、销售、回收处理等过程的全球性企业网络,包括原料采集、运输、半成品和成品的生产及运输储存、成品的生产和销售、最终消费和回收处理的过程③。联合国工业发展组织定义的全球价值链凸显了不同国家和地区在全球生产和创造活动中价值链环节的联系,而价值链后面再缀上"分工"一词,则凸显了发达国家和发展中国家在这种分工形式下的贸易利益的不平等性。

赵文丁认为发展中国家所承接的加工制造环节在整个国际分工体系中处于较低层次,增值能力有限,附加值较低④。宋春子指出,由于发达国家凭借其技术、资本和营销网络等生产要素占据着全球价值链的高端环节,获取较多的收益,而发展中国家凭借着低廉的劳动力只能处于全球价值链当中的低端环节,其收益较少。发达国家凭借着在全球价值链当中的主导地位,以及其先进的技术和规模优势掌控着全球价值链的高附加值、高利润环节,并利用外包等形式把低利润、低附加值、高耗能和高投入的生产组织环节转移给发展中国家,从而

---

① 波特:《竞争优势(中译本)》,中国财政经济出版社 1988 年版。
② Gereffi, G., "The Organization of Buyer – Driven Global Commodity Chains: How U. S. Retailers Shape Overseas Production Networks", *Duke University Program in Political Economy*, 1996: 36
③ UNIDO's industrial development 2002/2003. Vienna, 2002: 107 – 116.
④ 赵文丁:《新型国际分工格局下中国制造业的比较优势》,《中国工业经济》2003 年第 8 期。

达到控制全球价值链的目的①。

关于迈向全球价值链中高端，Gereffi、Kaplinsky 和 Morris，Humphre 和 Schmitz 提出了著名的工艺升级、产品升级、功能升级、价值链升级四种升级类型。他们通过对典型行业研究发现，对低级的工艺升级和产品升级，发展中国家一般可以完成，而高级的功能升级和产业链升级则很难实现。Humphrey 和 Schmitz 指出，发展中国家在价值链分工中，试图实现高附加值的价值链环节升级时，会受到发达国家的阻碍和控制。Schmitz 也指出，价值链分工有助于发展中国家实现起飞或低端阶段的工业化进程，但是在进行到高端工业化进程中，却广泛地出现了被"俘获"现象。Lemoine 和 Unal-Kesenei 对中国的研究发现，加工生产促进了中国贸易的技术升级，但这种基于进口技术和外资企业的外向型且高度竞争的产业限制了当地生产及中国国内产业的技术扩散。Cramer、Bazan L.，Navas-Aleman L、AliceH. Amsden，Wan-wen Chu 等认为后进经济体，很难在发达国家主导的全球价值链分工中实现产业升级。

（二）产业迈向中高端的内涵与特征

关于产业迈向中高端的内涵，学界主要有两类观点。

一类观点认为产业迈向中高端包括产业和产业结构都迈向中高端。如刘志彪认为，产业发展迈向中高端是指产业分工格局、产业链环节、价值链的地位不断地向其高端攀升，也就是产业要向高级化方向演化。产业高级化不是指产业的技术水平处于全球顶端位置，也不是指要将产业所生产的商品和服务的品牌塑造为全球的奢侈品品牌，更不是指产业的发展仅仅去满足少数收入水平处于金字塔顶部的社会阶层成员的需要，而是指产业的发展要实现高经济效益化，即要逐步摆脱在全球价值链低端分工、被发达国家全面锁定的不良格局，在技术创新、技术进步和生产率不断提升的基础上，逐步实现高附加值化和高经济效益化的发展。因此，迈向中高端发展更多的是一种经济学

---

① 宋春子：《全球价值链分工对国际贸易摩擦的影响研究——基于中国的案例分析》，博士学位论文，辽宁大学，2014 年。

意义上的转型升级，而不是单纯的技术水平提升或者市场定位的层次提高①。周鹏认为产业向中高端迈进主要是指产业结构不断优化、生产技术水平不断提高、生产过程的集约化程度不断提高、产品的附加值不断提升②。

另一类观点认为产业迈向中高端主要是指某产业自身迈向中高端。如洪银兴认为产业结构的中高端化主要是指价值链的攀升，一是在发达国家主导的全球价值链上攀登价值链中高端。二是建立以我国跨国公司为主导的价值链。他还特别强调产业结构中高端并不表示丢弃传统产业，他认为传统产业通过信息化和工业化融合推动的技术跨越也是可以转向中高端的③。揭筱纹等也认为传统产业是可以从相对低端向以高科技、高附加值、高智力密集型为特征的"中高端"发展的④。王一鸣（2015）认为产业升级不是调整产业间比例关系，而是提升产业价值链，调整不同价值链区段的比例关系，要从价值链低端转向价值链中高端，从成本竞争转向质量技术品牌服务竞争，从要素驱动转向创新驱动⑤。金峰将产业中高端理解成"产品+品牌+文化+产业生态+服务"，也就是说产业中高端不仅仅体现在产品上，还要体现在品牌、文化、产业生态和服务上，而这些因素都是一个产业在国际市场上国际竞争力的重要表现⑥。

关于产业迈向中高端的特征，李伟认为至少有如下四个：一是要形成建立在高生产率基础上的发展方式；二是要形成更加平衡的经济结构关系；三是要实现产业技术水平的中高端化；四是要在全球分工

---

① 刘志彪：《在中高速增长中，使产业发展迈向中高端水平》，《新华日报》2015年11月3日。
② 周鹏：《产业如何迈向中高端水平》，《理论视野》2015年第3期。
③ 洪银兴：《产业化创新及其驱动产业结构转向中高端的机制研究》，《经济理论与经济管理》2015年第11期。
④ 揭筱纹等：《推动我国传统产业向中高端发展的驱动机制》，《中国科技信息》2015年第22期。
⑤ 王一鸣：《在中高速增长阶段向中高端水平跃升》，《宏观经济管理》2014年第10期。
⑥ 金峰：《国产中高端手机之路任重道远》，《通信世界》2013年第11期。

体系中攀升到价值链的中高端位置①。关于高端产业的特征，美国布鲁金斯学会提出两个鉴定标准：一是产业中每个工人的研发支出超过450美元，这大于或等于全行业标准的80%；二是产业中获得STEM（科学、技术、工程和数学）学位的人数必须高于全国平均水平，或者在本行业中所占份额高达21%。一个行业必须同时符合上述两个标准才能被认定为高端产业②。

（三）技术创新与产业迈向中高端

从技术创新与产业迈向中高端的关系看。王一鸣认为，推动经济向中高端水平发展，就要推动产业升级"上台阶"，就要推动创新"上台阶"③。洪银兴认为，推动产业结构向中高端转型升级的引擎是创新，突出表现在产业化创新④。周鹏认为，产业向中高端迈进，不能简单地靠铺新摊子扩大规模，也不能再利用低要素成本实施扩张，而是应该借助"创新"，实现产业向"微笑曲线"两端的延伸，开发新产品、培育新业态、创造新技术，提升产业的价值链，增加附加值⑤。马建堂认为，在新的发展起点上，依靠创新保持经济中高速增长、驱动发展迈向中高端水平，兼具必要和可能⑥。

从技术创新与产业（结构）升级的关系看。库兹涅茨认为，产业更替是技术创新的结果，产品的生命周期决定了发展的过程。Hirschman（1958）认为产业升级指的是一国（或区域）范围内，由于学习、消化、吸收和创新能力的提升而带来的本国产业专业化程度的加强、产业前向一体化或后向一体化程度的提高以及该国产品附加值

---

① 李伟：《运用新的发展理念，推动中国经济迈向中高端水平》，《中国发展观察》2016年第3期。
② 布鲁金斯学会：《美国高端产业：定义、布局及重要性》，2015年2月。
③ 王一鸣：《以创新推动产业向中高端水平发展》，《经济体制改革》2015年第1期。
④ 洪银兴：《产业化创新及其驱动产业结构转向中高端的机制研究》，《经济理论与经济管理》2015年第11期。
⑤ 周鹏：《产业如何迈向中高端水平》，《理论视野》2015年第3期。
⑥ 马建堂、王军：《保持中高速迈向中高端，全面建成小康社会——"十三五"时期我国发展环境、深刻变化和主要任务》，《国家行政学院学报》2015年第3期。

的增加①。Pietrobelli 认为产业升级是利用创新手段来创造更多附加值的过程②。王岳平认为技术创新在产业升级中起到最重要的作用,它是最主要的影响因素③。傅家骥认为,在影响产业升级和结构转换的主要因素中,技术创新是核心因素,并断言:"没有技术创新,就没有产业结构的演变,没有产业结构的演变,就没有经济的持久增长。"④ 辜胜阻认为,技术创新是引起产业结构变动的重要因素,它不仅决定着单个产业部门的发展趋势和不同产业的有序更替,而且决定着产业结构变迁的方向⑤。王斌、朱金生认为,技术创新对产业结构升级的推动是通过对传统产业的改造、新兴产业的兴起、落后产业的淘汰来实现的⑥⑦。例如,技术创新使得传统产业部门有可能采用新技术、新工艺和新装备来提高其技术水平,改变其生产面貌,促进原有生产部门和产品的更新换代,甚至创造出全新的产品。英、德两国都通过强化传统产业改造和结构调整,在主动缩小传统工业比重的同时,加快用高新技术改造和提升传统产业,增加产品科技含量,提高产品附加值和竞争力,取得了明显成效⑧。周叔莲、王伟光认为技术创新为产业结构调整提供动力,反过来产业结构调整也推动了技术进步⑨。张晖明、丁娟认为,唯有凭借技术创新来推动产业结构的调整,最终使产业结构优化升级⑩。高俊光认为,要加快产业结构优化升级,

---

① Albert O. Hirschman, *The Strategy of Economic Development*. New Haven: Yale University Press, 1958.
② C Pietrobelli, R Rabellotti. Upgrading in Clusters and Value Chains in Latin America: The Role of Policies. Washington, D.C., Inter-American Development Bank, Working Paper, 2004.
③ 王岳平:《产业技术升级与产业结构调整关系研究》,《知识经济》2005 年第 4 期。
④ 傅家骥:《技术创新学》,清华大学出版社 1998 年版。
⑤ 辜胜阻、刘传江:《技术创新与产业结构高度化》,《武汉大学学报》(哲学社会科学版) 1998 年第 6 期。
⑥ 王斌:《技术创新、经济增长与产业结构升级》,《北京机械工业学院学报》1999 年第 4 期。
⑦ 朱金生:《技术创新与产业结构升级》,《科技管理研究》1999 年第 4 期。
⑧ 《英国、德国传统工业改造情况》,《学习·研究·参考》2001 年第 5 期。
⑨ 周叔莲、王伟光:《科技创新与产业结构优化升级》,《管理世界》2001 年第 5 期。
⑩ 张晖明、丁娟:《技术跨越对产业结构调整的影响》,《复旦学报》(社会科学版) 2004 年第 3 期。

重点是依靠科技进步，围绕提高创新能力，推动结构调整[①]。赵峰、赵惠芳、陈文等认为，产业结构升级的主要途径应依赖于与之相应的技术创新，推进创新是产业结构优化升级的核心，一方面，技术创新通过促使生产要素在产业间流动，直接实现传统产业的改造和新产业的形成；另一方面，技术创新会通过对需求结构、供给结构和贸易结构等的影响间接实现产业结构升级[②③④]。例如，朱玲认为，技术创新使资源消耗强度下降，可替代资源增加，改变了需求结构，从而使产业结构发生变化；技术创新使消费品升级换代，改变需求结构，促进产业结构变化。消费品是最终产品，如果它的需求结构发生变化，必将对产业结构产生直接影响，技术创新使劳动生产率提高；劳动力发生转移；促使产业结构发生变化[⑤]。袁欣认为对外贸易之所以能够带动产业结构升级，是因为对外贸易活动的规模经济效应有利于积累技术进步，从而完成产业结构的优化和对外贸易结构的升级[⑥]。

（四）推动产业迈向中高端的技术创新政策

关于推动产业迈向中高端的技术创新政策，王一鸣建议一是推进企业主导市场导向的科技创新；二是把科技创新与发展现代产业体系结合起来；三是构建科技创新的动力机制；四是强化科技创新的教育和人才基础；五是深化科技体制改革，构建以企业为主体、市场为导向、产学研相结合的技术创新体系。周鹏认为促进产业向中高端迈进的前提是优化地方产业政策的决策机制，关键在于激发"万众创新"的活力，重点在于逐步增强战略性新兴产业和现代服务业的支撑

[①] 高俊光、于渤、杨武：《产业技术创新对深圳产业结构升级的影响》，《哈尔滨工业大学学报》（社会科学版）2007年第4期。

[②] 赵惠芳等：《基于技术创新的我国制造业产业结构升级》，《合肥工业大学学报》（自然科学版）2008年第9期。

[③] 赵峰：《推进创新是产业结构优化升级的核心》，《财贸经济》2005年第10期。

[④] 陈文：《技术创新对江西省产业结构升级的影响研究》，硕士学位论文，江西师范大学，2014年。

[⑤] 朱玲：《技术创新对产业结构演进的影响分析》，硕士学位论文，大连理工大学，2007年。

[⑥] 袁欣：《中国对外贸易结构与产业结构："镜像"与"原像"的背离》，《经济学家》2010年第6期。

作用。

关于促进产业（结构）升级的技术创新政策，商务部、国务院发展研究中心联合课题组提出继续鼓励跨国公司在华开展更高水平的研发活动；结合本国国情，完善风险投资、证券市场等一系列推动创新成果产业化的金融制度；加强人才培养，引进高级人才；支持本国企业在海外设立或并购研发机构、收购知识产权以及与国外合作开展创新活动；打破垄断，鼓励竞争；在国有企业内部建立起自主创新的长效机制；大力加强保护知识产权[1]。国务院发展研究中心产业经济研究部课题组认为应选择一批意义重大、任务目标明确、基础较好的关键共性技术，优先研究和突破一批制约产业发展的重大关键技术，解决影响行业发展的技术瓶颈问题；重点研究开发满足国民经济发展需求的产业化技术，提高关键技术自给能力；完善以企业为主体、市场为导向、产学研相结合的技术创新体系，支持企业加大科技投入，做好新技术、新装备的推广应用与交流；重视产业联盟在技术创新中的作用，大力推动产业联盟建设，力争使产业技术创新战略联盟建设取得实质性进展[2]。郑新立认为关键是要完善高新技术产业化的风险投资机制[3]。李伟认为，创新政策需要以促进创新要素的流动性为主导目标，关键是强调市场竞争过程对创新实现的重要作用，政策的目标是促进有利于创新的市场竞争特征的形成，而不是在市场竞争之外形成新的作用机制，政府的创新政策需要通过市场竞争过程实现其目标。新的创新政策涉及产业政策和规制政策的各个方面，体现了竞争政策与创新政策的协调和融合，以及经济体制转型目标与技术创新目标的协调[4]。金碚等建议加快推进能够代表未来科技发展方向的产业创新、大力推动企业成为真正的技术创新主体、抓紧公共技术研发平

---

[1] 商务部、国务院发展研究中心联合课题组：《跨国产业转移与产业结构升级：基于全球产业价值链的分析》，中国商务出版社 2007 年版，第 11—12 页。
[2] 国务院发展研究中心产业经济研究部课题组：《中国产业振兴与转型升级》，中国发展出版社 2010 年版。
[3] 郑新立：《自主创新是实现产业升级的中心环节》，《求是》2010 年第 2 期。
[4] 李伟：《不完全竞争中的技术追赶与产业升级：后发国家产业演化研究》，上海财经大学出版社 2011 年版。

台的建设、有效促进产业创新联盟的形成、深化研发管理体制改革、加快培育有利于产业创新的生态环境①。葛秋萍认为应重点推进产业共性技术研究、促进科技型中小企业发展、鼓励生产性服务业发展和升级、优化科技中介组织②。中国社会科学工业经济研究所提出设计政策导向、平台建设和激励手段三个方面的转变，即从供给导向向需求导向转变、从分散主体建设向协同平台构建转变、从直接激励手段向服务引导手段转变③。

（五）我国产业迈向中高端的误区

路风、王晨认为，把产业升级的任务定义为在若干工业领域的技术突破，强调发展高新技术产业或"以高新技术改造传统产业"，事实上把产业升级等同于高新技术产业的发展是一个误区。中国的产业升级必须是"基础广泛"的升级，既包括发展高新技术工业，也包括现有工业向更高技术水平、更高生产率和更高附加值的产业活动转移，而后者对于中国尤其重要。因为对于任何一个经济体，包括发达国家的经济体，"传统"产业活动都构成经济活动的主要部分④。

四 文献总结与评述

学者们对推动产业迈向中高端的技术创新政策日益关注，现有研究取得了一定进展，但政策建议存在针对性、操作性、有效性、创新性不足等问题，有必要继续深化、细化推动产业迈向中高端的技术创新政策研究。

---

① 金碚等：《全球竞争格局变化与中国产业发展》，经济管理出版社2013年版。
② 葛秋萍、李梅：《我国创新驱动型产业升级政策研究》，《科技进步与对策》2013年第16期。
③ 中国社会科学院工业经济研究所：《中国工业发展报告——全面深化改革背景下的中国工业2014》，经济管理出版社2014年版。
④ 路风、王晨：《"i5"革命报告：中国产业升级的误区与正途》，http://www.cameta.org.cn/index.php? a = show&c = index&catid = 245&id = 923&m = content。

(一) 对技术创新内涵与外延的认识仍存在较大分歧

从收集到的现有文献看，学者和政策制定者们对技术创新内涵与外延的认识分歧主要表现在以下五个方面，一是技术创新中的"技术"究竟指的是或者应该是什么，是只包含自然技术还是也包含组织、营销等管理技术？自然技术是只包括有形的工具、装备还是也包括无形的技能与方法？二是技术创新究竟是从发明开始算起，还是有了发明后从研究开发开始算起？三是技术创新中技术的首次应用究竟如何界定，是在全世界范围首次应用才算，还是在一个独立经济体首次应用也算？还是在某个企业首次应用也算？四是技术变动强度究竟多大才能算是技术创新，必须是质变的产品、过程或服务才算，还是有所改进的只有量变的产品、过程或服务都算？五是技术创新在市场上取得成功的标准究竟是什么，是实现商业赢利，还是扩大市场份额，或是取得技术优势？上述认识上的分歧，直接导致技术创新的分类不同，从而导致技术创新的途径选择不同，进而影响到技术创新政策制定与实施的不同。

我们初步认为，理论是灰色的，实践是鲜活的。我国技术创新实践固然需要理论指导，但绝不能被理论裁剪。尤其是技术创新理论发源于发达国家，发达国家的学者对发展中国家的国情了解不多，我们简单照搬其理论弊大于利。对于这些本源上的分歧，在不影响理论严谨性的情况下，我们只有结合我国实际创造性学习、审问、慎思、明辨和利用其理论才能利大于弊。

(二) 对技术创新政策的内涵与外延认识上仍未统一

技术创新政策究竟是应该包含在技术政策当中，还是应该作为科技政策与产业政策的结合，还是应该自成体系？自成体系的技术创新政策，究竟应该包括哪些方面、哪些内容？

很显然，认为技术创新政策是技术政策、科技政策一部分的观点，是在企业尚未成为技术创新主体，科学技术成果主要由科研院所和高等学校供给的背景下形成的。尽管理论上企业本应是技术创新主体，但实践中如果企业大多数并未真正成为技术创新主体，那么这种观点至今仍是成立的。至于国外学者提出而我国学者不认可的技术创新政策是科技政策与产业政策结合甚至是与更多相关政策相结合的观点，应该是这种板块式结合的政策在我国其实长期就是这么操作的，但并不能真正实现科技与经济相结合。而认为技术创新政策是一个政策体系的观点，应该是人们的认识逐步深化的结果。

我们赞同技术创新政策的根本作用是弥补市场失灵、系统失灵和满足国家战略需要的观点。由于不同国家奉行的基本经济制度、经济社会发展所处阶段、科技实力等有所不同，特别是发展战略目标不同，因此技术创新政策的制定和实施也必然不同。换言之，技术创新政策本质上是一种实用主义的政策，至于怎么理解其内涵和外延、怎么分类在理论上并不十分重要，真正重要的是在不受国际社会诟病的情况下切实有效解决本国技术和经济发展中的问题。

（三）我国对技术创新中的突出障碍一直没有找到有效应对政策

现有文献深刻揭示了一直以来我国企业技术创新的最大障碍是缺乏创新能力和体制不顺。其中，企业缺乏技术创新能力突出表现为缺乏人才、缺乏技术积累（傅家骥，1996；卢锐、杨忠，2004；吕政，2005；张文彬、王毅，2011等）。这些问题20年前就已发现，20年后依然如此。正因如此，我国政府激励企业进行技术创新所颁布的一系列政策效果并不明显（姚静洁，2005）。OECD（2008）也指出，中国创新政策和创新投入并没有实现预期效果。程华（2014）通过对国家层面发布的与产业技术创新相关性最强的454条技术创新政策的研究发现，这些创新政策对新产品产值等经济产出似乎不但没有影响，而且还有下降的趋势。

这表明，近20年来，我国技术创新政策根本没能解决技术创新和产业发展中的实质性问题。这与我国技术创新政策只注重技术引进、外资引进而不注重消化、吸收再创新有关（祝尔娟等，2001；彭纪生等，2008），与技术政策决策模式以"政府—科学家"二元决策主体为核心导致的政策偏差和执行低效有关（冯毅梅、李兆友，2015），也与不少地方政府以零地价、减免税政策吸引投资，使企业无需创新也能获得高额利润有关（刘世锦，2008）。但最根本的，是我国的技术创新政策既未针对企业技术创新的最大障碍直接寻求长效措施，也未采取间接、短期见效的 CAX 创新工具帮助企业在一定程度上替代高度稀缺的人才和技术积累。

现实中，计算机辅助创新技术（CAI）早已是欧美等国企业在新产品研发、制造系统和流程优化的设计阶段广泛使用的、必不可少的工具（兰芳，2008），在我国企业却至今仍很少见。CAE 技术在制造业和国民经济各领域中具有广泛的应用，是提升企业自主创新能力和国际竞争力的关键技术（钟万勰、陆仲绩，2007），在我国却至今只有少数企业和科研单位应用。作为任何一家公司都必须具备、赖以发展和壮大的 CAI、CAD 和 CAE 等 CAX 创新工具（林岳等，2009），在我国企业却至今连 CAD 都尚未普及、用好。

（四）对推动产业迈向中高端的技术创新政策研究有待深化、细化

产业迈向中高端，主要是某产业自身迈向中高端（洪银兴，2015；揭筱纹，2015；王一鸣，2015；金锋，2013）。因为，单个产业逐个迈向中高端，整个产业结构自然而然会整体迈向中高端。而旨在推动产业迈向中高端的技术创新，与过去相比需要"上台阶"（王一鸣，2015），因而需要技术创新政策有相应的变化。这固然需要推进企业主导市场导向的科技创新、把科技创新与发展现代产业体系结合起来、构建科技创新的动力机制、强化科技创新的教育和人才基础、构建以企业为主体、市场为导向、产学研相结合的技术创新体系（王一鸣，2015），也需要优化地方产业政策的决策机制、激发"万众创新"的活力、逐步增强战略性新兴产业和现代服务业的支撑作用（周鹏，2015），还需要继续鼓励跨国公司在华开展更高水平的研发活动、完善一系列推动创新成果产业化的金融制度、在国有企业内部建立起自主创新的长效机制、大力加强保护知识产权（商务部、国务院发展研究中心联合课题组，2007），尤其需要选择发展一批意义重大、任务目标明确、基础较好的关键共性技术，提高关键技术自给能力，大力推动产业联盟建设（国务院发展研究中心产业经济研究部课题组，2010），抓紧公共技术研发平台的建设（金碚等，2013），鼓励生产性服务业发展和升级、优化科技中介组织（葛秋萍，2013），其至还要改造传统产业、淘汰落后产业（王斌，1999；朱金生，1999），防止事实上把产业升级等同于高新技术产业的发展（路风、王晨，2016）等。尽管上述政策措施集中了学者们的集体智慧，然而这些政策举措总体上显得大而无当，特别是对企业技术创新面临的突出障碍依然无解。

综上，现有推动我国产业迈向中高端的技术创新政策研究尚未破题，有必要继续深入研究我国以往技术创新政策未能推动产业迈向中高端的深层次原因，并在把握新时期新形势下我国产业发展与技术创新的阶段性特征的基础上，以探索破解企业技术创新面临的突出障碍为切入点和突破口，以加强、改进和完善技术创新政策体系为着力点，以实现2020年若干重点产业进入全球价值链中高端、2030年主要产业进入全球价值链中高端为目标，深化、细化相关研究。

（执笔人：杨威　曾智泽　马玥）

参考文献

1. 波特：《竞争优势》（中译本），中国财政经济出版社1988年版。
2. 布鲁金斯学会：《美国高端产业：定义、布局及重要性》，2015年2月。
3. 陈劲、王飞绒：《创新政策：多国比较和发展框架》，浙江大学出版社2005年版。
4. 陈文：《技术创新对江西省产业结构升级的影响研究》，硕士学位论文，江西师范大学，2014年。
5. 陈向东、胡萍：《我国技术创新政策效用实证分析》，《科学学研究》2004年第1期。
6. 程华：《中国技术创新政策演变、测量与绩效实证研究：基于政策工具的研究》，经济科学出版社2014年版。
7. 杜辉：《企业技术创新的内涵及运作模式》，《西安石油大学学报》（社会科学版）1999年第3期。
8. 冯毅梅、李兆友：《技术创新政策执行困境及其破解》，《人民论坛》2015 年第 23 期。
9. 冯毅梅、李兆友：《试析入世以来我国技术创新政策的特点》，《人民论坛》2013 年第 9 期。
10. 《英国、德国传统工业改造情况》，《学习·研究·参考》2001 年第 5 期。
11. 傅家骥：《技术创新学》，清华大学出版社 1998 年版。
12. 傅家骥、高建：《中国企业技术创新的关键问题——1051 家企业技术创新调查分析》，《中外科技政策与管理》1996 年。
13. 高俊光、于渤、杨武：《产业技术创新对深圳产业结构升级的影响》，《哈尔滨工业大学学报》（社会科学版）2007 年第 4 期。
14. 葛秋萍、李梅：《我国创新驱动型产业升级政策研究》，《科技进步与对策》2013 年第 16 期。
15. 辜胜阻、刘传江：《技术创新与产业结构高度化》，《武汉大学学报》（哲学社会科学版）1998 年第 6 期。
16. 国家统计局：《2014 年全国企业创新调查统计资料》，中国统计出版社 2016 年版。
17. 国家统计局：《全国工业企业创新调查数据 2006》，2006 年。
18. 国务院发展研究中心产业经济研究部课题组：《中国产业振兴与转型升级》，中国发展出版社 2010 年版。
19. 韩振华、王崧：《国外产业高端化发展经验借鉴研究》，《特区经济》2009 年第 5 期。
20. 郝春禄：《对技术创新政策的几点思考》，《辽宁工业大学学报：社会科学版》2006 年第 3 期。
21. 洪建新、沈志强：《以产业高端化推进经济转型升级》，《政策瞭望》2009 年第 8 期。
22. 洪银兴：《产业化创新及其驱动产业结构转向中高端的机制研究》，《经济理论与经济管理》2015 年第 11 期。
23. 华桂宏、周家华：《论科技创新与经济发展》，《南京师大学报》（社会科学版）1998 年第 1 期。
24. 黄斌、鲁旭：《产业高端化的几个重要评价指标及国际参照》，

《科技进步与对策》2014 年第 12 期。

25. James M. Utterback：《把握创新》，清华大学出版社 1999 年版。
26. 季健霞：《我国中小企业技术创新的现状、问题及路径选择》，《技术经济与管理研究》2000 年第 2 期。
27. 江岩：《市场失灵、技术生命周期与技术创新政策》，《齐鲁学刊》2005 年第 3 期。
28. 揭筱纹等：《推动我国传统产业向中高端发展的驱动机制》，《中国科技信息》2015 年第 22 期。
29. 金碚等：《全球竞争格局变化与中国产业发展》，经济管理出版社 2013 年版。
30. 金峰：《国产中高端手机之路任重道远》，《通信世界》2013 年第 11 期。
31. 经济合作与发展组织：《技术创新统计手册》，美国，1992 年。
32. 兰芳、覃波、梁艳娟：《产品创新工具——CAI 技术研究》，《装备制造技术》2008 年第 4 期。
33. 李伟：《不完全竞争中的技术追赶与产业升级：后发国家产业演化研究》，上海财经大学出版社 2011 年版。
34. 李伟：《运用新的发展理念，推动中国经济迈向中高端水平》，《中国发展观察》2016 年第 3 期。
35. 李晓峰、徐玖平：《我国企业技术创新的现状、问题及对策》，《经济体制改革》2005 年第 2 期。
36. 连燕华：《关于技术创新政策体系的思考》，《科学学与科学技术管理》1999 年第 4 期。
37. 林岳等：《计算机辅助创新技术在航空企业技术创新工程中的实施模式研究》，《科技进步与对策》2015 年。
38. 林岳等：《技术创新实施方法论（DAOV）》，中国科学技术出版社 2009 年版。
39. 刘凤朝、孙玉涛：《我国科技政策向创新政策演变的过程、趋势与建议——基于我国 289 项创新政策的实证分析》，《中国软科学》2007 年第 5 期。

40. 刘世锦等：《通过体制改革和政策调整为创新提供动力》，张玉台、刘世锦：《激励创新：政策选择和案例研究》，知识产权出版社 2008 年版。
41. 刘伟：《中国技术创新的作用及其影响因素研究》，东北财经大学出版社 2011 年版。
42. 刘燕华等：《技术创新方法国际比较与案例研究》，科学出版社 2011 年版。
43. 刘志彪：《在中高速增长中，使产业发展迈向中高端水平》，《新华日报》2015 年 11 月 3 日。
44. 柳卸林：《技术创新经济学》，中国经济出版社 1993 年版。
45. 卢锐、杨忠：《制度视野中的技术创新政策研究》，《中国软科学》2004 年第 10 期。
46. 路风：《走向自主创新：寻求中国力量的源泉》，广西师范大学出版社 2006 年版。
47. 路风、王晨：《"i5"革命报告：中国产业升级的误区与正途》，http：//www. cameta. org. cn/index. php？a = show&c = index & catid = 245&id = 923&m = content。
48. 吕薇：《改革开放以来我国创新体系建设回顾与展望》，《建设创新型国家：30 年创新体系演进》，中国发展出版社 2008 年版。
49. 吕政：《工业技术创新体制与政策分析》，《吉林大学社会科学学报》2005 年第 2 期。
50. 罗伟、连燕华、方新：《技术创新与政府政策》，人民出版社 1996 年版。
51. 马建堂、王军：《保持中高速，迈向中高端，全面建成小康社会——"十三五"时期我国发展环境、深刻变化和主要任务》，《国家行政学院学报》2015 年第 3 期。
52. 美国国家科学基金会：《1974：科学指示器》，美国，1974 年。
53. 美国国家科学基金会：《1976：科学指示器》，美国，1976 年。
54. 美国国家科学基金会：《成功的工业创新》，美国，1969 年。
55. 牛勇平、肖红：《高端产业相关研究评述与展望》，《经济学动态》

2010 年第 2 期。

56. OECD、欧盟统计局：《技术创新调查手册》，新华出版社 2000 年版。

57. 欧阳平凯、赵顺龙：《产业高端化及其评价指标体系》，《山东科技大学学报》2009 年第 1 期。

58. P. 斯通曼：《技术变革的经济分析》，机械工业出版社 1989 年版。

59. 彭富国：《中国地方技术创新政策效果分析》，《研究与发展管理》2003 年第 3 期。

60. 彭纪生、孙文祥、仲为国：《中国技术创新政策演变与绩效实证研究（1978—2006）》，《科研管理》2008 年第 4 期。

61. 彭玉冰、白国红：《谈企业技术创新与政府行为》，《经济问题》1999 年第 7 期。

62. ［日］内野达郎：《战后日本经济史》，赵毅等译，新华出版社 1982 年版。

63. ［日］森谷正规：《日本的技术：以最少的耗费取得最好的成就》，上海翻译出版公司 1985 年版。

64. 商务部、国务院发展研究中心联合课题组：《跨国产业转移与产业结构升级：基于全球产业价值链的分析》，中国商务出版社 2007 年版。

65. 石定寰：《国家创新系统：现状与未来》，经济管理出版社 1999 年版。

66. 宋春子：《全球价值链分工对国际贸易摩擦的影响研究——基于中国的案例分析》，博士学位论文，辽宁大学，2014 年。

67. 孙亚忠、郭建平：《国外传统产业集群高端化对我国的启示》，《科技进步与对策》2007 年第 6 期。

68. 王斌：《技术创新、经济增长与产业结构升级》，《北京机械工业学院学报》1999 年第 4 期。

69. 王春法：《技术创新政策：理论基础与工具选择》，经济科学出版社 1998 年版。

70. 王鹏：《2014—2015 中国工业技术创新发展蓝皮书》，人民出版社 2015 年版。

71. 王伟光：《中国工业行业技术创新和创新效率差异》博士学位论文，中国社会科学院研究生院，2002 年。

72. 王一鸣：《以创新推动产业向中高端水平发展》，《经济体制改革》2015 年第 1 期。

73. 王一鸣：《在中高速增长阶段向中高端水平跃升》，《宏观经济管理》2014 年第 10 期。

74. 王岳平：《产业技术升级与产业结构调整关系研究》，《知识经济》2005 年第 4 期。

75. 卫玲、郭俊华：《我国企业技术创新存在的问题与完善路径》，《西安交通大学学报》（社会科学版）2014 年第 2 期。

76. 吴海瑾：《基于产业价值链分析理论的产业高端化研究》，《山东社会科学》2009 年第 2 期。

77. 肖广岭、柳卸林：《我国技术创新的环境问题及其对策》，《中国软科学》2001 年第 1 期。

78. 邢斐、张建华：《我国创新支持政策：理论分析及其有效性检验》，《当代经济科学》2009 年第 4 期。

79. 许继琴：《企业技术创新途径研究》，《中国科技论坛》2002 年第 5 期。

80. 许庆瑞：《技术创新管理》，浙江大学出版社 1990 年版。

81. 《OECD 中国创新政策研究报告》，薛澜等译，科学出版社 2011 年版。

82. 阎莉：《日本技术创新政策制定的理论依据及其政策手段选择》，《日本研究》2000 年第 4 期。

83. 余志良、谢洪明：《技术创新政策理论的研究评述》，《科学管理研究》2003 年第 6 期。

84. 俞文华：《加入 WTO 对我国若干技术创新支持政策的冲击及其政策含义》，《当代经济科学》2001 年第 2 期。

85. 袁欣：《中国对外贸易结构与产业结构："镜像"与"原像"的背离》，《经济学家》2010 年第 6 期。

86. 《国家科委关于实施技术创新工程意见的通知》，国科发工字[1997] 207 号。
87. 张冬梅、李建丽：《产业高端技术创新示范效应研究》，《管理科学研究》2012 年第 10 期。
88. 张凤、何传启：《国家创新系统——第二次现代化的发动机》，高等教育出版社 1999 年版。
89. 张晖明、丁娟：《技术跨越对产业结构调整的影响》，《复旦学报》（社会科学版）2004 年第 3 期。
90. 张黎夫、姜琼：《技术创新新特征发微》，《荆州师范学院学报》1999 年第 3 期。
91. 张文彬、王毅：《我国重点工业企业技术创新能力建设的问题与对策》，《技术经济》2011 年第 5 期。
92. 赵峰：《推进创新是产业结构优化升级的核心》，《财贸经济》2005 年第 10 期。
93. 赵惠芳等：《基于技术创新的我国制造业产业结构升级》，《合肥工业大学学报》（自然科学版）2008 年第 9 期。
94. 赵兰香：《技术创新过程中的政策需求分析》，《科学学与科学技术管理》1999 年第 4 期。
95. 赵文丁：《新型国际分工格局下中国制造业的比较优势》，《中国工业经济》2003 年第 8 期。
96. 赵彦云、周芳、付文静：《北京市产业结构高端化理论方法和应用研究》，首都师范大学出版社 2012 年版。
97. 郑新立：《自主创新是实现产业升级的中心环节》，《求是》2010 年第 2 期。
98. 中国社会科学院工业经济研究所：《中国工业发展报告——全面深化改革背景下的中国工业 2014》，经济管理出版社 2014 年版。
99. 钟万勰、陆仲绩：《CAE：事关国家竞争力和国家安全的战略技术——关于发展我国 CAE 软件产业的思考》，《中国科学院院刊》2007 年第 2 期。

100. 周寄中：《科学技术创新管理》，经济科学出版社 2002 年版。
101. 周鹏：《产业如何迈向中高端水平》，《理论视野》2015 年第 3 期。
102. 周叔莲、王伟光：《科技创新与产业结构优化升级》，《管理世界》2001 年第 5 期。
103. 朱金生：《技术创新与产业结构升级》，《科技管理研究》1999 年第 4 期。
104. 朱玲：《技术创新对产业结构演进的影响分析》，硕士学位论文，大连理工大学，2007 年。
105. 祝尔娟等：《技术创新》，天津人民出版社 2001 年版。
106. 庄卫民、龚仰军：《产业技术创新》，东方出版中心 2005 年版。
107. Albert O. Hirschman, *The Strategy of Economic Development*. New Haven: Yale University Press, 1958.
108. C. Pietrobelli, R Rabellotti. Upgrading in Clusters and Value Chains in Latin America: The Role of Policies. Washington, D. C., Inter – American Development Bank, *Working Paper*, 2004.
109. Cantner, U., Pyka, A., Classifying technology policy from an evolutionary perspective. *Research Policy*, 2001, 30 (5).
110. Cantner, U., Pyka, A., Classifying technology policy from an evolutionary perspective. *Research Policy*, 2001, 30 (5).
111. Chris Freeman and Luc Soete, *The Economics of Industrial Innovation*. The MIT Press, 1997.
112. C. M. Yam, William Lo. Analysis of sources of innovation, technological innovation capabilities and performance: An empirical study of Hong Kong manufacturing industries. *Research Policy*, 2011, 40 (3).
113. Ergas H., *The importance of technology policy*. In: Dasgupta P., Stoneman P (Eds.), *Economic Policy and Technological Performance*. Cambridge: Cambridge University Press, 1987.
114. Foray, D., Llerena, P., Information structure and coordination in

technology policy a theoretical model and two case studies. *Journal of Evolutionary Economics*, 1996: 6.

115. Gaudin, T., *Definition of innovation policy*. In: G. Sweeney (ed.), *Innovation Policies: An International Perspective*, London: Francis Pinter Publisher Ltd., 1985.

116. Gereffi, G., *The Organization of Buyer – Driven Global Commodity Chains: How U. S. Retailers Shape Overseas Production Networks*. Duke University Program in Political Economy, 1996: 36.

117. Isabel Maria Bodas Freitas, Nick von Tunzelmann. Mapping Public Support for Innovation: A Comparison of Policy Alignment in the UK and France. *Research Policy*, 2008, (37).

118. Johansson S., Wulff F., Bonsdorff E. The MARE Research Program 1999 – 2006: Reflections on Program Management. *AMBIO*, 2007, 36 (2/3).

119. John R. Hauser, Florian Zettelmeyer, Metrics to Evaluate R., D&E. *Research Technology Management*, 1997, 40 (4).

120. J. Ronayne, *Science in government*. Edward Arnold Ltd 41 Bedford Square London WC1B 3DQ, 1984.

121. Mansfield E., *Industrial research and technological innovation*, New York: W. W. Norton, 1968.

122. Rothwell R, Zegvold W., Industrial Innovation and Public Policy, *Preparing for the 1980s and the 1990s*. Frances Pinter, 1981.

123. Rothwell R., Public Innovation Policy: To Have or to Have not?. *R&D Management*, 1986, 16 (1).

124. Utterback, James M., "Innovation in industry and the Diffusion of Technology", *Science*, 1974.

第三章 我国技术创新政策现状评价

摘要： 总体看，我国技术创新政策对推动产业发展和技术进步都取得了较好效果。长期以来，我国既有技术创新政策表现出重数量轻质量、重硬件建设轻软实力塑造、重创新体系建设轻协同创新与全球创新能力提升、重干预轻健全市场机制、重政策制定轻实施机制等特点。对于推动产业迈向全球价值链中高端这个目标，我国既有技术创新政策存在明显的缺陷与不足，突出表现在不能有效促进企业解决技术创新"攻坚克难"与人才积累和技术积累不足的矛盾、对企业引进消化吸收再创新的引导和支持不够、忽视产供用协同创新和传统产业技术创新等方面。

关键词： 技术创新；成效；评价

我国既有技术创新政策对推动产业发展和技术进步都取得了较好效果，但对推动产业迈向中高端则存在明显的缺陷和不足。

一 我国技术创新政策的总体成效

以 2006 年我国召开第一次全国科技大会、颁布《国家中长期科学和技术发展规划纲要（2006—2020 年）》（国发［2005］第 044 号）（以下简称《纲要》）、提出自主创新战略和建设创新型国家为标志，我国技术创新政策开始具备推动产业迈向中高端的功能。而之前出台的技术创新政策主要是围绕技术引进和模仿创新，目标指向主要是较低层级的提高企业生产能力、技术能力，与推动产业迈向中高端的关系不直接。2006年以来，我国颁布的主要技术创新政策约278项。其中，相当大一部分是重申、修订或强化此前的财政、税收、金融、价格、外贸等相关政策，具有较大新意和全局影响的主要有《纲要》与若干配套政策（国发〔2006〕6号）及实施细则（科技部政策法规司，2008）、《国务院关于加快培育和发展战略性新兴产业的决定》（国发〔2010〕32号）（以下简称《决定》）及其后续规划与政策、《中国制造2025》（国发〔2015〕28号）（以下简称《制造》）和《国家创新驱动发展战略纲要》（2016年5月19日）（以下简称《创新》）提出的政策取向等。

总体来看，我国技术创新政策对推动产业发展和技术进步都取得了较好效果。从产业发展成就看，新中国成立以来，特别是改革开放以来，技术创新政策通过推动技术引进和模仿创新，促进了技术创新要素供给的改善、技术创新环境的优化和新兴产业的发展，使我国工业产能迅速扩张，产品种类大大增加，产品质量性能大幅提升，于1997年摆脱了长期困扰我国的短缺经济，于2011年成为世界第一大工业国，2015年工业增加值占全世界的份额继续稳居第一。从技术进步成效看，通过大量引进成套设备、生产线和软技术①，我国企业生产能力不断提高，2010—2016年制造业竞争力指数蝉联全球第一。

然而，这些经济成就的取得，很大程度上依靠的是外资企业（包括港澳台资企业）领衔的技术引进、管理输出和出口带动，而内资企业则主要通过低要素成本大规模扩张跟进出口。为取得这些经济成效，我国付出了沉重的资源、环境代价。同时，由于技术引进的主体主要是国有企业和外资企业②，而国有企业普遍重引进、轻

---

① 1978年以前，我国技术引进的方式几乎全是成套设备；1979—2004年，引进成套设备和软件、基础件、单项制造技术并重；2005年以来，以软技术引进为主，2005年当年软技术已经处于我国技术引进的主导地位。参见陈佳贵、黄群慧《工业大国国情与工业强国战略》，社会科学文献出版社2012年版，第294—307页。

② 2005年，国有企业技术引进合同金额占48.4%，外资企业占43.4%，集体企业和民营企业分别占1.3%和1.8%。参见陈佳贵、黄群慧《工业大国国情与工业强国战略》，社会科学文献出版社2012年版，第301页。

消化吸收①，外资企业不仅对内资企业封锁核心技术，而且存在技术创新挤出效应②，导致本土企业长期缺乏研发设计实践、难有厚实技术积累，因而生产能力显著提高，但技术能力和技术创新能力一直没有明显提升。这反映在实践中，造成1978年以来我国全要素生产率对经济增长的贡献总体上呈下降趋势：1978—1993年超过1/2，1994—2004年下降为1/3（郭庆旺、贾俊雪，2005），2005—2013年不到1/4（邬琼，2016）。2015年，我国劳动生产率水平仅为世界平均水平的40%，仅相当于美国劳动生产率的7.4%。目前，我国经济增长方式还是以要素投入为主的粗放型增长③。

二 我国技术创新政策的主要特点

总体上看，我国技术创新政策按照供给型政策工具、环境型政策

---

① 2006年以前我国技术创新政策基本上是沿着以引进外资和技术为基础，提升技术创新能力的同时加强科技成果转化和知识产权保护这条路径不断强化。但对至关重要的消化吸收作为政策目标只在1985年和1996年前后得到些微重视，其他年份没有能够持续地加强，几乎没有纳入技术创新政策考虑范围。由于知识产权保护相对滞后，特别是国内某些企业投入大量资源通过消化吸收掌握某项技术后，政策却允许并鼓励其他企业引进更新的该类技术，造成这些企业巨大的损失，在很大程度上抑制了企业对技术消化吸收的积极性。此外，国有企业存在普遍的委托-代理问题，主管人员的聘用、考核机制决定了他们追求短期利润最大化而不注重企业发展的长期利益，不会主动在技术的消化吸收上进行投入，特别是很多引进外资的项目还能够给管理者本人带来一定的灰色收入，并且消化吸收因短期内难以开花结果使普通员工暂时难以从中受益而难以得到员工支持，因而国企普遍重引进、轻消化吸收。由于地方利益、部门利益、企业行为短期化等各种原因，我国技术创新政策未能有效提升企业技术创新能力。参见彭纪生、孙文祥、仲为国《从引进到创新：中国技术政策演进、协同与绩效研究》，经济科学出版社2007年版，第122—127页。

② 实证结果表明，对吸引外资的重视不但不能够对重大技术发明和专利产生直接的显著影响，而且会造成新产品产出比重的下降，这主要是因为外资并不一定能够带来技术，相反，它还有可能造成对内资企业的挤出效应。参见彭纪生、孙文祥、仲为国《从引进到创新：中国技术政策演进、协同与绩效研究》，经济科学出版社2007年版，第195页。

③ 2001—2013年，我国全要素生产率（TFP）年均增长率为2.03%，对GDP增长率的贡献率为22.25%，而要素投入对GDP增长率的贡献率年均为77.75%。这表明我国经济增长仍然依赖于要素投入的增长。同时，TFP增长率呈现出一定的波动性，近几年出现持续下降的趋势。技术进步的增长速度在逐年递减，对TFP的贡献率也在下降。技术效率变化率年均增长－0.02%，自2010年开始呈现出较为显著的逐年下降趋势。这表明近期内我国利用新技术的能力有所减弱。参见邬琼《我国全要素生产率的测算及分解》，《中国物价》2016年第3期。

工具和需求型政策工具来制定和实施。其中，供给政策主要集中于人才政策①、财政政策②、创新平台建设③等方面；需求型政策主要集中于政府采购④、贸易管制⑤、技术标准⑥、市场政策⑦等方面；环境政

---

① 2006年以来，我国出台的人才政策主要包括教育与培训政策、人才激励政策和人才引进政策。在教育与培训政策方面，主要出台了加强专业技术人员继续教育、加强国家重点领域紧缺人才培养工作、在重大项目实施中加强创新人才培养、加强知识产权人才工作、加快发展现代职业教育、创新服务外包人才培养机制等政策，以及国家中长期科技人才、新材料人才、生物技术人才发展规划，实施创新人才推进计划等。在人才激励政策方面主要出台了鼓励企业实行自主创新激励分配制度、允许中央科研设计企业实施中长期激励、《中华人民共和国促进科技成果转化法》修改完善了科技人员的奖励制度、深化人才发展体制机制改革等。在引进人才政策方面主要注重进一步加强引进海外优秀留学人才工作、建立海外高层次留学人才回国工作绿色通道、实施中国留学人员回国创业启动支持计划、规范青年海外高层次人才引进工作等。

② 财政政策主要通过财政资金的投入引导和刺激企业技术创新支出的增长，引导产业技术创新的发展方向，主要注重改进和加强中央财政科技经费管理、产业技术研究与开发资金试行创业风险投资、改进和加强重大技术装备研制经费管理、规范科技型中小企业创业投资引导基金管理、规范创业投资引导基金设立与运作、加强新兴产业创投计划参股创业投资基金管理、改进加强中央财政科研项目和资金管理，重点产业振兴和技术改造专项资金支持、中央财政对节能技术改造以奖代补、新能源汽车推广应用财政支持政策、中央国有资本经营预算安排转型升级与发展资金等。

③ 创新平台建设政策主要出台了科技企业孵化器、依托转制院所和企业建设国家重点实验室、国家技术转移示范机构管理、推进知识产权信息服务平台建设、加强和规范国家工程研究中心建设与运行管理、建设国家工程实验室、加强国家重大科技基础设施建设、开展国家科技基础条件平台认定和绩效考核、国家重大科研基础设施和大型科研仪器向社会开放、建设产业技术基础公共服务平台、促进科技成果转移转化行动方案等政策。

④ 政府采购政策主要出台了自主创新产品政府采购预算管理制度、评审制度、合同管理制度（2011年7月1日起停止执行）、自主创新产品政府首购和订购管理制度、政府强制采购节能产品制度、推行环境标志产品政府采购、推进和完善服务项目政府采购等。

⑤ 贸易管制政策主要出台了《禁止出口限制出口技术管理办法》《禁止进口限制进口技术管理办法》《关于加快培育外贸竞争新优势的若干意见》《关于加强进口的若干意见》等。

⑥ 技术标准主要发布了《战略性新兴产业标准化发展规划》《国家标准化体系建设发展规划、质量发展纲要（2011—2020年）》《信息技术服务标准化工作五年行动计划（2016—2020）》《云计算综合标准化体系建设指南》《能源效率标识管理办法》等。

⑦ 市场政策主要出台《关于促进信息消费、扩大内需的若干意见》《关于积极发挥新消费引领作用，加快培育形成新供给新动力的指导意见》《关于发挥品牌引领作用，推动供需结构升级的意见》《关于印发"宽带中国"战略及实施方案的通知》《关于加快新能源汽车推广应用的指导意见》《关于促进先进光伏技术产品应用和产业升级的意见》《关于加快促进云计算创新发展培育信息产业新业态的实施意见》《关于推进文化创意和设计服务与相关产业融合发展等政策的若干意见》。

策主要集中于相关法律法规①、税收政策②、金融政策③、知识产权制度④和体制机制创新⑤等方面。长期以来，我国既有技术创新政策表现出重数量轻质量、重硬件建设轻软实力塑造、重创新体系建设轻协同创新与全球创新能力提升、重干预轻健全市场机制、重政策制定轻实施机制等特点。

从1978—2005年的技术创新政策特点看。2000年以前以成套设备为主的引进技术未由本土企业充分消化吸收，此后以外商直接投资为主的技术引进则使本土企业失去了消化吸收的机会。与韩国、日本

---

① 相关法律法规主要修订了《中华人民共和国科学技术进步法》《中华人民共和国促进科技成果转化法》《中华人民共和国专利法》《中华人民共和国商标法》《中华人民共和国著作权法》《中华人民共和国知识产权海关保护条例》《中华人民共和国专利法实施细则》《中华人民共和国著作权法实施条例》《中华人民共和国植物新品种保护条例》《信息网络传播权保护条例》《计算机软件保护条例》《中华人民共和国商标法实施条例》等。

② 税收方面主要出台了企业研发费用税前加计扣除、企业职工教育经费税前扣除、企业固定资产加速扣除、创业投资企业所得税优惠、股权激励个税优惠、技术转让收入税收优惠、高新技术企业境外所得适用税率及税收抵免、鼓励软件产业和集成电路产业发展，以及将国家自主创新示范区有关税收试点政策推广到全国范围实施等政策。

③ 金融方面主要出台了商业银行改善和加强对高新技术企业金融服务、支持出口信用保险为高技术企业提供服务、支持国家重大科技项目、政策性银行对创新型试点企业进行重点融资支持、促进科技和金融结合试点实施、加强知识产权质押融资与评估管理、战略性新兴产业专项债券发行、加大重大技术装备融资支持力度、首台（套）重大技术装备保险补偿机制试点、创业板上市、全国中小企业股份转让系统等政策。

④ 知识产权制度主要出台了《国家知识产权战略纲要》《国务院关于新形势下加快知识产权强国建设的若干意见》《关于禁止滥用知识产权排除、限制竞争行为的规定》《专利实施强制许可办法》《发明专利申请优先审查管理办法》《深入实施国家知识产权战略行动计划（2014—2020年）》《关于加强中央企业品牌建设的指导意见》《关于开展工业企业知识产权运用标杆示范活动的通知》等。

⑤ 体制机制创新主要出台《关于深化科技体制改革，加快国家创新体系建设的意见》《关于强化企业技术创新主体地位，全面提升企业创新能力的意见》、《深化科技体制改革实施方案》《关于深化体制机制改革，加快实施创新驱动发展战略的若干意见》《国有科技型企业股权和分红激励暂行办法》《深化中央财政科技计划（专项、基金等）管理改革的方案》《关于深化高等学校科技评价改革的意见》等。

注重避免低水平重复引进技术并限制外商直接投资①、强制企业消化吸收再创新②、产学研合作以企业为中心③、注重发展本土高水平通识教育④及企业培训和再培训⑤等成功经验相比，我国技术创新政策在此期间最大的失误在于未能注重避免低水平重复引进技术、未能有效选择外商直接投资、未能强制企业消化吸收再创新、未能以企业为

---

① 从20世纪60年代到80年代，韩国政府紧握引进技术的主导权，对各类引进的技术和设备实行严格的监督审查制度，严格禁止不加区别地一揽子引进成套技术设备，鼓励企业有选择地引进关键技术和核心装备，尽力避免低水平重复引进，凡是国内能生产的，则禁止向国外购买，并对外商直接投资实施严格的选择和控制。日本在20世纪50年代至70年代"引进欧美先进技术、模仿后改进创新"阶段，政府始终对企业引进技术进行管理和控制，20世纪50年代初期主要进口成套设备，同时引进制造技术；60年代基本上不买成套设备，而是有选择地引进单项技术；到70年代，则通过引进搞合作研究与开发，同时对外进行技术输出。参见李宽、王会利《美国、日本和中国技术引进与创新的比较》，《经济管理》2004年第3期。

② 日本非常重视引进技术的国产化，一般只允许引进后5年内能使国产化率达到90%的企业引进技术。参见李宽、王会利《美国、日本和中国技术引进与创新的比较》，《经济管理》2004年第3期。

③ 日本产学研结合主要有共同研究、合作研究中心、高新技术城三种模式。其中，共同研究指的是日本国立高校的研究人员与产业界研究人员就某一研究领域的具体技术问题设置研究课题，以平等的地位和对等的立场进行合作研究活动，共同研究项目的实施主体是企业，研究所用的仪器设备主要由高校或国家科研机构提供，研究人员以企业为主，相关研究成果由双方共同所有。合作研究中心指的是大学、国家科研机构与企业共同设立研究中心，主要共同开展两类研究活动，一是接受企业的委托进行合作研究或委托研究，二是为企业内部的研究机构提供技术咨询、培训等相关服务。高新技术城指的是政府利用行政手段，在日本若干区域范围内建立具有高新技术集聚效应的工业园区。参见张文强《中国产业技术创新与产学研结合的理论与实践》，中国社会科学出版社2013年版，第70页。

④ 历届日本政府信奉"现在的教育就是十年后的工业"、"国家实力的较量是教育实力的较量"理念，极为重视教育和人才培养。第二次世界大战后，日本的教育和培训规模得到了迅猛发展。战后日本公共教育费在国民收入中所占的比例，从1970年的4.7%上升到1982年的7.2%，与美国不相上下，略低于英国的7.5%。在20世纪70年代早期，日本电子工程学的毕业生人数超过了美国。1977年，电子和电机工程的毕业生人数比较上，日本几乎是美国的3倍、英国的4倍。参见克里斯托夫·弗里曼《技术政策与经济绩效：日本国家创新系统的经验》，张宇轩译，东南大学出版社2008年版，第34页。

⑤ 日本企业注重为员工提供高水平的技术培训。日本产业培训体系最大的特殊性体现在产品和流程创新的紧密结合上，目的是使受训者通晓由于技术变革可能产生的种种影响和问题，并让他们了解企业中不同运作环节之间的联系。拥有大批高素质的职业工程师，不仅在研发方面，而且在生产工艺和管理方面对于日本在技术引进、产品和流程的重新设计，以及日益增加的自主创新上取得的诸多成功起着至关重要的作用。克里斯托夫·弗里曼：《技术政策与经济绩效：日本国家创新系统的经验》，张宇轩译，东南大学出版社2008年版，第34页。

中心开展产学研合作、未能有效发展本土高水平通识教育和培训与再培训。

从围绕 2006 年《纲要》出台的技术创新政策特点看。围绕《纲要》所提 9 项重要政策和措施、60 项配套政策及 46 项实施细则，是指导 2006—2020 年我国科技发展的纲领性文件，主要包括科技投入、税收激励、金融支持、政府采购、引进消化吸收再创新[①]、人才队伍建设、创造和保护知识产权、科技创新基地与平台建设、教育与科普、加强统筹协调等方面。2006 年 1 月—2010 年 12 月，我国出台相关技术创新政策多达 310 多项，不仅数量众多、密集度高、覆盖面广，而且在很大程度上对以前技术创新政策的问题和不足进行了补充、完善。例如，配套政策要求建立多元化、多渠道的科技投入体系，全社会研究开发投入占国内生产总值的比例逐年提高；明确建立财政科技经费的绩效评价体系，建立面向结果的追踪问效机制，使财政科技投入效益最大化。提出了具有创新意义的政府采购政策，给予自主创新产品优先采购权、建立自主创新产品首购制度、优先购买本国产品、建立自主创新产品认证制度。出台了前所未有的税收激励政策，优惠幅度大、涉及税种多、涉及财务项目多、涉及范围广、影响大，主要是技术开发费税前扣除"松绑"、固定资产缩短折旧年限法"解禁"、所得税减免更实惠等。明确了多项创造和保护知识产权的行政措施，主要是掌握关键技术和重要产品的自主知识产权、积极参与制定国际标准、切实保护知识产权、缩短发明专利审查周期、加强技术性贸易措施体系建设等。但是，上述政策在执行过程中，存在启动易、见效快、盯得紧的政策措施如财税金融政策执行较好，而启动难、见效慢、盯得松的政策措施如人才队伍建设、加强对引进技术的消化吸收再创新、实施知识产权战略和技术标准战略、完善军民结合寓军于民的机制、用先进适用技术改造提升传统产业等政策执行得不

---

① 其实只出台了《关于鼓励技术引进和创新，促进转变外贸增长方式的若干意见》（商服贸发〔2006〕13 号）和《中国鼓励引进技术目录》（商务部、国家税务总局公告 2006 年第 13 号）两个政策，对消化吸收再创新缺乏有力、有效的操作政策。

太到位。其中，即使执行较好的财税金融政策也存在一些问题，如存在制度性缺陷的生产型增值税和内资企业偏重的企业所得税部分抵消了政策优惠的作用，制度性、全面性和普惠性的财税政策少而临时性、针对性、限制性、特惠性扶持政策多导致激励不足、作用弱化（于守华、穆荣平，2011）。

从围绕2010年《决定》出台的技术创新政策特点看。《决定》在某种意义上可以看作是《纲要》在产业发展上的具体化。2011年1月—2016年9月，国务院及有关部门紧紧围绕7大产业，出台了450余项技术创新政策。这些政策除了总体上的一些规划、各类资金管理办法、人才队伍建设、标准化体系建设及有关方向性指导意见外，绝大多数政策如财税、金融、准入等政策均分别面向和针对7个具体行业。执行较好的依然是财税政策，但在新能源汽车、LED、光伏、家电、水泥、钢铁等行业屡屡出现企业"骗补"现象，使政策执行偏离技术创新轨道。

从《制造》和《创新》涉及的技术创新内容和政策看。《制造》在某种意义上可以看作是《决定》的聚焦版，所提十个重点领域基本上属于战略性新兴产业的范畴[①]，所提政策措施中的最大亮点是首次强调健全多层次人才培养体系，突出了专业技术人才、经营管理人才和技能人才在推动制造业迈向中高端过程中的重要作用，全面提出了强化高校培养、职业教育和技能培训、引进领军与紧缺人才、建立健全人才激励和流动及使用的体制机制等重要举措，抓住了技术创新推动产业迈向中高端的"总根子"[②]。《创新》在某种意义上可以看作是《纲要》的深化、细化和《决定》《制造》的升级版，所提以世界科技前沿、国家重大需求、国民经济主战场为技术创新和关键领域突破

---

① 即新一代信息技术产业、高档数控机床和机器人、航空航天装备、海洋工程装备及高技术船舶、先进轨道交通装备、节能与新能源汽车、电力装备、农机装备、新材料、生物医药及高性能医疗器械等。其中，除农机装备外，其余都在战略性新兴产业范畴内。

② 其余政策措施均是老生常谈的深化体制机制改革、营造公平竞争市场环境、完善金融扶持政策、加大财税政策支持力度、进一步扩大制造业对外开放、健全组织实施机制等举措。

主攻方向的原则及所列十大重点发展产业技术与《纲要》《决定》和《制造》一脉相承，所提政策措施中的最大亮点是首次涉及质量和品牌，明确要实施知识产权、标准、质量和品牌战略，这是实现2020年若干重点产业进入全球价值链中高端、2030年主要产业进入全球价值链中高端目标的"牛鼻子"[①]。但是，《制造》所提健全多层次人才培养体系是个"慢变量"，对近10年内推动产业迈向中高端所能发挥的作用有限。

三 我国技术创新政策的突出短板

受要素成本上升、资源能源和环境压力加大、国际竞争加剧等多重因素制约，我国产业以往的低端生存空间不断收缩，倒逼我国产业发展必须依托技术创新从规模优势向技术优势、质量优势和品牌优势跃升，摆脱低端锁定困境，这对技术创新政策提出了新的更高要求。对于推动产业迈向全球价值链中高端这个目标，我国既有技术创新政策存在明显的缺陷与不足，突出表现在不能有效促进企业解决技术创新攻坚克难与人才积累和技术积累不足的矛盾、对企业引进消化吸收再创新的引导和支持不够、忽视产供用协同创新和传统产业技术创新等方面。

（一）对企业人才和技术积累不足的应对政策效果不佳

从理论上看。产业迈向中高端的首要前提是掌握关键核心技术及相关知识产权；掌握关键核心技术及相关知识产权的首要前提是至少行业领军企业和骨干企业具备较强的技术创新能力；企业具备较强技术创新能力的首要前提是需要有足够的技术积累和人力资本积累[②]。

[①] 此外，改革创新治理体系、完善突出创新导向的评价制度也具有较多新意，多渠道增加创新投入、全方位推进开放创新、培育创新友好的社会环境则是多年来的一贯提法。

[②] 企业如果缺乏必要的技术基础和人力资本积累，就只会强化既有的模仿创新模式，形成对外部技术的依赖。企业开展旨在掌握关键核心技术的创新尤其如此。参见孙文杰《外资研发与中国企业技术创新能力：理论与实证研究》，经济科学出版社2011年版，第36页。

而我国企业恰恰长期缺乏人才、缺乏技术积累（傅家骥，1996；卢锐、杨忠，2004；吕政，2005；张文彬、王毅，2011 等）。实证结果表明，目前我国多数制造业企业的人力资本值在临界值之下，技术差距超过门槛值，达不到技术创新的最低门槛要求，因而只有少数行业少数企业进行了原始创新，绝大多数企业不仅无法开展原始创新，而且不能充分消化吸收现有新技术和培育自己的自主创新能力（孙文杰，2011）。所以时至今日，我国虽然出现少数具有一定国际竞争力的创新型企业，但绝大多数企业仍以技术引进、产品模仿为主（张赤东，2016）。实践也表明，企业技术创新的人力资本积累和技术积累"临界值效应"表现出显著的"木桶效应"，致使我国政府过去激励企业进行技术创新所颁布的一系列政策效果均不明显（姚静洁，2005）。

从既有技术创新政策的解决思路看。对于企业技术积累和人力资本积累处于技术创新的门槛值和临界值之下这个我国产业迈向中高端的"拦路虎"，我国既有技术创新政策无论是鼓励科技人员向企业流动、为企业服务①，还是推动产学研相结合，短期内都难以达到清除

---

① 自20世纪80年代以来我国就出台政策鼓励科技人员向企业流动、为企业服务，但目的主要是要求大学、大院大所和大企业帮助中小企业提高生产能力而非技术能力，某种程度上导致创新资源更加分散，反而不利于技术创新，并且至今未能形成激励科技人员服务企业的长效机制，因而收效不大。例如，早在1983年7月出台的《国务院关于科技人员合理流动的若干规定》中，所提合理的流动方向为从城市到农村；从大城市到中小城市；从内地到边远地区；从科技人员富余的部门和单位，到科技力量薄弱而又急需加强的部门和单位，企业并未作为科技人员流入重点。1986年7月出台的《国务院关于促进科技人员合理流动的通知》，提出"在优先保证国家重点建设工程和重大科研项目人才需要的前提下，鼓励科技人员到工农业生产第一线，支援中小企业和城乡集体企业，加强企业技术改造和技术开发能力"、"鼓励企业事业单位通过实行联合和技术经济协作，以及采用科技人员调动、借调、兼职等多种形式，调剂技术力量余缺"、"鼓励全民所有制单位技术人员到城乡集体所有制单位工作"，虽然开始重视科技人才向企业流动，但流向重点为中小企业，甚至挖大企业"墙脚"，目的是提高企业生产能力而非行业技术能力。2009年3月《科学技术部、教育部、国务院国有资产监督管理委员会、中国科学院、中国工程院、国家自然科学基金委员会、中国科学技术协会关于动员广大科技人员服务企业的意见（国科发政〔2009〕131号）》，动员广大科技人员到企业去、到车间去、到生产一线去，目的是配合十大产业振兴、帮助企业特别是中小企业渡过金融危机，虽然提出"加快改革科研管理方式和评价机制，形成激励科技人员服务企业的长效机制"，但至今未实现这一目标。

目的。从鼓励人才向企业流动看,长期以来高素质人才不愿去不确定性较大的企业特别是民营企业[①],如今实体经济处于颓势,这种情况更甚。从推动产学研相结合看,《2014年全国企业创新调查统计资料》表明,企业普遍反映与高等学校和研究机构合作开详见展技术创新的价值不大[②],因而意愿不强[③],原因在于产学研相结合的技术创新体系一直以来存在如下弊端,一是普遍用行政手段替代市场机制,二是部分学研机构往往优先自行转化容易商业化的成果而向企业转移不容易商业化的成果,三是多数以项目为载体松散合作,四是缺乏健全的利益保障机制[④]。很显然,这些弊端短期内难以克服,高校和科研院所的高端人才仍将难以为企业的人才积累和技术积累做出实质性贡献。

(二) 对企业引进技术消化吸收再创新引导和支持不够

从理论上看。毫无疑问,发展中国家在经济发展初期必须从先进国家"引进"技术(包括交钥匙工程、购买设备、购买技术许可证、

[①] 当前,尽管我国科技人力资源总量已居世界首位,但大部分科技人才集中在机关、高校和科研院所。2014年,在全国研发人员中,在企业的毕业博士生只有13.4%,占企业研发人员总数的1.1%;企业每千名职员中的研究人员仅有4.8人,而德国、日本、韩国则分别达到14.41人、13.73人、16.83人;企业每千名职员中的科技人员仅有1.97人,而德国、日本、韩国和美国(2013)则分别达到8.22人、10.47人、13.49人和8.95人(详见本书第四章)。

[②] 在11类可供选择的技术创新合作对象(即集团内其他企业、高等学校、研究机构、政府部门、行业协会、供应商、客户、竞争对手或同行业企业、市场咨询机构、风险投资机构、其他合作对象)调查中,企业反映合作价值最大的是客户,高达27.9%,在全部合作对象中占45.3%;其次是供应商,合作价值大小与合作对象占比分别为20.3%、36.8%;再次,是高等学校,合作价值大小与合作对象占比分别为16.0%、32.9%;又次,是集团内其他企业,合作价值大小与合作对象占比分别为13.2%、26.5%;最后,是研究机构,合作价值大小与合作对象占比分别为10.9%、21.8%。

[③] 在产品创新、工艺创新的9种可能形式(即本企业独立开发、本企业与集团内企业合作开发、本企业与境内其他企业合作开发、本企业与境内研究机构合作开发、本企业与境内高等学校合作开发、本企业与境外企业或机构合作开发、在其他单位开发的基础上调整或改进、其他企业或机构开发、其他)中,本企业独立开发的情形分别占82%、74.8%,与境内高等学校合作开发的情形仅分别占13.1%、11.5%,与境内研究机构合作开发的仅分别占2.7%、2.6%;

[④] 转引自张文强《中国产业技术创新与产学研结合的理论与实践》,中国社会科学出版社2013年版。

引进外资建厂等），但如果在发展过程中不能够逐渐把外来的技术知识转化为内生的技术能力，技术变化就会使这些国家永远依赖外部技术，永远处于落后状态（路风，2006）。因此，发展中国家必须高度重视对引进技术的消化吸收再创新。

从历史上看。自新中国成立至20世纪80年代，我国通过从苏联、德国、日本和其他国家大规模引进技术、并由与企业分离的科研院所消化吸收这些技术逐步发展起完整的工业体系。自20世纪80年代至21世纪初加入WTO，我国技术创新通过"市场换技术"取得了一定成绩，但根本换不来关键技术、核心技术。自2006年以来，我国强化了自主创新，但主要局限于强化产品创新，对工艺创新关注较少，对管理、组织、营销创新等非技术创新关注更少，因而技术创新虽然取得了一些点状突破①，却难以推动产业迈向中高端。

从我国既有技术创新政策看。对引进技术的消化吸收只是在1985年和1996年前后得到重视，在其他年份几乎没有纳入考虑范围（彭纪生等，2008）。《纲要》的配套政策及实施细则虽然就引进消化吸收再创新有所关注，但仅出台了《关于鼓励技术引进和创新，促进转变外贸增长方式的若干意见》（商服贸发[2006]13号）和《中国鼓励引进技术目录》（商务部、国家税务总局公告2006年第13号），仅提出了方向性、原则性的意见，其中具体、可操作的财政、税收、海关政策迟迟未能出台，金融政策仅提出"政策性银行和商业银行可根据国家有关法规和政策要求，积极开展技术引进和消化吸收再创新的贷款业务"。上述政策根本没有抓住我国企业引进消化吸收再创新问题的要害是技术人才和技术积累未达到临界值，因而相关政策不仅针对性差，而且力度很弱。《决定》仅原则性提出要"加强引进消化吸收再创新"，但未提出相应政策措施；而《制造》《创新》则对消

---

① 近年来，我国战略性新兴产业若干重点领域关键技术取得了重大突破，如TD-LTE-Advanced被国际电信联盟确定为第四代移动通信国际标准，自主开发的核心信息安全芯片实现技术突破并用于国产千万亿次高性能计算机和移动智能终端产品的批量生产；基因测序能力进入世界前列；高速铁路技术和产品达到世界领先水平；北斗导航应用完成关键技术突破；高端数控机床领域的高档数控系统等装备研发和产业化取得重要突破。

化吸收再创新没有提及。

（三）对产供用协同创新重视不够

从理论上看，一方面，我国作为科学和技术的追赶者，现阶段所发展的产业绝大部分都是基于技术的行业①，基于科学的行业较少。基于技术的行业的技术创新显示为连续、积累、复杂的结果，创新过程显示为用户、生产者、供应商之间的复杂互动②，这要求产供用紧密协作推动技术创新，亦即充分利用国内市场支持技术创新③。而基于科学的行业的技术创新显示为离散的结果，创新过程由于科学的探索而被触发，并经过相应的工艺创新形成新的产品（林苞、雷家骕，2016），这要求产学研密切合作开展技术创新。

从政策实践看，我国国内市场巨大，但我国既有技术创新政策重视产学研合作创新而忽视产供用协同创新，其实质就是重视基于科学的创新而忽视基于技术的创新，因而必然忽视发挥国内市场对技术创新的支撑作用。这主要表现在以下几个方面：

一是1990—2010年间中央政府出台的有关产学研合作的政策多达169项（李世超、蔺楠，2011），而涉及面最广、需求最迫切、也是对基于技术的行业的技术创新最有效的产供用协同创新的相关政策至今几乎仍是空白。《纲要》和《决定》均未涉及产供用协同创新内容；《制造》虽然提出"跨领域跨行业协同创新""政产学研用协同创新"，但未明确产供用协同创新，且缺乏政策保障；《创新》虽然

---

① 有研究认为，技术创新存在两种基本模式，一种是基于科学的创新和基于科学的行业发展，另一种是基于技术的创新和基于技术的行业发展。当今社会，大量的技术创新仍然是基于技术的创新，且技术积累仍然是能否成功地进行基于科学的创新的基本条件之一。基于技术的行业的技术变化，主要是由沿着技术轨道的技术进步、产业结构的变化与市场需求的变化引起的；而基于科学的行业的技术变化，主要是由科学知识的变化引起的。参见林苞、雷家骕《科学、技术与产业创新》，清华大学出版社2016年版，第150—155页。

② 《2014年全国企业创新调查统计资料》的数据证实，在包括高等学校、集团内其他企业、研究机构等11类可供选择的合作对象中，对工业企业技术创新而言，合作价值最大的首先是客户，其次是供应商。这表明产供用互动是现阶段我国基于技术的行业开展技术创新最有效的方式。

③ 达到一定规模的国内市场是刺激、引导企业不断改进直至成功实现技术创新的重要条件。

提出区域协同创新、军民协同创新和交叉学科协同创新，却仍未将产供用协同创新纳入视野。

二是国内企业用户歧视本土企业自主创新产品的现象未得到纠正。电信、铁路、航空、电力和其他重大装备等领域的生产企业由于不直接面对大众消费市场，必须通过相关运营部门/企业才能进入其市场，而那些垄断性的运营部门或企业往往以中国技术"落后"为由去引进外国"先进"技术，所以中国企业难以获得通过国内市场来证明自己技术能力并持续改进产品的机会。国内企业以各种理由不给中国技术在应用中改进的机会，甚至根本就不给入门的机会是我国产业迈向中高端的重大障碍（路风，2006）。

三是区域市场分割、行政性垄断影响产业技术创新的局面没有明显改观。地方保护和市场分割使得企业创新净收益下降，企业创新动机减弱，从而影响了产业技术创新的人员和经费投入。更为重要的是，地方保护和市场分割限制了企业生产可能性边界的拓展，扭曲了企业的技术效率，降低了技术创新能力（余东华、王青，2009）。

四是促进技术创新的政府采购政策工具未用好用足。在美国、加拿大、英国、日本等国家中，政府采购政策一直作为促进科技创新、实现科技进步的重要政策工具而存在并发挥了不可替代的作用（沈木珠、徐升权，2006）。但在我国，一方面，《政府采购法》未对"政府采购应当采购本国货物、工程和服务"的内涵与外延作出具体规定，这就使通过政府采购促进技术创新无章可循（贾康、王桂娟，2015）。另一方面，我国的政府采购规模与发达国家相比仍然偏小，对自主创新的需求拉动作用相对有限，特别是在采购的构成上主要是货物类等实物资产，工程类和服务类占比过低，在采购领域主要限制在政府预算安排的办公类别内，在采购主体范围上主要局限在市一级及其以上部门的政府投资中。政府采购构成上的不合理性、范围上的狭小性、主体上的有限性严重制约了政府采购对技术创新的促进作用（马理、吴金光，2012）。

（四）对传统产业技术创新支持不足

虽然早在2002年原国家经贸委就出台了《关于用高新技术和先

进适用技术改造提升传统产业的实施意见》，但与高技术产业、战略性新兴产业的各种政策扶持相比，"以高新技术和先进适用技术改造提升传统产业"缺少强有力的技术和政策支持，在导致部分传统产业（中低技术产业）产能过剩后不断出台打压政策，使其技术创新和产业内部升级处于更为不利的状态（白玲、徐曌，2013）。

尽管《纲要》反复强调"用高新技术改造和提升制造业"、"促进传统产业的改造和技术升级"，但在此后的近10年中缺乏重大举措，执行不到位、执行效果不佳。当前，《制造》明确提出"大力发展先进制造业，改造提升传统产业，推动生产型制造向服务型制造转变"、"全面推进钢铁、有色、化工、建材、轻工、印染等传统制造业绿色改造"、"全面提升设计、制造、工艺、管理水平，促进钢铁、石化、工程机械、轻工、纺织等产业向价值链高端发展"。《创新》要求"对传统制造业全面进行绿色改造，由粗放型制造向集约型制造转变"。不过，以上尚未有相关政策和实施细则跟进。

综上所述，与推动产业迈向中高端的内在要求相比，我国既有技术创新政策总体上显得深度①和广度②不够，因而针对性、有效性不足，局限性较大。

（执笔人：李红宇　曾智泽）

参考文献

1. 陈清泰：《自主创新和产业升级》，中信出版社2011年版。

---

① 这主要表现为未能深入从纵向上追溯历史、从横向比较中外状况的基础上找准我国技术创新能力薄弱的症结所在是企业在人力资本积累和技术积累上未达到临界值而非财税金融政策力度不够，未能深刻把握在全球价值链上分工界限已经不是最终产品而是"最终产品的增值环节"，未能清醒认识我国多数产业受外资控制超过国际警戒线的现实，未能敏锐发现技术创新集成化、数字化的时代新特征，未能客观认识我国技术创新"攻坚克难"与三大技术创新主体能力不足的突出矛盾，因而未能针对上述问题和矛盾出台有效政策。

② 这主要表现为未能从国家战略高度推动相关政策有机衔接、相辅相成。一方面，未能推动政府的资源配置、政策体系与支持技术创新的导向相协调，不少地方政府以零地价、减免税政策吸引投资，使企业无需创新也能获得高额利润，导致技术创新政策的吸引力减弱。另一方面，未能推动相关部门形成融合一体的技术创新政策体系，科技政策与产业政策、投资政策、贸易政策、消费政策之间没有形成有机的衔接，存在着相互矛盾和抵触的现象，导致技术创新政策的有效性减弱。

2. 程华等：《中国技术创新政策演变、测量与绩效实证研究——机遇政策工具的研究》，经济科学出版社 2014 年版。
3. 冯毅梅、李兆友：《技术创新政策执行困境及其破解》，《人民论坛》2015 年第 23 期。
4. 工秋菊：《我国技术创新政策的发展趋势》，《科技与创新》2010 年第 5 期。
5. 工业和信息化部赛迪研究院工业技术创新形势分析课题组：《工业技术创新需协同机制》，《中国经济和信息化》2014 年第 12 期。
6. 国家发改委高技术产业司：《国务院及有关部门培育发展战略性新兴产业规划和政策汇编》，2012 年 10 月。
7. 国家知识产权战略实施工作部际联席会议办公室：《国家知识产权战略实施工作手册》，知识产权出版社 2011 年版。
8. 黄烨菁：《开放进程下的中国产业技术创新——历史回顾与现状分析》，《科学与经济》2009 年第 6 期。
9. 龙云凤：《广东省创新政策环境现状及问题分析》，《科技管理研究》2014 年第 15 期。
10. 吕薇：《政府如何利用市场机制促进技术创新》，《中国经济时报》2014 年 10 月 28 日。
11. 吕薇、李志军、马名杰：《中国制造业创新与升级路径、机制与政策》，中国发展出版社 2013 年版。
12. 彭纪生、孙文祥、仲为国：《中国技术创新政策演变与绩效实证研究（1978—2006）》，《科研管理》2008 年第 29 期。
13. 谈毅：《我国创新政策绩效评价研究》，上海交通大学出版社 2013 年版。
14. 王一鸣：《以创新推动产业向中高端水平发展》，《经济日报》2014 年 10 月 14 日。
15. 徐建国、贺德方：《企业技术创新政策实用手册》，科学技术文献出版社 2014 年版。
16. 《OECD 中国创新政策研究报告》，薛澜等译，科学出版社 2011 年版。

17. 袁磊、牛丰、何艳青：《落实央企技术创新政策 提升创新驱动发展能力——我国"十二五"支持央企创新政策综述》，《中国科技论坛》2015 年第 5 期。
18. 周高辉：《改革开放后中国技术创新政策的演化分析》，《经济论坛》2011 年第 11 期。

第四章　我国产业迈向中高端阶段的技术创新特征和政策研究

摘要：近年来，我国产业研发投入和产出进入快速增长期，而企业技术创新效率仍有待提高；企业技术创新活力显著增强，产业结构呈现名义高端化趋势；与发达国家相比，我国低端和中低端技术行业研发强度差距不大，而中高端和高端技术行业相对较低；企业技术创新主体地位不断提升，而基础研究支撑力量相对较弱。我国产业迈向中高端的技术创新制约因素表现在，激发企业技术创新活力的制度环境有待优化，政产学研协作分工机制有待完善，人力资本供给支撑能力有待提升，知识产权保护机制不健全，科技金融发展相对滞后。为此建议，加强公共技术创新平台建设，改善科技创新效率；健全知识产权保护机制，促进技术创新成果交易转化；提高人力资本素质，增强人力资源供给保障；完善科技金融服务体系，拓宽技术创新融资渠道。

关键词：产业；中高端；技术创新

近年来，依托低成本要素优势，我国制造业综合竞争力连续保持世界第一[①]，但与发达国家比，产业发展层次和国际分工地位仍然较低，突出表现为产业技术创新能力较弱，导致产业控制力和抗风险能力不强，产业增长正显著放缓，实现产业迈向中高端成为必然选择。

---

① 根据德勤有限公司和美国竞争力委员会发布的《2016全球制造业竞争力指数》（2016年4月6日），中国制造业竞争力指数排名继续位居世界第一，其后分别为美国、德国、日本和韩国。

一 我国产业技术创新的阶段性变化特征

关于中高端产业的内涵并无定论，笔者认为产业迈向中高端既包括产业结构向中高端升级[①]，也包括某产业自身发展水平的提升[②]。但无论如何，技术创新能力是评价产业发展水平的重要标准，也是促进产业迈向中高端的重要因素。近年来，我国产业技术创新活动呈现如下特征：

（一）研发投入和成果产出快速增长，总体技术创新效率仍然较低

首先，全社会产业研发投入快速增加，研发强度与发达国家的差距显著缩小。2000—2014年，我国全社会研发经费支出由896亿元增加到13016亿元，增长超过13倍，按照可比美元计算，中国已成为世界第二大研发支出国，仅次于美国。其间，全社会研发强度（全社会研发投入占比GDP）由0.9%提高到2.05%；其中，产业研发强度（产业研发经费投入占比GDP）由0.52%提高到1.54%，增长了2倍。比较来看，我国与发达国家差距明显缩小。2000年，我国全社会研发强度分别相当于德国、日本、韩国和美国的38%、30%、41%和34%，到2014年上述比重则分别转变为71%、57%、48%和75%。2000年，我国产业研发强度分别相当于德国、日本、韩国和美国的33%、24%、33%和29%，到2014年上述比重则分别转变为81%、56%、48%和92%。

其次，技术创新产出成果快速增加，但创新效率与发达国家仍然

[①] 周鹏：《产业如何迈向中高端水平》，《理论视野》2015年第3期。
[②] 洪银兴：《产业化创新及其驱动产业结构转向中高端的机制研究》，《经济理论与经济管理》2015年第11期。

存在较大差距。2000年，我国PCT①国际专利申请数仅有1428项，2015年则达到29846项，年复合增长率超过20%，占世界的比重由1.39%迅速提高到10%以上，跃居世界第三位。从反映国际水平的"三方专利群"②看，近年我国也从无到有并快速增长。2000年至2013年，我国取得的"三方专利群"由87项增加到1897项，占世界的比重由0.16%提高到3.51%（见表4-1）。但与主要发达国家相比，无论是总量还是单位GDP的成果产出效率都有很大差距。2013年，我国"三方专利群"总数仅分别相当于美国和日本的约1/10，相当于德国和韩国的约30%和60%；我国每10亿美元GDP所产生的"三方专利群"仅为0.07件，相当于美国的约1/10，相当于德国和韩国的约1/20，相当于日本的约1/40。

表4-1　我国与部分发达国家研发投入强度和三方专利群占比　　单位：%

类型	指标	国家	2000	2005	2010	2013	2014
研发投入	全社会研发支出占GDP比重	中国	0.90	1.32	1.73	2.01	2.05
		德国	2.40	2.42	2.71	2.83	2.90
		日本	3.00	3.31	3.25	3.48	3.59
		韩国	2.18	2.63	3.47	4.15	4.29
		美国	2.62	2.51	2.74	2.74	—
	产业研发支出占GDP比重	中国	0.52	0.88	1.24	1.50	1.54
		德国	1.58	1.64	1.78	1.85	1.91
		日本	2.17	2.52	2.47	2.63	2.77
		韩国	1.58	1.97	2.49	3.14	3.23
		美国	1.81	1.59	1.56	1.67	—

---

① PCT是《专利合作条约》（Patent Cooperation Treaty）的英文缩写，是有关专利的国际条约。根据PCT的规定，专利申请人可以通过PCT途径递交国际专利申请，向多个国家申请专利。

② 当前，美国、欧盟和日本的专利机构是世界上最大的三个专利中心，在上述三个市场寻求保护的专利即所谓"三方专利"。由于这三个专利机构的专利申请和维护成本较高，一般认为这些专利背后的发明可能有较高价值。

续表

类型	指标	国家	2000	2005	2010	2013	2014
成果产出	PCT专利申请占世界比重	中国	1.39	2.43	7.86	10.98	—
		德国	12.96	11.55	10.75	8.52	—
		日本	10.61	18.04	21.56	20.66	—
		韩国	1.91	3.60	5.54	5.91	—
		美国	39.76	34.35	26.27	28.34	—
	国际三方专利群占世界比重	中国	0.16	0.85	2.80	3.51	—
		德国	13.73	11.75	10.79	10.23	—
		日本	32.21	29.17	32.98	30.00	—
		韩国	1.63	4.52	4.85	5.75	—
		美国	28.09	28.60	25.07	26.32	—

资料来源：中国数据来源于国家统计局；其他国家数据来源于OECD数据库。

（二）企业技术创新活力显著增强，产业结构呈现名义高端化趋势

近年来，我国工业企业技术创新活力明显增强，技术创新效率也不断提升。首先，有研发活动的企业数量不断增加，企业研发投入总量和强度均不断提高。2004年至2014年，我国有研发活动的企业数量由1.71万家增加到6.37万家，占规模以上工业企业总数的比重由6.18%提高到16.85%；规模以上工业企业研发经费支出由1104亿元增加到9254亿元，研发经费占主营业务收入的比重由0.56%提高到0.84%。其次，工业企业技术成果产出快速增加，技术成果创新效率有所提高。2004年规模以上工业企业专利申请量有6.46万件，至2014年增长近9倍，达到63.06万件，其中，发明专利申请量增长11倍，由2万件左右提高到24万件左右；以当年价格计算，每10亿元研发经费专利申请量由58件左右提高到68件左右，其中，发明专利申请量由18件左右提高到26件左右（见表4-2），如果考虑价格上涨因素，以可比价格计算的单位研发经费专利申请增长幅度会更大。从企业结构看，内资企业是国内研发活动主力军，且研发强度略高于中国的港、澳、台地区及外资企业，2014年，内资企业主营业务收入占全部工业企业的77.2，而其R&D经费投入则占全部工业企业的 76.8%。这也从一个侧面反映了在国内投资的港、澳、台及外资企业主要集中在较低端分工环节。

表 4-2 规模以上工业企业研发经费投入及成果产出情况变化

年份	有研发活动企业数（万家）	有研发活动企业比重（%）	研发经费（亿元）	研发经费占主营业务收入比重（%）	专利申请量（万件）	发明专利申请量（万件）	单位研发经费专利申请（件/亿元）	
							专利	发明专利
2004	1.71	6.18	1104	0.56	6.46	2.05	58.46	18.52
2008	2.73	6.40	3073	0.61	17.36	5.93	56.48	19.28
2009	3.64	8.38	3776	0.70	26.58	9.25	70.40	24.49
2011	3.75	11.51	5994	0.71	38.61	13.48	64.41	22.50
2012	4.72	13.73	7201	0.77	48.99	17.62	68.04	24.47
2013	5.48	14.83	8318	0.80	56.09	20.51	67.43	24.66
2014	6.37	16.85	9254	0.84	63.06	23.99	68.14	25.93

资料来源：国家统计局。

近年来我国产业结构呈现名义高端化趋势。按照 OECD 产业分类①，近年来，我国低技术制造业比重有所下降，而中低技术、中高技术和高技术制造业比重有所上升。2000 年我国低技术制造业主营业务收入占制造业的比重为 27.6%，2014 年则下降至 24.8%；2000 年至 2014 年中低技术制造业比重由 27.7% 提高到 29.7%，中高和高技术制造业比重由 44.7% 提高至 45.5%。从国际比较看，尽管我国低技术制造业比重高于德国、日本、韩国，但却显著低于美国；尽管我国中高和高技术制造业比重低于德国、日本、韩国，但却显著高于美国。尤其是我国高技术制造业占比与上述国家已经基本接近。2014 年，我国高技术制造业占制造业比重为 13%，日本 2008 年和美国

---

① OECD 以 R&D 强度为标准，将制造业划为高技术产业、中高技术产业、中低技术产业和低技术产业四类，名义上看，高技术和中高技术产业比重越高代表产业结构水平越高。详见 Martin Schaaper《OECD 划分高技术产业、测度 ICT 和生物技术产业的方法》，《科技管理研究》2005 年第 12 期。

2009年的高技术制造业占比分别为13.7%和15%。从出口结构看，2014年我国高科技出口占制成品出口的25.4%，尽管趋于下降，但仍远高于德国、日本和美国水平（见表4-3）。而我国多数高技术产业领域的出口企业主要从事低端加工制造环节，在全球价值链中的分工地位却相对较低，由于自主创新能力缺失导致利润微薄且受制于人。随着我国要素低成本优势不断弱化，以外资企业主导的高技术加工制造企业已开始出现外迁迹象，由此导致高科技出口占制成品出口比重出现下降，如果内资企业不能尽快提升技术创新能力，一些地区可能由于产业升级失利而面临产业空心化的风险。

表4-3 我国制造业技术结构变化及国际比较 单位:%

国别	年份	主营业务收入占制造业比重				高科技出口占制成品出口比重
		低技术制造业	中低技术制造业	中高技术和高技术制造业	高技术制造业	
中国	2000	27.6	27.7	44.7	—	19.0
	2005	23.7	29.8	46.5	15.9	30.8
	2010	22.9	30.2	46.8	12.3	27.5
	2014	24.8	29.7	45.5	13.0	25.4
德国（2008）		20.2	24.4	55.4	—	16.0
日本（2008）		19.1	31.4	50.5	13.7	16.7
韩国（2009）		13.9	37.7	54.5	—	26.9
美国（2009）		34.8	25.8	39.9	15.0	18.2

注：德国、日本、韩国、美国高科技出口占制成品出口比重为2014年数据。
资料来源：中国数据来源于国家统计局；其他国家数据来源于OECD数据库。

（三）低和中低技术行业研发强度与发达国家接近，中高和高技术行业与国际先进水平差距显著

一般而言，不同行业类型的技术密集度有所不同，而同一行业类型中不同价值链环节的技术水平也可能存在很大差异，因此，考察一国产业结构水平，既要分析不同类型产业的占比，也要分析具体行业的实际技术水平。

从国际比较看，我国制造业整体技术创新水平仍然较低。2014

年，我国制造业企业强度（研发经费投入占主营业务收入比重）为 0.91%，而德国（2008 年）、日本（2009 年）、韩国（2009 年）、美国（2008 年）制造业企业研发强度分别为 2.41%、3.96%、1.81% 和 3.35%。显然，我国制造业企业研发强度与上述国家差距依然很大。从不同行业类型看，随着行业技术密集度的提高，技术差距呈现扩大趋势，也就是说，我国在低技术、中低技术产业领域与发达国家差距较小，而在中高技术、高技术行业领域差距则较大。

在低技术和中低技术行业领域，我国企业研发强度开始接近甚至超越发达国家水平。低技术行业方面，2014 年，我国食品制造业研发强度为 0.55%，酒、饮料和精制茶制造业研发强度为 0.6%，德国（2008）、日本（2009）、韩国（2009）和美国（2008）相应行业研发强度分别为 0.17%、0.73%、0.43% 和 0.53%；我国家具制造业研发强度为 0.37%，德国（2007）、日本（2008）、韩国（2009）和美国（2008）相应行业研发强度分别为 0.1%、0.37%、0.13% 和 0.26%；我国造纸和纸制品业研发强度为 0.71%，德国（2007）、日本（2008）、韩国（2009）和美国（2007）相应行业研发强度分别为 0.22%、0.47%、0.17% 和 0.64%。在中低技术行业，2014 年，我国石油加工、炼焦和核燃料加工业研发强度为 0.26%，德国（2008）、日本（2009）、韩国（2009）和美国（2007）相应行业研发强度分别为 0.13%、0.29%、0.12% 和 0.29%；我国黑色金属冶炼和压延加工业、有色金属冶炼和压延加工业研发强度分别为 0.86% 和 0.64%，德国（2008）、日本（2009）、韩国（2009）和美国（2008）相应行业研发强度分别为 0.44%、0.92%、0.36% 和 0.5%。可以看出，我国上述行业技术创新能力已经达到了相对较高的水平（见表 4-4）。

在中高技术和高技术制造领域，我国企业研发强度普遍低于发达国家水平，尤其在高技术制造业领域，差距仍然十分显著[①]。以较为

---

① 中高技术和高技术制造业包括化学原料和化学制品制造业、通用设备制造业、专用设备制造业、汽车制造业、铁路、船舶、航空航天和其他运输设备、电气机械和器材制造业、医药制造业、计算机、通信和其他电子设备制造业等。

典型的高技术行业为例,2014年,我国医药制造业研发强度为1.67%,而德国(2007)、日本(2008)、韩国(2009)、美国(2008)则分别为8.27%、16.4%、2.72%、24.47%;我国计算机、通信和其他电子设备制造业研发强度为1.63%,而德国(2008)、日本(2008)、韩国(2009)、美国(2008)则分别为8.11%、16.98%、6.26%、18.76%(见表4-4)。不仅如此,中高和高技术行业普遍具有较高的产业关联度,其技术创新能力对众多关联行业乃至整体产业竞争力都具有举足轻重的影响。因此,大幅提升中高和高技术行业的技术创新水平,是我国产业迈向中高端阶段亟待完成的关键任务。

表4-4　　　　我国不同制造行业研发强度及国际比较　　　单位:%

国民经济行业分类 (GB/T4754-2011)		研发经费投入强度				
		中国 (2014)	德国 (2008)	日本 (2009)	韩国 (2009)	美国 (2008)
制造业		0.91	2.41	3.96	1.81	3.35
低技术制造业	农副食品加工业	0.31	0.17	0.73	0.43	0.53
	食品制造业	0.55				
	酒、饮料和精制茶制造业	0.60				
	烟草制品业	0.23				
	纺织业	0.46	0.78	2.91 (2008)	0.38	1.04
	纺织服装、服饰业	0.35				
	皮革、毛皮、羽毛及其制品和制鞋业	0.29				
	木材加工和木、竹、藤、棕、草制品业	0.25	0.10 (2007)	0.37 (2008)	0.13	0.26
	家具制造业	0.37				
	造纸和纸制品业	0.71	0.22 (2007)	0.47 (2008)	0.17	0.64 (2007)
	印刷和记录媒介复制业	0.51				
	文教、工美、体育和娱乐用品制造业	0.44				

续表

国民经济行业分类 （GB/T4754－2011）		研发经费投入强度				
		中国 (2014)	德国 (2008)	日本 (2009)	韩国 (2009)	美国 (2008)
制造业		0.91	2.41	3.96	1.81	3.35
中低技术制造业	石油加工、炼焦和核燃料加工业	0.26	0.13	0.29	0.12	0.29 (2007)
	橡胶和塑料制品业	0.76	1.37	2.18 (2008)	0.77	1.32
	非金属矿物制品业	0.43	0.67	2.43	0.74	1.31
	黑色金属冶炼和压延加工业	0.86	0.44	0.92	0.36	0.50
	有色金属冶炼和压延加工业	0.64				
	金属制品业	0.69				
中高和高技术制造业	化学原料和化学制品制造业	0.90	2.69 (2007)	3.36 (2008)	1.34	1.42
	化学纤维制造业	1.05				
	医药制造业	1.67	8.27 (2007)	16.4 (2008)	2.72	24.47
	通用设备制造业	1.32	2.11	4.70	1.60	2.89
	专用设备制造业	1.55	5.77	7.61 (2008)	2.41	13.57
	汽车制造业	1.16	5.01	4.39 (2008)	2.67	3.25
	铁路、船舶、航空航天和其他运输设备	2.40	5.77	1.76 (2008)	0.58	11.49
	电气机械和器材制造业	1.38	1.42	7.98 (2008)	1.33	2.45
	计算机、通信和其他电子设备制造业	1.63	8.11	16.98 (2008)	6.26	18.76
	仪器仪表制造业	2.04	6.84	18.55	4.40	18.34 (2007)

资料来源：中国数据来源于国家统计局；其他国家数据来源于OECD数据库。

（四）企业技术创新主体地位不断增强，基础研究支撑力量相对较弱

近年来，我国研发经费来源中外资占比不高，且呈现逐步下降的趋势。2014年，国外资金仅占研发经费投入的0.83%。随着我国市场化程度不断提高，产业内的企业在技术创新中的主体作用不断增强。一方面，在研发经费来源中产业资金比重不断增加，相应的政府资金比重则不断减少。2000年至2014年，我国研发经费来源中产业资金比重由57.59%提高到75.42%，政府资金比重则由33.41%下降到20.25%。目前我国研发经费中产业资金比重与日本、韩国大体相当，高于德国和美国。另一方面，在研发活动主体中商业企业比重也不断提高。2000年至2014年，我国研发活动主体中商业企业比重由59.96%提高到77.3%，相应的政府比重则由31.47%下降到15.8%。但我国研发活动主体中政府比重比德国、日本、韩国和美国都高。同时，我国对支撑产业技术创新的基础研究投入不足的状况始终存在。具体表现在，高校等基础研究机构在我国研发活动主体中占比呈下降趋势，且显著低于发达国家水平。2014年我国研发活动主体中高校占比为6.9%，比德国、美国（2013）、韩国和日本分别低约11、7、2和6个百分点。2014年，我国基础研究经费支出占GDP的0.1%，而日本、韩国和美国（2013）则分别为0.44%、0.76%、0.48%（见表4-5）。

表4-5 我国不同主体研发经费来源、研发活动比重变化及国际比较 单位:%

年份/国家	研发经费来源比重			研发活动比重			基础研究经费支出占GDP比重
	国外资金	政府资金	产业资金	商业企业	政府	高校	
2000	2.69	33.41	57.59	59.96	31.47	8.57	0.05
2005	0.93	26.34	67.04	68.32	21.79	9.89	0.05
2010	1.30	24.02	71.69	73.42	18.12	8.46	0.08
2011	1.34	21.68	73.91	75.74	16.33	7.93	0.09
2012	0.97	21.57	74.04	76.15	16.27	7.58	0.09
2013	0.89	21.11	74.60	76.61	16.16	7.23	0.09
2014	0.83	20.25	75.42	77.30	15.80	6.90	0.10

续表

年份/国家	研发经费来源比重			研发活动比重			基础研究经费支出占GDP比重
	国外资金	政府资金	产业资金	商业企业	政府	高校	
德国	4.99	28.85	65.84	67.49	14.83	17.68	—
日本	0.44	16.02	77.26	77.76	8.33	12.58	0.44
韩国	0.71	22.96	75.33	78.22	11.21	9.05	0.76
美国	4.45 (2013)	27.75 (2013)	60.85 (2013)	70.58 (2013)	11.17 (2013)	14.15 (2013)	0.48 (2013)

注：德国、日本、韩国为2014年数据。

资料来源：OECD数据库。

二 我国产业迈向中高端的技术创新制约因素

我国作为体制机制转轨阶段的后起追赶型国家，面临不同于先行工业化国家的新技术环境、国际竞争新形势，未来要实现产业迈向中高端，亟待破除各种制约产业技术创新的突出障碍。

（一）企业技术创新的制度环境有待优化

首先，产权制度不健全和保护不力导致企业缺乏追求持久创新的动力。理论和实践反复证明，有效和相对稳定的产权制度是促进企业追求长远发展的重要制度基础。当前，我国在一些涉及企业尤其是民营企业的财产权制度方面仍然存在诸多模糊之处。我国对城镇住宅及其他建筑物、农村集体用地等不动产均采用国有和集体所有制，上述不动产使用权均设定一定的年限，但关于年限到期后的续期、定价等相关规定仍不清晰，且针对不动产方面的继承规定仍存在模糊之处；在实际执行中，对企业产权保护也存在时紧时松的现象，部分企业家由于对自身产权存在担心，缺乏长期投资发展信心，受短线经营思维主导，企业对通过技术创新实现持久发展重视不足。

其次，市场歧视和不公平竞争抑制了企业创新活力。当前，在一些产业领域尤其是资本和技术密集度较高的中高和高技术行业,政府对微观经济活动的干预仍然不同程度存在,市场竞争中加入了诸多非市场因素,优胜劣汰机制对技术创新的引导和激励作用受到扭曲和弱化。目前,一些垄断性国有企业依托政策保护攫取超额利润,创新动力和压力不足,由于其他企业尤其是民营和中小企业生存空间受到挤压,技术创新活力受到很大抑制。由此出现行业内国有企业比重越高,越不利于行业技术创新能力提高的现象[1]。此外,我国企业综合成本总体偏高,近年来,随着实体企业营利能力下降,企业投资和技术更新能力受到很大削弱。

最后,虚拟经济与实体经济脱节削弱了企业技术创新能力。近年来房地产、融资市场等虚拟经济赚钱效应显现,一定程度上侵蚀了实体经济的发展空间,降低了实体经济技术创新能力。同时,虚拟经济与实体经济联动机制仍不畅通,实体经济融资难、融资贵、风险大等问题未得到根本缓解,为追求短期利益,很多企业采取"去实转虚"策略,企业通过技术创新实现转型升级的动力受到削弱。

(二)政产学研协作分工机制有待完善

当前,我国各类产业技术创新主体的定位模糊,相互协作关系和机制不健全,不利于创新资源有效配置和利用,对产业创新效率形成很大制约。

首先,政府较多参与了产业技术路线选择、技术资源分配等微观创新活动。长期以来,受惯性思维影响,政府有关部门往往通过直接参与或干预的方式来推进产业技术创新,以实现人为既定的目标。技术政策偏重于事前倾斜性,即用事前评估的方式判断"先进"或"落后"技术,事前选择原本具有较大不确定性的技术路线,对事前确定的重点对象运用税收优惠、政府补贴、金融支持等方式进行倾斜性支持。一般而言,未来具体产业技术创新的变化趋势、发展前景很难在事前准确判断,因此政策导向往往与实际出现很大偏差,由于政

---

[1] 刘伟:《中国技术创新的作用及其影响因素研究》,东北财经大学出版社2011年版,第160页。

策行为的灵活性不足，难以根据实际情况及时调整，依据政策推进产业技术创新往往可能贻误时机并造成科技资源的浪费。同时，目前政府补贴技术创新的方式仍然带有较强的行政色彩，人为构成了不平等的市场竞争格局，个别企业获取补贴资金的难度较大，但使用补贴资金的成本却很低，企业能否获取补贴资金与是否真正追求技术创新并未形成直接有效的关系，因而难以起到应有的激励效果。

其次，产业技术创新公共服务和基础研究供给不足。当前，我国创新资源碎片化等问题亟待改变，关键共性技术的重要突破十分缺乏，难以形成有效的创新链条，技术创新对行业发展的支撑作用不能有效发挥①。目前，我国企业、研究机构在技术创新方面总体处于单兵作战状态，诸多重要行业领域缺乏国家级或行业级重大技术共性研究平台，导致产业关键环节长期受制于人。从发达国家经验看，高校等公益性科研组织往往是基础研究的主力军。受基础研究经费不足的迫使和追求市场导向的驱使，我国部分高校和科研院所不仅承担了大量本应由企业承担的应用研究和开发研究，甚至通过校办和院办企业直接进入生产领域，在一定程度上破坏了基础研究和共性技术研究的公共性，高校等基础性研究机构研究领域过度向应用研究倾斜，导致基础研究薄弱、原始创新能力不强。随着企业自身技术开发能力的快速提升，高校在产业技术创新体系中的分工都应更加向基础研究和前沿技术领域聚焦。

最后，科技成果转化机制不畅，科技成果转化率较低。目前，我国科研技术成果转化率仅为10%左右，远低于发达国家40%左右的水平。较低的成果转化率大大弱化了全社会研发投入对产业技术创新的贡献度。相关研究发现，近年来，我国技术创新政策对发明专利拥有和申请量等知识产出有一定促进作用，但是对新产品产值等经济产出似乎没有影响，而且还有下降趋势②

---

① 王鹏：《2014—2015 中国工业技术创新发展蓝皮书》，人民出版社2015年版，第25—26页。
② 程华：《中国技术创新政策演变、测量与绩效实证研究：基于政策工具的研究》，经济科学出版社2014年版，第111—112页。

(三) 人力资本供给支撑能力有待提升

人力资本素质对技术创新水平具有显著影响,提高技术创新能力离不开高素质的人才体系,目前我国人才支撑能力与发达国家差距甚大。

首先,我国研发和科技人才密度仍然较低。人才供给不足是制约我国技术创新的突出短板之一[①]。近几年,我国科技人力资源总量和研发人员规模稳居世界第一。2013年,我国科技人力资源总量达7105万人。我国R&D人员总数为501.8万人,R&D人员总全时当量353.3万人年,上述两个口径均已达到全球最高。虽然已成为人力资源大国,但我国科技人力资源密度还远落后于发达国家。2014年,我国每千名职员中的研发人员仅有4.8人,而德国、日本、韩国则分别达到14.14人、13.73人、16.83人;我国每千名职员中的科技人员仅有1.97人,而德国、日本、韩国和美国(2013)则分别达到8.22人、10.47人、13.49人和8.95人(见表4-6)。

表4-6　　　我国研发人员投入强度变化及国际比较　　　单位:人

年份	每千名就业人员中研发人员数量				每千名就业人员中科技人员数量				
	中国	德国	日本	韩国	中国	德国	日本	韩国	美国
2000	1.28	12.14	13.64	6.53	0.96	6.46	9.85	5.13	7.06
2001	1.31	12.07	13.35	7.69	1.02	6.64	10.03	6.32	7.28
2002	1.41	12.11	12.92	7.78	1.11	6.71	9.66	6.41	7.55
2003	1.48	12.05	13.28	8.42	1.17	6.86	10.08	6.84	8.04
2004	1.55	11.97	13.41	8.60	1.25	6.87	10.04	6.93	7.81
2005	1.83	12.09	13.67	9.42	1.50	6.92	10.38	7.87	7.65
2006	2.00	12.31	13.82	10.26	1.63	7.06	10.40	8.64	7.71
2007	2.31	12.56	13.80	11.50	1.89	7.21	10.35	9.47	7.64

---

① 卢锐、杨忠:《制度视野中的技术创新政策研究》,《中国软科学》2004年第10期。

续表

年份	每千名就业人员中研发人员数量				每千名就业人员中科技人员数量				
	中国	德国	日本	韩国	中国	德国	日本	韩国	美国
2008	2.60	12.81	13.45	12.49	2.11	7.41	10.00	10.02	8.07
2009	3.02	13.08	13.60	13.15	1.52	7.76	10.15	10.38	8.80
2010	3.36	13.38	13.61	14.07	1.59	8.00	10.17	11.08	8.48
2011	3.77	13.83	13.52	14.91	1.72	8.15	10.21	11.92	8.81
2012	4.23	14.06	13.21	16.04	1.83	8.38	10.03	12.79	8.73
2013	4.59	13.91	13.35	16.02	1.93	8.37	10.18	12.84	8.95
2014	4.80	14.14	13.73	16.83	1.97	8.22	10.47	13.49	—

资料来源：OECD 数据库。

其次，教育模式和体制不适应创新型人才的培养需求。我国现行教育模式仍然以获取知识为主，对创新思维和动手能力的素质教育重视不足，教育结构与产业结构和科技发展存在脱节，人才开拓和创新意识不强，潜在人力资源向现实人力资本转化机制不畅。我国目前在人才方面的国际排名不佳，按照《2016 全球制造业竞争力指数》，我国在影响制造业竞争力的人才因素方面得分为 55.5，而美国、德国、日本和韩国分别得分 89.5、97.4、88.7 和 64.9。我国成年人口中平均受教育年限只有 7.5 年，而美国、德国为 12.9 年，韩国和日本均超过 11 年。尽管我国大学毕业生数量庞大，但大部分理工科毕业生缺乏足够的实用培训技能。面对未来产业技术创新对人力资源的需求，推进教育内涵式发展、加快创新型人才培养的任务仍然十分艰巨。

最后，人才流动限制对科技人才优化配置存在较大制约。尽管我国人力资本市场化程度不断提高，但劳动力市场对人才资源的歧视与分割还广泛存在，尤其是在体制内外、不同地区之间的人才流动存在很大障碍。目前，我国很大部分科技人才集中在企业之外的体制内机构。全国研发人员中博士毕业的只有 13.4% 在企业，仅占企业研发人员总数的 1.1%。体制内外之间的人才流动障碍对人才优化配置形成很大制约，不利于潜在人力资源优势向现实技术创新优势的转变。

(四) 知识产权保护机制不健全

知识产权保护是知识经济发展的必然要求,也是促进产业技术创新的可靠保障。提升产业技术创新活力,必须切实加强知识产权的保护。

首先,我国知识产权保护法律法规仍不完善,执行情况不尽如人意。目前,我国尚未建立起有效的知识产权保护机制,包括审查授权机制、成果转移机制以及创新成果保护机制等均有待完善。我国虽已颁布商标法、著作权法、专利法等,但相关规定较为笼统,可操作性较弱,缺乏相关的配套细则和措施,不适应新形势下知识产权保护的需要。同时,知识产权领域违法现象时有发生。国家针对新兴的知识市场和相关违法侵权行为,仍然缺乏有效管理机制和监管举措。扶优限劣、优胜劣汰的知识产权市场运行机制尚未普遍建立,很大程度上挫伤了原始创新的积极性。

其次,各界知识产权保护意识淡薄。近几年我国企业知识产权保护意识虽有一定提高,但长期以来,社会保护知识产权意识淡薄的局面仍未根本改观。许多人既不懂得如何尊重别人的知识产权,也不懂得维护自身知识产权,侵权和践踏知识产权情形时有发生,加强知识产权保护尤其是提升国际形象仍任重道远。

(五) 科技金融发展相对滞后

科技金融是为促进科技创新和高技术产业发展的金融资源综合配置与创新服务,是实现科技与金融紧密结合的一系列体制机制安排[①],是实现科技资源与金融资源对接,促进产业技术创新的重要途径。当前我国科技金融发展相对滞后,不适应科技创新和科技型企业发展的迫切需要。

首先,政府对科技型企业支持力度有待加强。科技型企业尤其是初创企业面临较高风险,市场融资难度大,需要获得一定的政府支持。但目前,受体制机制影响,财政资金往往更注重保值增值,倾向于择优扶强,对科技型创新项目关注不足。目前政府资金的贴息政

---

① 尹振涛:《推动我国科技金融发展》,《中国金融》2014年第14期。

策，也大多根据企业效益情况来决定贴息比例，而初创期科技型企业往往因没有赢利而被拒之门外。政府部门支持重点偏重于贷款担保等传统融资手段，对股权融资、知识产权质押融资等方式则创新不足、管制较多，而上述融资方式往往与科技企业特点更加匹配。

其次，科技金融的融资渠道较为狭窄。信贷融资方面，由于科技型中小企业规模小、获得担保能力弱，一般很难获得大型商业银行信贷资金支持；而专门为中小型科技企业服务的中小银行、民营银行发育严重不足，难以满足早期科技企业的融资需求。直接融资方面，由于资本市场门槛过高，绝大多数早期科技企业通过上市融资困难重重。同时，目前我国股权投资机构多为私募股权投资（PE），主要投资于拟上市企业，而主要以早期企业为投资对象的创业投资（VC）及天使投资较为缺乏。同时，股权退出机制仍不完善，退出方式仍以上市为主，私募股权资产交易市场、并购市场不活跃，投资人通过转让股权获得收益的难度较大。

最后，科技金融中介、公共信用服务发展不足。目前，我国企业信用信息分散在工商、税务、科技、海关、工信等各政府部门中，缺乏整合、共享、集成和开发应用，对科技企业融资的引导和促进作用发挥不力。同时，市场化信用评级机构公信力尚未确立，知识产权质权处置和流转途径欠缺，知识产权质押融资等科技金融业务受到较大限制。

三 政策建议

（一）加强公共技术创新平台建设，改善科技创新效率

一是要加大政府研发投入，优化科技资源配置。全方位构建立体式公共创新平台支撑体系，发挥财政资金引导作用，引导多渠道资金建设大型综合性公共创新平台、行业和区域创新平台、中小企业公共创新服务平台等服务载体，围绕关键共性重大技术研究和产业化应用示范，建设一批制造业创新中心、重点领域制造业工程数据中心和重

大科学研究和实验设施,提升平台体系的支撑力和科技资源公共服务能力。二是深化科技平台与企业合作。探索多方式扶持政策,整合提升一批量大面广的行业性、区域性科研平台,加快完善各类科研平台产学研合作机制,推进新型研发机构体制机制创新,促进有条件的新型研发机构与区域或行业科研平台建设相结合。三是改善财税支持政策。围绕若干重点科技领域,整合集中政府科技资金,建立科技研发引导和支持基金;支持企业在收入中提取科技创新风险基金、新产品试制准备金、技术革新基金、人才培育和引进基金等创新基金,并允许税前抵扣,加大政府采购对自主创新技术和产品支持力度。

(二)健全知识产权保护机制,促进技术创新成果交易转化

一是健全知识产权保护和管理机制。建立全方位的知识产权保护机制,完善知识产权行政管理和执法体制,探索建立知识产权司法保护和行政保护相衔接的工作体系,提高司法和行政保护处理效率。多渠道开展知识产权的宣传教育,逐步在全社会营造人人尊重知识产权,自觉维护知识产权,努力营造知识产权保护的市场环境和社会氛围。二是探索知识产权快速维权机制。依托国家知识产权示范城市等先行地区,建立产业知识产权快速维权中心,支持大中型企业知识产权贯标、专利信息化,推动中小型企业建立基本知识产权管理制度。三是构建市场导向的科技成果转移和转化机制。建设知识产权交易服务平台,完善挂牌竞价、交易、结算、信息检索、政策咨询、价值评估等功能,探索知识产权资本化、证券化交易,推动交易便利化。建立专利导航产业发展机制,吸引国内外技术转移机构,改善高校科研院所科研人员职务发明成果转化收益或股权收益等激励机制。

(三)提高人力资本素质,增强人力资源供给保障

一是积极打造创新型人才队伍。围绕重点产业技术创新需要,推进实施国家高层次人才支持计划、海外高层次人才"千人计划"等人才引进项目。通过重大科研项目、重点学科、重点科研基地和国际科技交流合作项目建设,引进具有国内外领先水平的创新科研团队、行业领军人才。探索在区域间、不同体制机构间建立高层次人才柔性流动与共享机制,发挥引领和支撑作用。二是适应现代产业发展新要

求，构建现代教育体系。支持有条件的高等院校有重点、有选择地开设新学科、新专业，加大培养重点领域的高端科技人才；探索建立中外合作大学，对接国际一流理工科大学，合作共建高水平研究型理工科大学。构建与产业转型升级和新型技术装备相匹配的职业教育体系，借鉴德国等发达国家职业教育制度，探索招生即招工、入校即入厂、校企联合培养的现代学徒培养模式。引导各类办学主体发展股份制、混合所有制职业院校，依托应用技术学院和应用技术大学等机构，开展高层次产业技术人才学位制试点。

（四）完善科技金融服务体系，拓宽技术创新融资渠道

一是加快发展科技金融。推进金融科技产业融合创新，创新推广知识产权质押、投贷联动、股权质押等新型融资产品。积极利用股权投资基金、"互联网+"股权众筹基金、孵化器创投风险补偿基金等产业引导基金，扩大创新项目贷款风险补偿基金规模，鼓励金融机构对产业技术创新项目提供融资。二是拓宽科技型企业直接融资渠道。推动股权众筹相关资本市场建设，建立与全国中小企业股份转让系统对接机制，支持中小企业在全国中小企业股份转让系统挂牌交易。支持企业在国内产权交易所办理增资扩股业务，推动地方法人金融机构发行小微企业专项融资债，积极开展各类信贷资产证券化业务。三是积极引导科技金融创新。探索开展科技型企业固定资产贷款融资和延长流动资金贷款期限试点，支持开展科技型企业融资担保代偿补偿等业务，建设全国性和区域性互联网+应收账款融资服务平台，鼓励企业参与应收账款交易。

（执笔人：付保宗）

参考文献

1. 程华：《中国技术创新政策演变、测量与绩效实证研究：基于政策工具的研究》，经济科学出版社 2014 年版。
2. 洪银兴：《产业化创新及其驱动产业结构转向中高端的机制研究》，《经济理论与经济管理》2015 年第 11 期。
3. 刘伟：《中国技术创新的作用及其影响因素研究》，东北财经大学出版社 2011 年版。

4. 卢锐、杨忠：《制度视野中的技术创新政策研究》，《中国软科学》2004 年第 10 期。

5. Martin Schaaper：《OECD 划分高技术产业、测度 ICT 和生物技术产业的方法》，《科技管理研究》2005 年 12 期。

6. 王鹏：《2014—2015 中国工业技术创新发展蓝皮书》，人民出版社 2015 年版。

7. 尹振涛：《推动我国科技金融发展》，《中国金融》2014 年第 14 期。

8. 周鹏：《产业如何迈向中高端水平》，《理论视野》2015 年第 3 期。

第五章 我国产业迈向中高端的条件、矛盾和政策诉求

摘要：由于历史、体制等方面的原因，现阶段我国制造业总体上处于全球创新链外围、价值链低端。我国研发实力不断增强，科技水平不断提高，对主要产业迈向中高端的支撑能力不断提升。但我国推动产业迈向中高端面临两大突出矛盾：一是突破关键核心技术需要企业集聚创新资源与创新资源比较分散的内在矛盾；二是我国意欲推动产业迈向全球价值链中高端，但发达国家及其跨国公司试图强化低端锁定的外在矛盾。另外，我国产业迈向中高端面临本土企业技术创新能力不足、意愿不足、信心不足和政策保障不足等障碍。因此需要技术创新政策加以有效解决。

关键词：中高端；条件；矛盾；政策诉求

现阶段我国参与全球价值链分工程度较高的产业总体上处于全球创新链外围、价值链低端。但这些产业已完成量的积累进入到质的提升阶段，我国科技发展也已进入从点的突破向系统能力提升的重要时期，具备向中高端迈进的基本条件。由于面临技术创新"攻坚克难"与技术创新主体能力不足等突出矛盾，我国产业迈向中高端需要技术创新政策加以有效应对。

一 我国产业在全球价值链中的地位

我国产业参与全球价值链分工程度较高的主要是制造业，农业和服务业几乎未参与全球价值链分工，尽管其发展层次和水平也有待提

高，但不属本书研究范围。由于历史、体制等方面的原因，现阶段我国制造业总体上处于全球创新链外围、价值链低端。

（一）我国产业仍处于全球价值链低端和创新链外围

当前，我国制造业正处于工业2.0补课、工业3.0普及、工业4.0[①]示范升级并行的阶段，产业发展呈现不平衡性和多层次性特征。同时，我国制造业在全球价值链分工中主要处于加工组装环节，创新主要围绕提高加工组装质量和效率开展，因而整体上处于"微笑曲线"中部即价值链低端、创新链外围。从出口竞争力看，我国贸易竞争指数[②]大于零的产品，即出口竞争力比较强的产品，主要是劳动密集型的附加值比较低的产品，而附加值比较高的技术或资本密集型产品的出口竞争力还比较弱。运用显示性比较优势指数[③]进行的计算结果表明，在美国市场上相对于国际平均水平来说，我国的纺织原料及纺织品等具有很大的出口优势；化学工业及其相关工业的产品，贱金属及其制品等的出口竞争力只处于国际平均水平；机电设备和运输设备等明显处于相对劣势地位。从产业销售利润率看，我国食品加工制造业、纺织业、木材加工及竹藤棕草制品业的产业利润率较高，不仅高于世界平均水平，而且也高于美国平均水平；此外，石油加工及炼焦业、化工原料及制品业、医药制造业、金属制品业等的产业利润率

---

① 德国学者森德勒（2014）认为，工业1.0是蒸汽机时代；工业2.0是电气化时代；工业3.0是信息化时代；工业4.0则是利用信息化技术促进产业变革的时代，即智能化时代。"工业4.0"的定义是企业将产品、机械、物流系统、生产设施、服务通过信息物理融合系统（cyber-Physical System，CPS）和物联网（Internet of Things，IOT）整合成一个全球网络。在生产环节，这种CPS网络由智能机械、智能仓储系统和智能生产设施组成，这些组成部分之间能够独立自主地交换数据和信息、触发行动指令和交互控制。参见余东华、胡亚男、吕逸楠《新工业革命背景下"中国制造2025"的技术创新路径和产业选择研究》，《天津社会科学》2015年第4期。

② 贸易竞争指数（Trade Competitiveness）是对国际竞争力分析时比较常用的测度指标之一，是指一国进出口贸易的差额占进出口贸易总额的比重，计算公式为：TC指数 =（出口额 - 进口额）/（出口额 + 进口额）。该指标作为一个与贸易总额的相对值，剔除了经济膨胀、通货膨胀等宏观因素方面波动的影响，即无论进出口的绝对量是多少，该指标均在 -1至1之间，系数越大表明优势越大。

③ 显示性比较优势指数指的是某产业在某国（地区）出口中所占的份额与世界贸易中该产业占世界贸易总额的份额之比，可以反映一个国家（地区），某一产业贸易的比较优势。

也高于世界平均水平，其他产业的产业利润率不仅低于美国水平，而且低于世界平均水平（雷家骕、林苞、王艺霖，2012）。

总体看，我国消费品工业①国际竞争力虽然较强，但主要靠低价竞争，行业本土国际知名品牌较少，如服装、鞋帽、箱包等行业大都是贴牌生产，增值率较低；原材料工业②主要面向国内市场，参与全球价值链分工程度不高，金属制品等具有一定国际竞争力。装备制造业③由于主要靠引进技术消化吸收后国产化发展起来，目前总体上处于中低端制造环节，面临激烈的国际竞争；战略性新兴产业④中的制造业主要处于低端加工组装环节，外资企业比例高，以出口加工为主，增加值率较低（张平，2014）。

不过，我国制造业虽然总体上处于全球价值链中低端，但也有少部分产业脱颖而出，已经迈上或基本迈上了全球价值链中高端。例如，战略性新兴产业中的高铁、核电和消费品工业中的耐用家电，我国在研发、核心组件等战略环节具有控制力和领导力，也涌现了有世界影响力的企业和品牌，如海尔集团与海尔品牌、中车集团与和谐号，华为技术与华为品牌等。

（二）技术创新能力弱是我国产业国际分工地位低的根本原因

第一，历史上制造业企业底子薄、起点低、差距大。我国工业是在一穷二白基础上发展起来的。由于错过了18世纪中叶、19世纪末

---

① 我国消费品工业基本属于劳动密集型产业，相当于OECD国家定义的低技术制造业，主要包括农副食品加工业，食品制造业，酒、饮料和精制茶制造业，烟草制品业，纺织业，纺织服装、服饰业，皮革、毛皮、羽毛及其制品和制鞋业，木材加工和木、竹、藤、棕、草制品业，家具制造业，造纸和纸制品业，印刷和记录媒介复制业，文教、工美、体育和娱乐用品制造业等。

② 我国原材料工业基本属于资源密集型产业，相当于OECD国家定义的中低技术产业，主要包括石油加工、炼焦和核燃料加工业，橡胶和塑料制品业，非金属矿物制品业，黑色金属冶炼和压延加工业，有色金属冶炼和压延加工业，金属制品业等。

③ 我国装备制造业基本属于资本密集产业，相当于OECD国家定义的中高技术制造业，主要包括通用设备制造业，专用设备制造业，交通运输设备制造业，电器机械及器材制造业，仪器仪表及文化办公用机械制造业，化学原料及化学制品制造业，医药制造业，化学纤维制造业等。

④ 我国战略性新兴产业基本属于技术和知识密集产业，相当于OECD国家定义的高技术产业，主要包括通信设备、计算机及其他电子设备制造业。

和 20 世纪 40 年代末先后出现的三次科学技术革命，对外开放前，我国与先进国家有巨大的技术水平差距。因此，历史上技术积累、人才积累和企业经营管理经验先天不足，这是我国制造业迄今仍总体处于全球价值链中低端的客观原因。

第二，制造业长期以低端要素被动接受国际分工、无序开展国内竞争。改革开放后，通过以低端要素加入全球价值链、以出口导向为特征参与经济全球化，我国大大缩小了与发达国家的技术差距，经济发展取得了 30 多年的高速增长。但由于这种出口导向的国际代工使我国制造业企业无需投资于研发设计和品牌网络就能低风险取得相对"满意"的利润率，因而我国制造业企业普遍未能在实践中发展出研发设计能力，也不注重构建营销网络、培育自主品牌，而是热衷于通过进口国外机器设备和技术、利用本国低价位的劳动力和原材料等扩大可供出口的生产能力，这是我国消费品和部分高技术产品出口激增而国内装备制造业因缺乏市场需求而不断衰退的主要原因（刘志彪，2016）。

第三，企业对引进技术的消化吸收再创新力度过小，技术能力和技术创新能力至今不足。我国制造业是通过以成套设备为主的技术引进发展起来的[①]，由于技术创新政策缺乏对企业消化吸收再创新的引

---

① 1950—1959 年，我国在煤炭工业、电力工业、石油工业、冶金工业、化学工业、建材工业、林业工业、机电工业、纺织工业、轻工和邮电广播电影领域一共引进了 423 项成套设备，其中，从苏联引进 304 项，从东欧引进 116 项，从西方国家引进 3 项。在数量上排名前三的是机电工业（132 项）、电力工业（107 项）、冶金工业（54 项），初步奠定了新中国基本完整的工业体系基础。以上参见陈慧琴《技术引进与技术进步研究》，经济管理出版社 1997 年版，第 15 页。1960 年，苏联撤走全部在华专家，撕毁合同、停止重要设备供应。1963—1966 年，我国先后与日本、西德、英国、法国、意大利等 11 个国家签订了 82 项技术引进合同，以中小型成套设备为主，主要用于化学工业、冶金工业、纺织工业等行业企业技术改造。1972—1978 年主要从日本、西德引进的 1256 项成套设备，提高了我国的现代生产能力。1979—1991 年，我国工业技术创新进入初步发展阶段。技术引进由中央集中管理逐步走向中央与地方分级管理，引进主体由政府向企业逐步转变，并从一开始就重视对引进技术的消化吸收。原一机部率先改变过去以引进成套设备为主的做法，强调要转向以引进软件、引进基础件技术、引进单项制造技术为主的工作方针。1992—2005 年，我国工业技术创新进入快速发展阶段。但 1992—2000 年，技术引进还是以设备为主。加入 WTO 后，技术引进逐步从成套设备和生产线为主转向以技术为主。到 2005 年，软技术已经处于我国技术引进的主导地位。参见陈佳贵、黄群慧《工业大国国情与工业强国战略》，社会科学文献出版社 2012 年版，第 294—307 页。

导、支持和强制要求，因而企业未能同步提高设计与设备制造能力。直到 2000 年，我国引进国外技术和消化吸收经费的比例仅为 1∶0.07，2004 年为 1∶0.15，2009—2014 年为 1∶0.37—0.45，而韩国、日本在 20 世纪 50 年代到 80 年代技术引进时期的比例为 1∶5—8①。从理论和实践上看，技术能力②是技术创新能力的基础。而技术能力是企业的知识、技能和经验的结合，它只有在技术研发的经验中才能形成，永远不可能从市场上买到，也不可能在组织之间轻易地转移（路风，2006）。企业只有拥有足够强的技术能力，才能够有效保障产品质量、提高劳动生产率、降低产品成本和增强技术创新能力。一方面，引进的技术能否有效提高企业的技术能力，取决于企业对引进技术的消化吸收能力③（雷家骕、洪军，2013）。另一方面，随着工业化所需的技术越来越复杂，技术能力已经不可能仅仅从使用现成的技术中产生，而只能从专门的技术研发过程中产生（Bell and Pavitt，1993；转引自路风，2006）。然而，由于历史上我国企业对引进技术的消化吸收不成功，长期陷于"引进—落后—再引进—再落后"的怪圈不能自拔，因而没能渐进、有效积累并不断提高技术能力，企业的技术能力

---

① 有资料显示，日本引进技术时期，平均花 1 美元引进，要花约 7 美元进行消化吸收和创新。从 20 世纪 50 年代到 80 年代短短的 30 年，日本走过了从引进到创新的全过程，进入了技术输出国家的行列。而改革开放以来，中国引进技术的项目数和总支出可能比日本与韩国之和还要多，但用于消化吸收的费用只相当于引进费用的 7%，只及日本的 1%。参见陈清泰《走出"世界工厂"误区》，《瞭望》2007 年第 29 期。

② 技术能力是企业可控的研究人员、技术设备、技术信息和组织管理等多种科技要素的融合，包括生产技术能力、技术吸收能力和技术创新能力三个层面。三者存在一种循环往复、螺旋上升的内在逻辑关系，继而形成技术能力的增强通道。其中，技术创新能力是企业技术能力最为重要的组成要素，企业的技术吸收能力和生产技术能力在很大程度上影响着技术创新能力。技术学习与技术积累是发展中国家企业形成技术创新能力的前提。反求工程是企业获取技术、解析技术诀窍和技术组合、消化吸收创新知识、提高技术创新能力的重要途径。参见雷家骕、洪军《技术创新管理》，机械工业出版社 2013 年版，第 191—214 页。

③ 企业吸收能力指企业获取、消化、转化及利用新知识的能力，其中获取和消化能力为潜在吸收能力，转化和利用能力为现实吸收能力。潜在吸收能力和现实吸收能力之间发展失衡将会阻碍技术创新。单独提升潜在吸收能力或现实吸收能力往往得不到期望的结果。现实吸收能力对渐进性和突破性技术创新都有正向影响，而潜在吸收能力只对突破性技术创新有正向影响。参见孙婧《企业吸收能力与技术创新关系实证研究》，经济管理出版社 2014 年版，第 12—14，145 页。

又很少能够实现大幅度的跨越,因而我国制造业企业技术创新能力的基础仍很薄弱,企业技术创新能力至今仍普遍较低。

第四,缺乏高端 CAX 软件与系统①应用和服务。发达国家技术创新已普及 CAX 软件与系统,但将较高端的模块视为"事关国家竞争力和国家安全的战略技术"对我国加以技术封锁和贸易禁运,而我国自主开发的能力严重不足,迄今不仅非常缺乏高端 CAX 软件与系统,中低端的 CAX 软件与系统也尚未普及、用好。

二 我国产业迈向中高端的基础条件

我国制造业全球竞争力自 2010 年以来连续排名世界第一,工业规模自 2011 年以来稳居世界第一;2014 年 R&D 人员总量居世界首位,国家创新竞争力综合排名二十国集团第 9 位。这些举世公认的总量上的成就,是我国产业迈向中高端的有力支撑。

(一)产业基础较好

总体看,当前我国工业增加值份额、全球制造业竞争力指数排名世界第一,已经完成量的积累,进入质的提升阶段。经过 60 多年的发展,我国工业经济实力显著增强。根据世界银行统计,自 2011 年以来我国工业规模稳居世界第一,2015 年工业增加值在全世界的份额已经超过 20%;在世界 500 强企业中,我国上榜企业达到 106 家,数量居世界第二位,其中工业企业达 90 家。根据德勤《2016 全球制造业竞争力指数》,我国制造业全球竞争力排名蝉联第一。分领域看:

第一,我国消费品工业参与的是购买者驱动型全球价值链分工,

---

① CAX 主要包括 CAI(计算机辅助创新)、CAD(计算机辅助设计)、CAE(计算机辅助/分析工程)、CAPP(计算机辅助工艺流程)、CAM(计算机辅助制造)等软件及系统,X 代表与 CA(计算机辅助)搭配构成计算机辅助工艺的某类软件与系统。CAX 软件与系统的应用带来了技术创新的数字化、工具化。

目前正处于 S 形曲线①上的成熟阶段，其中食品加工制造业、纺织业、白色家电、木材加工及竹藤棕草制品业出口竞争力较强，产业销售利润率较高，生产设备已经处于国际先进甚至领先水平，海尔等部分本土企业和自主品牌已经崛起。通过营销创新、组织创新和管理创新，进一步强化信息化、智能化和个性化制造，逐步摆脱跨国采购商的营销渠道和品牌控制，这部分产业有望较快实现价值链升级。

第二，我国原材料产业参与全球价值链分工程度不高，目前正处于 S 形曲线上的成熟阶段，生产设备已基本处于国际先进甚至领先水平②，其中石油加工及炼焦业、化工原料及制品业、金属制品业具有较强出口竞争力和较高销售利润率，但黑色金属、有色金属冶炼和压延加工业在技术创新能力和高端产品上与世界先进水平差距较大，对装备制造业、战略性新兴产业和消费品工业迈向中高端形成瓶颈制约。通过管理创新、组织创新及与其他产业协同创新，进一步提高生产效率、优化产品结构、节能减排降耗，培育有世界影响力的企业和品牌，这部分产业可望实现功能升级。

第三，我国装备制造业参与的是生产者驱动型全球价值链分工，目前正处于 S 形曲线上的缓慢成长阶段，目前我国装备制造业的核心技术和高端技术 80％掌握在外资手里，比如我国计算机的主板芯片、汽车的电子芯片、机械设备的数码操控系统，还有我们使用的品牌和技术标准，都要仰仗外资提供（李孟刚，2016）。鉴于装备制造业是国民经济发展和国防建设的基础，是制造业的核心和脊梁，是各行业技术进步与迈向中高端的重要保障，有必要通过产品创新、工艺创新掌握关键核心技术，进一步通过组织创新、营销创新、管理创新来培育有世界影响力的企业和品牌，实现工艺、产品、功能和价值链升级。

---

① 根据历史经验，产业成长呈现出明显的 S 形特征，即经历产业形成—成熟—衰退—逐步从市场上消失整个生命周期过程。这个过程可以划分为四个阶段，即形成阶段、成长阶段、成熟阶段和衰退阶段。其中，形成阶段可进一步划分为研发投入、技术试用、新产品市场推广、形成产业等若干个阶段；成长阶段可细分为急速成长阶段和缓慢成长阶段；成熟阶段可细分为初步成熟、完全成熟和过度成熟阶段。

② 如钢铁产业的连铸比 2014 年达到 98.3％，超越世界平均水平 5.8 个百分点，甚至比德国、意大利等先进钢铁生产国还要略高。详见本书第十章。

第四,我国部分战略性新兴产业已掌握核心关键技术或已取得技术突破,如航天、高铁、核电已整体掌握核心关键技术,在大规模市场化和建设方面处于全球领先水平,目前正处于 S 形曲线上的产业成长阶段;环保产业中的膜技术和膜生物反应器应用、烟气脱硫和除尘技术应用与设备制造已达到或接近国际先进水平,新材料产业中的大规模集成电路关键配套材料、大截面预拉伸铝合金、钽铌铍合金、高性能纤维等生产技术已达到国际先进水平,新能源产业中的风力机组设计能力、多兆级风电机组研制和多晶硅生产、提炼技术取得突破,生物产业中的高强度超声集聚、高性能全自动生化分析仪等打破了技术壁垒,目前正处于 S 形曲线上的产业形成阶段。通过加快培育骨干企业,大力开辟和拓展市场,努力培育国际知名品牌,这部分产业有可能率先实现功能升级和价值链升级。我国尚未掌握关键核心技术的战略性新兴产业(高端装备制造业除外),有的是国际上已有成熟技术,如新一代信息技术产业,我国参与的是生产者驱动型全球价值链分工;有的是全球尚无成熟技术,如新能源汽车产业,目前尚未形成全球价值链分工。这部分产业目前处于 S 形曲线上的产业形成阶段,并且研发投入、技术试用、新产品市场推广等子阶段并存。对于国际上已有成熟技术的战略性新兴产业,通过发挥社会主义集中力量办大事的优越性取得技术突破,在此基础上进一步开展工艺创新、组织创新、营销创新、管理创新,培育有世界影响力的企业和品牌,我国有希望实现工艺、产品、功能和价值链升级;对于尚未形成明确的全球价值链分工的战略性新兴产业,我国可致力于抢占先机,主导甚至主宰未来的全球价值链分工。

(二)科技实力较强

当前,我国科技人力资源总量居世界首位、国家创新竞争力进入二十国集团(G20)第二方阵,科技发展已经进入从点的突破向系统能力提升的重要时期。根据《2015 中国科技统计年鉴》数据,2014 年,我国科技人力资源总量达到 7512 万人,R&D 人员总全时当量上升至 371.1 万人·年,R&D 研究人员总量达到 152.4 万人·年,居世界首位。

根据《国家科技基础条件平台发展报告(2011—2012)》材料,我国已拥有较先进完备的国家科技基础条件平台,大型科学仪器设备的尖端程度以及更新换代速度已经处于世界领先水平，保有量处于世界较高水平①。

根据《二十国集团（G20）国家创新竞争力发展报告（2015—2016）》资料，2014年，我国国家创新竞争力②在G20综合排名第9位，其中创新产出竞争力③居第2位，创新基础竞争力④居第5位，创新投入竞争力⑤居第7位，创新持续竞争力⑥居第10位，创新环境竞

---

① 从研究试验基地看，截至2011年，我国有省级以上政府部门批准建设的各类研究试验基地6221个，其中国家大科学工程10个、省部级以上重点实验室3146个、省部级以上工程（技术）研究中心1242个，省部级以上分析测试中心288个，各类研发（技术）中心249个，野外台站204个。从大型科学设施和仪器装备看，截至2011年，我国原值50万元以上的大型科学仪器设备有34738台（套），原值共计468.6亿元。从规模上看，我国大型科学仪器设备的保有量已经处于世界较高水平；从性能上看，我国大型科学仪器设备的尖端程度以及更新换代速度已经处于世界领先水平。从科学数据与信息看，目前我国已建立包括大型仪器设备、研究试验基地、生物种质资源等17个资源信息数据库。从自然科技资源看，截至2011年，我国有各级植物、动物、微生物种质资源保藏机构506个，生物种质资源信息119万余条。参见国家科技基础条件平台中心《国家科技基础条件平台发展报告（2011—2012）》，科学技术文献出版社2013年版，第37—39页。

② 国家创新竞争力包括创新基础竞争力、创新环境竞争力、创新投入竞争力、创新产出竞争力、创新持续竞争力五大部分。

③ 创新产出竞争力包括专利授权数、科技论文发表数、专利和许可收入、高技术产品净出口额、高技术产品净出口比重、注册商标数、创意产品出口比重7个指标，2014年我国在G20中分别排第3、2、10、1、8、1、12名，与2013年排名比，专利和许可收入下滑1位，高技术产品净出口比重下滑2位，其他指标无变化。参见李建平、李闽榕、赵新立、周天勇《二十国集团（G20）国家创新竞争力发展报告（2015—2016）》，社会科学文献出版社2016年版，第45页。

④ 创新基础竞争力包括GDP、人均GDP、财政收入、人均财政收入、外国直接投资净值、受高等教育人员比重、全社会劳动生产率7个指标，2014年我国在G20中分别排第2、16、2、12、1、（无数据）、17名，与2013年排名比，财政收入下降1位，人均财政收入提升1位，其他指标无变化。参见李建平、李闽榕、赵新立、周天勇《二十国集团（G20）国家创新竞争力发展报告（2015—2016）》，社会科学文献出版社2016年版，第24页。

⑤ 创新投入竞争力包括R&D经费支出总额、R&D经费支出站GDP比重、人均R&D经费支出、R&D人员、研究人员占从业人员比重、企业研发投入比重、风险资本交易占GDP比重7个指标，2014年我国在G20中分别排第2、7、10、1、9、3、7名，与2013年排名比，人均R&D经费支出提升1位，研究人员占从业人员比重提升4位，风险资本交易占GDP比重提升2位，其他指标无变化。参见李建平、李闽榕、赵新立、周天勇《二十国集团（G20）国家创新竞争力发展报告（2015—2016）》，社会科学文献出版社2016年版，第39页。

⑥ 创新持续竞争力包括公共教育经费支出总额、公共教育经费支出占GDP比重、人均公共教育经费支出额、高等教育毛入学率、科技人员增长率、科技经费增长率6个指标，2014年我国在G20中分别排第2、12、14、13、3、4名，与2013年排名比，创新持续竞争力提升3位，公共教育经费支出占GDP比重提升2位，人均公共教育经费支出额提升1位，高等教育毛入学率提升2位，科技人员增长率提升1位，科技经费增长率提升2位，其他指标无变化。参见李建平、李闽榕、赵新立、周天勇《二十国集团（G20）国家创新竞争力发展报告（2015—2016）》，社会科学文献出版社2016年版，第49页。

争力①居第 12 位。

依托上述科技人力资源、科技基础条件平台和创新竞争力，近年来我国在载人航天、探月工程、超级计算机②、载人深潜、量子通信、铁基超导和诱导多功能干细胞等基础前沿战略高技术领域已经取得了一大批有国际影响的重大成就。在三方专利拥有量这一衡量一个国家（地区）专利质量和竞争力的重要指标上，我国也已取得了不俗业绩③。这些情况表明，我国研发实力不断增强，科技水平不断提高，对主要产业迈向中高端的支撑能力不断提升。

三 我国产业迈向中高端面临的突出矛盾

我国推动产业迈向中高端面临两大突出矛盾：一是突破关键核心技术需要企业集聚创新资源与创新资源比较分散的内在矛盾；二是我国意欲推动产业迈向全球价值链中高端但发达国家及其跨国公司试图强化低端锁定的外在矛盾。

（一）突破关键核心技术需要企业集中科技资源与科技资源分散的内在矛盾突出

一方面，我国参与全球价值链分工程度较高的产业迈向中高端的前提条件是必须突破核心技术，否则后续生产高质量的产品、培育有

---

① 创新环境竞争力包括每千人因特网用户数、每千人手机用户数、企业开业程序、企业平均税负水平、在线公共服务指数、ISO9001 质量体系认证数 6 个指标，2014 年我国在 G20 中分别排第 15、16、14、16、13、1 名，与 2013 年排名比，创新环境竞争力提升 2 位，每千人因特网用户数提升 1 位，企业开业程序提升 3 位，企业平均税负水平提升 1 位，在线公共服务指数提升 2 位，其他指标无变化。参见李建平、李闽榕、赵新立、周天勇《二十国集团（G20）国家创新竞争力发展报告（2015—2016）》，社会科学文献出版社 2016 年版，第 34 页。

② 目前我国有一个新的全球排名第一的超级计算机——太湖神威，在以前的天河 2 号六连贯以后，再次位居世界第一，并且这个计算机全部采用国产 CPU。

③ 根据 OECD 对 41 个拥有三方专利国家（地区）的统计，2013 年我国拥有三方专利 1897 件，国际排名第 6 位。2014 年，我国共申请 PCT 国际专利 2.6 万件，占全球申请总量的 11.9%，申请量继续保持在第三位；增速比上年增长多 18.7 个百分点，继续保持两位数的增长速度，也是全球唯一出现两位数增长的国家。

世界影响力的企业和品牌无从谈起。总体上看，现阶段我国制造业患有较为严重的"心脏病"（缺少核心技术，核心技术大多掌握在发达国家跨国企业手中，中国制造只能引进和高代价地利用人家的技术进行"心脏移植"）、"神经病"（指中国制造的软件开发和应用水平落后，智能化水平较低）（刘志彪，2016），掌握的核心技术、参与制定的国际标准少，有世界影响力的企业和世界品牌也少[①]。其中，战略性新兴产业需要加快突破核心技术、核心元器件、核心装置，高端芯片、高端模块、高端设备，基础软件、基础工艺、基础平台，关键技术、关键原材料、关键元器件和关键设备等技术[②]。装备制造业需

---

① 在目前 24807 项国际标准中，我国主导制定的只有 103 项，仅占 0.42%。2001 年至 2010 年，世界品牌价值咨询机构发布的全球最有价值的 100 个品牌排行榜中，无一中国品牌入选。参见刘志彪《经济全球化与中国产业发展》，译林出版社 2016 年版，第 25 页。

② 根据中国工程科技发展战略研究院发布的《2016 中国战略性新兴产业发展报告》，7 大战略性新兴产业亟须突破的"核心、高端、基础、关键"技术和设备如下：新一代信息技术产业中移动互联网与大数据产业的基础平台受制于人，严重影响移动应用产业整体长期自主可控发展和在全球市场的进一步拓展；核心技术能力仍处于追踪研究向创新引领转化的演进阶段，人机交互技术、智能硬件技术等趋势性关键领域亟待突破；半导体工艺相对于国际厂商滞后一两代，制约我国移动终端芯片乃至集成电路产业的整体发展，而核心元器件如芯片制造的生产线在国外，在生产过程中存在"被植入后门"、在网络空间遭受攻击的风险。高端装备制造业中轨道交通装备核心技术和关键零部件对外依存度达 50% 以上，车轴、车轮、轴承和油压减震器等基础零部件依赖进口，基础工艺较落后成为制约整车制造质量的关键因素之一；卫星及应用产业的总体性能和技术水平与先进国家相比存在较大差距，卫星平台、有效载荷和核心器件的性能亟待提高，部分关键技术、关键原材料、关键元器件和关键设备受制于人，航天装备的设计、制造技术与工艺仍较落后，研制、生产周期长。节能环保产业中建筑节能产业的室内新风系统、热量回收系统、中央吸尘系统等高效节能产品大多数还处于仿制水平；环保产业普遍缺乏对产业发展有重大带动作用的关键和共性技术；资源循环利用产业核心部件加工技术水平低，先进技术和装备依赖进口。生物产业中作为生物医药核心装置的生物反应器技术缺失，成为制约我国细胞培养生产疫苗产业、治疗性抗体产业和其他生物医药产业发展不得不解决的工程技术问题。新能源产业领域生物质能中纤维素制备燃料乙醇的核心技术仍未取得实质性突破；风电基础理论研究薄弱，在空气动力学计算、流场分析、载荷计算等基础科学问题的研究上仍与欧洲企业有较大差距，在大型风电机组设计、风机轴承、主控系统、变桨系统等部分高端技术、关键装备等方面与国际先进水平差距明显。新能源汽车的锂动力电池正极材料普遍存在工艺控制不好、批次稳定性差等问题，成品率和良品率低；改性石墨负极产品性能与国外存在差距；车用电池隔膜在厚度、强度、孔隙率等各项性能指标上得不到整体兼顾，且量产批次稳定性较差。新材料产业中，先进的制备工艺、装备等仍受国外专利制约；高性能高分子及复合材料产业以跟踪仿制为主；高性能轻合金材料产业中的先进铝合金材料产业无论是装备、生产制造技术还是合金成分等长期以来完全模仿国外；先进镁合金材料产业缺乏大尺寸、超薄与复杂镁合金零部件生产成套技术和低成本先进加工技术以及高性能低成本表面防护技术，缺乏先进的产品设计与开发平台。只有突破上述"核高基关"，我国战略性新兴产业才有可能迈上全球价值链中高端。

第五章　我国产业迈向中高端的条件、矛盾和政策诉求

要重点提升高端装备研制能力、核心零部件自给率和产品质量①。原材料产业需要重点突破关键工艺技术和关键产品②。消费品工业需要突破高品质原材料供应和部分关键零部件，但其自身无能为力，只能靠原材料工业和装备制造业与消费品工业企业通过协同创新来解决。

---

① 根据中国机械工业联合会2016年3月发布的《机械工业"十三五"发展纲要及专项规划》，我国装备制造业迈向中高端总体上亟须突破如下制约：一是高端装备研制能力不足。目前80%的集成电路芯片制造装备、70%的汽车制造关键设备、40%的大型石化装备以及绝大部分高端、精密的试验检测设备和数控机床控制系统仍依靠进口；尚未掌握重型燃气轮机组设计技术和主要部件试验技术等核心技术。二是核心零部件自给率不高。核心零部件滞后于主机发展的局面至今没有明显改观，核心零部件、关键基础材料严重制约主机向高端升级的问题没有得到解决。高端装备所需材料中，有25%的材料完全空白，部分材料虽然关键技术已取得突破，但仍存在质量和稳定性较差、可靠性和合格率较低等问题，不能完全满足发展需求。高档数控系统、机器人用精密减速器95%以上依赖进口，高档汽车自动变速器、200km/h以上高铁齿轮箱、高档传感器几乎100%依赖进口。轴承钢、模具钢标准水平、实物质量、品种满足度均与国际先进水平和行业发展的需求有很大差距。发电设备用大型铸锻件、关键零部件及材料，输变电设备用高档绝缘材料、关键部件以及有些大功率电力电子器件研制有了一定的突破，但在产品质量稳定性和产量等方面尚不能满足电器工业需求。三是产品质量信誉有待提升。主要问题是产品一致性差，质量不稳定，可靠性低，应用工艺软件不完善。主要原因是核心制造技术和关键工艺、配套件、特种原材料等没有完全过关、试验验证和研发经验积累不足。

② 从关键工艺技术看，我国原材料工业应用基础性研究和前瞻性研究薄弱，总体上尚未摆脱关键核心技术追随者的角色，原始创新较少。目前，我国钢铁产业的自主创新更多地体现在引进新日铁住金、浦项、奥钢联、JEF、西门子、西马克等现代化技术装备基础上的新产品及生产工艺的模仿创新，难以形成在世界钢铁界具有影响力的重大专有技术和产品优势；石化产业具有自主知识产权的石化工艺技术较少，特别是引领石化产业发展的核心专利技术较少，建设大型石化生产装置仍需引进关键技术。从关键产品看，航空航天用铝厚板、集成电路用高纯金属、数控机床用刀具、3D打印用钛粉等产品仍主要依靠进口。钢铁工业中部分高技术含量的高端产品仍需要进口，如核电、石油、汽轮机、能源等行业发展急需的高温合金；机械工业用的大型铸锻件、直流电机设备用钢、风电设备关键轴承钢、大型高档轴承钢、大型机械设备特殊钢和特殊锅炉用钢等；造船用高强度板、异型板、超长超宽超厚板、超低温度用钢板、输油输气用船板及大型球扁钢、T型钢和不等边角钢等；家电用的冰箱门覆膜板、门板基板、电饭锅等小家电用镀铝板及高牌号无取向冷轧电工钢等；金属制品用高档不锈钢、合金钢、易切削钢、高强度冷镦钢、帘线钢及高档弹簧钢；模具行业用的高纯净度、高抛光性能、高耐蚀性能的塑料模具钢，超级质量水平（长寿命）的热作模具钢，以及热成型马氏体模具钢、透气钢、无磁模具钢等特殊性能要求的模具钢等。详见本书第十章。

另一方面，作为我国研发活动三大执行主体①的企业、科研院所、高等学校，经过多年发展和积累，虽然在研发能力上得到了明显提升，但面向产业技术创新的资源集成、衔接、应用不足，在体制机制和政策环境方面也面临各类障碍。面对技术创新"攻坚克难"的新要求，企业面临能力不足的突出矛盾。从企业角度看，当前我国企业研发投入占全国研发投入的比重虽然已超过3/4，但创新产出质量较低，"含金量"高的发明专利是少数，在2014年的授权专利中，企业发明专利仅占11.9%，而实用新型和外观设计分别占64.6%、23.5%，并且企业发明专利数仅占全国发明专利数的39.4%，企业技术能力和技术创新能力普遍较弱的状况尚无根本改观②。从科研院所角度看，尽管当前我国科研院所在材料科学、数学、化学、物理学、计算机科学、工程学、环境科学与生态学、生物学与生物化学等12个学科达到世界顶级学科水平，但创新型科研成果占

---

① 2014年，企业、科研院所、高等学校R&D经费内部支出分别占全国的77.3%、14.8%和6.9%。参见《2014年我国研发投入强度继续提高——国家统计局社科文司高级统计师关晓静解读〈2014年全国科技经费投入统计公报〉》，载2015年11月24日科技部网站：http://www.most.gov.cn/tztg/201511/t20151124_122460.htm。我们不赞同企业是技术创新唯一主体的观点（参见张赤东《中国企业技术创新主体地位评价——基于LVS框架的企业创新驱动力实证研究》，知识产权出版社2016年版，第23—26页）。因为，无论从历史上、实践上还是从逻辑上、理论上看，我国科研院所和高等学校都是技术创新离不开的主体。

② 目前，我国大多数企业仍处于有"制造"无"创造"、有"产权"无"知识"的状态，面对迈向中高端必须攻克关键核心技术并掌握相关知识产权的重任，显得势单力薄。其一，有研发机构和研发活动的企业仍是少数。根据《2015中国科技统计年鉴》相关数据测算，2014年，我国规模以上工业企业中仅12.6%设有研发机构，仅16.9%有R&D活动；中型工业企业中仅23.5%设有研发机构，仅29.6%有R&D活动；大型工业企业中也仅44.5%设有研发机构，仅55.5%有R&D活动。究其原因，不少企业仍未摆脱"开发技术不如买技术，买技术不如买设备"的认识或创新能力不足的束缚。其二，企业R&D活动中基础研究和应用研究过少。2014年，企业试验发展经费占全国88.5%，基础研究经费仅占1.6%，应用研究经费仅占22.5%。剔除企业获得的国家科技计划项目资金，企业投入基础研究和应用研究的自有资金更少。这表明，我国企业热衷于短平快式的技术创新，对需要攻坚克难的中长期技术创新投入不积极。其三，企业科技活动成果中"含金量"高的发明专利是少数。2014年，在企业的三种专利授权中，发明专利为91874件，占11.9%；实用新型为497268件，占64.6%；外观设计为181188件，占23.5%。并且，在全国233228项发明专利中，企业仅占39.4%。这表明，企业缺乏基础研究和应用研究的结果是，发明专利不仅数量少、比重低，而且专利的价值小、破坏性不足，甚至是"垃圾专利"。

比较小，与发达国家的差距仍较大①（邱均平、赵蓉英等，2014），科研院所对于帮助企业增强创新能力的效果不大②，离推动我国主要产业迈向中高端的要求还较远③。从高等学校角度看，尽管我国高等学校整体科研实力近年来显著提升，但在世界范围内仍然处于中等偏下水平，高质量论文数量与世界科研强国差距较大④，基础研究和学

---

① 目前，我国有公共科研院所3900家左右。自1998年党中央、国务院决定由中国科学院开展知识创新工程试点以来，我国在战略高技术、重大公益性创新和重要基础前沿研究领域取得了一批重大创新成果，提高了科技支撑经济社会发展能力和我国科学技术的国际竞争力、影响力。2014年，作为我国最大科研机构的中国科学院共有21个学科进入ESI排名，在材料科学、数学、化学、物理学、计算机科学、工程学、环境科学与生态学、生物学与生物化学、药理学与毒物学、植物学与动物学、农业科学、地球科学这12个学科达到世界顶级学科水平。2014年，我国科研院所尽管在专利数上排名世界第1位，但论文量排第3位，总被引用次数排第7位，高被引用论文数排第6位，热门论文数排名第5位，热门论文数在绝对数量上不到美国的1/10，这表明我国创新型科研成果所占比例相对较小，与建设创新型国家和世界一流科研机构还相距甚远。另据科技部组织8000多位科学家对我国技术发展状况进行的评估，在13个重要技术领域的1350项技术中，我国有17%达到了国际领先水平，有31%是并行水平，高达52%仍是跟踪水平。

② 由于我国的企业与学术界的技术差距要比OECD国家大，因此我国的科研院所也扮演着帮助企业增强创新能力的角色。但在研发合作中，一是改制为企业的科研院所与企业之间互动最多，未转制的科研院所与企业互动较少。二是科研院所（包括大学）互动最多的企业是其衍生或所属企业，并且这些企业倾向于出资把研究开发活动外包给科研院所或大学，企业反而难以通过研发设计实践切实积累、提升技术能力。因此，公共研究机构或者高等学校与产业部门合作取得的专利只占很小的比例。参见《OECD中国创新政策研究报告》，薛澜等译，科学出版社2011年版，第152、163页。

③ 目前，我国科研院所的科技成果市场化程度不高。2014年，科研院所发明专利申请授权数占全国5.8%；作为卖方在技术市场签订技术合同占全国技术合同的比重为9.9%，技术合同成交金额仅占全国技术合同成交金额的5.3%。究其主要原因，一是一些公共研究机构往往将容易商业化的研究成果留给自己转化，而将不容易商业化的成果转移给企业。二是一些研究机构过度商业化，倾向于把主要精力放在产品技术上，而不愿再承担研究的风险，导致研究机构在市场上与企业的创新活动相冲突。参见《OECD中国创新政策研究报告》，薛澜等译，科学出版社2011年版，第134页。

④ 2014年，我国内地进入ESI排名的高校数量达到143所，但其中进入前100位的只有4所，进入101—200位的4所，进入201—300位的8所，进入前600位的37所，多数高校排名在600甚至800位之后，这表明我国整体科研水平在世界范围内仍然处于中等偏下水平，从总被引论文次数、高被引论文数和热门论文数等指标看，我国一流大学与世界顶尖大学之间在整体上还存在巨大差距。参见邱均平、赵蓉英、王嵩《世界一流大学与科研机构竞争力评价研究报告》，科学出版社2014年版，第232页。

科建设较弱①，面对必须帮助企业和科研院所攻克关键核心技术从而助推产业迈向中高端的任务还有较大欠缺②，特别是大学热衷于发展校办企业，从全局和长远看不利于技术扩散、基础研究和学科建设，从而不利于我国推动产业迈向中高端③。

---

① 2014 年，我国内地高校仅农业科学、化学和工程学成为世界顶尖学科，临床医学、计算机科学、地球科学、材料科学、数学、植物学与动物学进入世界一流学科；而在分子生物学与遗传学、精神病学与心理学、空间科学、免疫学、神经科学与行为科学等领域，内地高校无一进入世界一流学科行列。总体看，我国高校要真正实现与世界一流大学与学科的接轨还任重道远。参见邱均平、赵蓉英、王嵩《世界一流大学与科研机构竞争力评价研究报告》，科学出版社 2014 年版，第 232—233 页。

② 这主要表现在以下两个方面：其一，大学科学研究（包括基础研究和应用研究）成就主要体现在论文上，科技成果转化率低。2014 年，大学发表 SCI 论文占全国 SCI 论文的比重高达 83.0%，但高被引论文数量与世界科研强国差距仍然较大，排世界前 20 名大学的高被引论文数都在 1000 篇以上，在我国内地排名第一的清华大学仅有 633 篇；排世界前 20 名的大学热门论文数量是清华大学的 2—10 倍（邱均平、赵蓉英等，2014）。同时，大学作为卖方在技术市场签订技术合同占全国技术合同的比重仅为 18.3%，成交金额仅占全国技术合同成交金额的 3.7%。事实上，长期以来，我国高校科技成果的转化率只有 15%—20%，与发达国家高校 60%—80% 的转化率相比相差甚远（教育部财务司、合肥工业大学，2015）。其二，大学高质量发明专利少，对产业界攻克关键核心技术作用有限。自 2006 年以来，高等学校基础研究经费超过研究机构，一直是我国最大的基础研究活动执行部门，基础研究经费占比保持在 50% 以上，2014 年达到 53.6%，占全国科学研究经费（基础研究经费与应用研究经费之和）的 40%，但发明专利授权占高等学校全部专利授权量的比重为 41.5%，占全国发明专利授权量的比重仅为 16.4%。由于在我国创新体系中大学定位为高层次人才培养中心，与定位为科学创新中心的研究院和技术创新中心的企业结合动力不足、联系不够紧密，加上科研项目与市场需求脱节、科研评价和激励机制不够科学，来自大学的发明专利对攻克产业关键核心技术的作用过去和现在非常有限。

③ 2013 年，全国参与统计的高校和校办企业数量分别为 552 所、5279 家，分别比 2012 年增加 12.88% 和 51.78%。与校办企业蓬勃发展形成较大落差的是，越来越多的校办企业不仅未能有效加快技术转移、转化和扩散，有力提升产业技术水平，反而导致相当一部分高校分心过多，严重影响基础研究和学科建设水平的提高。首先，校办企业并非专注于推动技术领先和技术扩散，仍是以赚钱为目的。2013 年，在全国 552 所普通高校所涉 5279 家校办企业中，研发人员仅占企业人员总数的 16.74%；在教育部直属高校所涉 2531 家校办企业中，排名前 5 位的北大方正、同方股份、东软集团、华工科技、清控人居研发费用占全部直属高校校办企业研发费用的 77.15%；创新投入能力得分最高的北大方正集团演化成为拥有 IT、医疗医药、房地产、金融、大宗商品交易五大产业的投资控股集团。其次，校办企业的体量和行业影响力并不大。截至 2013 年年末，全国校办企业资产总额仅 3537.72 亿元，负债总额 2203.75 亿元，收入总额为 2080.72 亿元，利润总额为 106.25 亿元，净利润为 83.01 亿元。堪称行业翘楚的企业凤毛麟角。复次，校办企业难以做强做大。高校上市公司集中于生物医药和计算机领域。沪深 A 股曾经有 42 家公司为高校控股上市公司，但先后有 17 家公司由于经营不善退出了高校行列。截至 2014 年 3 月，全国高校仅有 13 所高校控股 25 家上市公司。最后，校办企业点高面低。2013 年，教育部直属高校校办企业呈现"北京市一枝独秀，北大清华占据半壁江山"的局面。参见教育部财务司、合肥工业大学《教育部直属高校校办企业发展报告 2013》，合肥工业大学出版社 2015 年版，第 7—33、203 页。

(二) 我国产业力求进入全球价值链中高端与发达国家力图低端锁定的外在矛盾突出

首先,发达国家强化工程经验"编码",全球技术创新呈现对创新主体的知识要求更高、产业化速度更快,因而技术创新的难度更高、风险更大的新特征,使我国模仿创新、消化吸收再创新和原始创新并借以推动产业迈向中高端更加艰难[①]。这主要表现在如下几个方面:一是技术创新内容集成化。这主要表现为技术创新组件化、建构化[②];技术创新呈现系统集成的特征[③]和专业技术集成、跨专业技术集成、专业技术与管理技术等多层次技术集成的趋势(刘振武、方朝亮等,2014)。二是技术创新关键资源知识化。这主要表现为技术创新的关键资源、核心资源已由原来的物质资源转向了人才资源[④];随着以光机电一体化为特征的高新技术大量渗透进产品,开展技术创新活动需要更多的跨学科的知识结构、更复杂的技术支撑和更完善的创新设计理论方法(牛占文等,2003)。三是技术创新周

---

① 信息技术加快了工程经验的"编码"过程,同时导致"后来者"不得不面对越来越巨大的能力落差(顾淑林,2006;路风,2006)。
② 根据 Henderson 和 Clark(1990)的经典研究,每一种产品特别是组装的产品从内容上看既包括若干元件,也包括把这些元件连接成为整体的建构。成功的产品开发要求具备元件知识和建构知识。元件知识是关于元件核心设计概念的知识,建构知识是关于把各个元件整合并连接成为一个整体的知识。企业通过元件知识和建构知识的不同组合,可快速实现四种类型的技术创新:产品的元件和建构都发生变化,为激进创新;元件和建构都没有根本变化,为渐进创新;元件改变而建构不变,为模块创新;元件不变而建构变化,为建构创新(转引自路风,2006)。
③ 即企业利用网络和专家系统、仿真模型技术,充分集成,完全一体化并行开发;与供应商和先行用户密切联系(顾客处于战略首位),在全球范围内优化配置创新资源,在企业内外广泛合作,高度集成;通过动态结盟和柔性化组织,实现协同创新(彭纪生、吴林海,2002)。
④ 在当今以智力资源为主要依托的全新的知识经济时代,企业拥有高素质的科技人才队伍是保证技术创新成功的关键。随着科学技术的精细和深入发展,技术创新的复杂程度日益加深,科技攻关面临的对象越来越复杂,涉及的专业和学科更加多样,从而要求科技成果的综合性越来越强(刘振武等,2014),人力资源的决定性作用更为突出了(雷家骕、林苞,2012)。

期短促化①。这主要表现为随着 CAX 软件与系统、云计算、大数据的快速发展，过去需要巨大成本与很长周期的许多科学研究与技术开发大大加快；随着互联网、物联网的普及，技术扩散速度大大加快、产品生命周期大大缩短，技术创新的风险也相应地越来越高，使得时间上落后的技术创新将不仅没有利润空间，甚至没有生存空间（雷家骕、洪军，2013，p11）②。

其次，我国制造业的市场、股权和技术受外资控制度较高，不仅削弱了我国对相关产业的控制力，影响产业安全，而且因其对核心技术实行封锁和垄断而直接掣肘我国这些产业向中高端迈进③。例如，我国装备制造业 2014 年安全指数仅 48.94，处于不太安全等级④；轻工业 2012 年安全指数达到 70.49，处于比较安全等级⑤；2013 年，有

---

① 从工业革命时代至今，人们从大量技术创新实践中研究归纳出 360 多种创新方法，其中被普遍认同和推广应用的技术创新方法和技巧有 50 多种，如试错法、综摄法、联想法、形态分析法、头脑风暴法，等等。其中，试错法是千百年来在人们意识中留有根深蒂固印象的技术创新方法。尽管勇于试验、不畏失败的精神可嘉，但传统的试错法毕竟效率低下并且浪费惊人（史晓凌等，2012）。在知识爆炸、信息爆炸时代和产品升级换代周期越来越短的时代，技术创新最为显著的特征是创新全过程、大范围电子化和信息化，努力运用网络与专家系统来辅助技术开发工作（吴林海、范从来、彭纪生，2002）。

② 当今时代，企业竞争的优势不再主要依靠规模和资金实力，而更看重技术创新效率和快速成长效应。技术创新的速度加快意味着各种产品的老化速度加快，产品的创新周期缩短，也意味着产品的寿命周期缩短。因此，如何在更短的生命周期内，把技术创新所投入的成本收回，就成为网络经济条件下企业生死攸关的大事。这对技术创新施加了更加严格的时间限制，使得时间上落后的技术创新不仅没有利润空间，甚至没有生存的空间。参见雷家骕、洪军《技术创新管理》，机械工业出版社 2013 年版，第 11 页。

③ 出于市场竞争威胁考虑，与国内企业展开的技术竞争、研发竞争导致的直接后果是外资企业对核心技术实行封锁和垄断。参见孙文杰《外资研发与中国企业技术创新能力：理论与实证研究》，经济科学出版社 2011 年版，第 191—192 页。

④ 相比之下，2010—2013 年装备制造业安全指数为 52.15—64.90，处于比较安全范围（李孟刚，2016）。而 1999—2010 年，以机械制造业测算的外资市场控制度为 28%—35.5%，其中仪器仪表高达 50% 左右，被外资绝对控制（李孟刚，2012）。

⑤ 相比之下，2003—2011 年轻工业安全指数为 57.28—68.88，属于基本安全（李孟刚，2016，p565）。而 2001—2010 年，轻工业的平均外资市场控制度为 36.1%，其中文教体育用品制造业年均外资市场控制度高达 58.7%，皮革毛皮羽绒及其制造业高达 51.1%；股权控制度保持在 40% 左右；按发明专利控制度衡量的技术控制度为 30%—40%，其中家具制造业和塑料制造业分别高达 54.4% 和 50.6%（李孟刚，2012）。

色金属安全指数为 57.27①，钢铁产业安全指数为 67.81②，均处于基本安全等级；高技术产业总体外资市场控制度很高，1999—2010 年为 56.7%—74.0%③。

再次，发达经济体纷纷"再工业化"，对传统产业和新兴产业"双管齐下"进行部署④，体现了发达经济体仍将主导全球制造业分工的意志，将导致新兴经济体与发达经济体的贸易竞争与摩擦更为激烈，新兴经济体制造业追赶发达经济体的速度较上一个十年将显著放缓，特别是在新兴经济体制造业成本优势弱化的情况下，发达经济体将强化新兴经济体制造业分工低端化、技术低级化、低端锁定化的格局，这对我国产业迈向中高端将带来更加严峻的挑战。

---

① 2006—2012 年安全指数为 54.43—62.73，均属基本安全（李孟刚，2016）。
② 2002—2012 年安全指数为 62.04—73.48，均属比较安全（李孟刚，2016）。
③ 其中电子计算机及办公设备制造业高达 60%—95%，电子及通信设备制造业保持在 60% 以上，仅航空航天器制造业一直保持在 20% 以下（李孟刚，2012）。此外，我国电子信息产业重点领域对外技术依存度非常高。例如，国产液晶显示大屏行业对外技术依存度高达 97.7%—98.4%（2006 年）；半导体集成电路为 70%—95%（选择国内流片制程企业负责代工测算）或 10%—30%（选择国外流片制程企业负责代工测算）；个人计算机为 75.9%；手机为 60% 左右；平板电视机为 70%—80%；嵌入式软件为 40% 左右（2008 年）（罗文、孙星、何颖等，2013）。
④ 2008 年国际金融危机以来，针对发展中国家崛起和世界经济格局变化，美国、欧盟、日本等发达经济体纷纷启动了"再工业化"战略，一方面加速推动"传统制造"向以人工智能、机器人和数字制造为核心的"智能制造"转变，力图重构全球制造业的竞争格局；另一方面，大力发展数字化制造、新能源、下一代信息技术、生物技术、新材料、智能服务等新兴产业，旨在抢占新一轮国际经济技术竞争制高点。例如，2010 年美国出台的《制造业促进法案》，重点鼓励发展先进制造业，推行精益生产、准时生产、清洁生产、柔性制造、敏捷制造、计算机集成制造、虚拟制造和绿色制造等，加快传统产业的更新换代和科技进步（金碚，2013）。

最后,"第三次工业革命"① 将使国家竞争力的基础和全球产业竞争格局发生彻底重构,我国既存在劳动密集型行业丧失比较优势之忧,也存在新兴产业发展更加难以占据产业链高附加值环节之虞(中国社会科学院工业经济研究所,2014)。这主要表现在如下几个方面:一是机器人的大量采用,将大幅削弱我国以廉价劳动力为基础的传统比较优势,并且基于这一优势的制造环节不仅利润比重将继续下降,甚至存在完全退出的可能(贾根良,2013;中国社会科学院工业经济研究所,2014)。二是机器人、可再生能源、新材料、3D打印、纳米技术、生物电子技术等新兴产业将不断成长为新的主导部门,如果我国不能在这些主导部门的核心技术上取得国际领先地位,原先在传统工业上的国际竞争优势最终也将丧失(贾根良,2013)。而发达国家

---

① 2011年以来,"第三次工业革命"的概念引起国内外广泛关注。先是美国趋势学家里夫金于2011年9月出版《第三次工业革命》一书,认为历史上的工业革命均由新的通信技术与能源技术相结合所推动,第一次工业革命为纸质媒体+煤炭,第二次工业革命为电子通信技术+化石能源,第三次工业革命为互联网+可再生能源。2012年4月,英国《经济学人》杂志刊发题为《第三次工业革命》的特别报告,依据生产方式的根本性转变,将18世纪晚期制造业的"机械化"催生的取代家庭作坊的"工厂制"称为第一次工业革命,将20世纪早期制造业的"自动化"创造的"福特制"称为第二次工业革命,将制造业的"数字化"可能带来的"大规模定制"称为第三次工业革命。参见中国社会科学院工业经济研究所《中国工业发展报告 2014》,经济管理出版社2014年版,第34页。也有人认为,"第三次工业革命"主要是指20世纪70年代以来以信息和新能源技术创新引领并孕育的新一轮工业革命,不仅包括"制造业数字化革命",而且包括"能源互联网革命",还包括生物电子、新材料和纳米等技术革命。参见贾根良《第三次工业革命带来了什么?》,《求是》2013年第6期。业界普遍认为,智能化、数字化、信息化技术是第三次工业革命的基础,大规模定制和个性化制造是其显著特点。目前,支撑第三次工业革命的一系列技术、装备逐步趋于成熟,专业人才的储备不断增加。美、日、德等发达国家已经采取措施积极应对,如美国大力推动创新成果产业化、提高能够主导未来产业竞争的人才潜力、通过智能创新和智能制造提高制造业生产率、建设以分布式能源系统和物联网以及下一代互联网为代表的全新工业基础设施体系;日本加大对企业开发3D打印机等尖端技术的财政投入、通过采用"小生产线"和"小型设备"及机器人等快速更新制造技术;德国推出"工业4.0"战略等(中国社会科学院工业经济研究所,2014)。总体看,第三次工业革命更有利于发达国家全方位获利。而我国则由于先进制造技术中的核心技术能力薄弱(核心技术依靠引进、关键部件依靠购买)、现代制造技术创新主体和产业化主体缺失(大型企业还不能在新兴产业技术创新和成果转化中起到"排头兵"、"领头羊"的作用)、技能型和知识型工人供给不足等发展中的劣势短期内难以克服,既面临产值和利润总额分别占全部工业66%和70%左右的劳动密集型行业丧失比较优势之忧,也存在新兴产业发展更加难以占据产业链高附加值环节之虞(中国社会科学院工业经济研究所,2014)。

拥有技术、资本和市场等先发优势，更有可能成为新型装备、新材料的主要提供商（中国社会科学院工业经济研究所，2014）。三是数字化生产、新型智能化工厂和互联网与物联网的发展，将促使制造业和服务业深度融合，制造业企业的主要业务研发、设计、IT、物流和市场营销等，与制造业相关的生产性服务业将成为制造业的主要业态，高技能专业人才的重要性进一步增加（中国社会科学院工业经济研究所，2014）。而研发设计和市场营销等恰恰是当前我国制造业的弱点。

四 我国产业迈向中高端的技术创新政策诉求

我国产业迈向中高端面临本土企业技术创新能力不足、意愿不足、信心不足和政策保障不足等障碍，需要技术创新政策加以有效解决。

（一）解决企业技术创新"攻坚克难"与技术能力不足的矛盾

我国重点产业和主要产业必须在技术创新上实现"攻坚克难"，加快掌握关键核心技术及相关知识产权，才有可能迈向中高端，这是绕不过去、回避不了、无法改变的客观现实，而三大技术创新主体对"攻坚克难"显得能力不足也是毋庸讳言的事实。由于客观现实难以改变，因而解决这个突出矛盾只能寄希望于技术创新政策从提高三大技术创新主体能力的方向去想办法、挖潜力、找路径。这就是我们下文将提到的促进创新资源向企业集聚，大力发展和推广应用 CAX 技术创新工具等。

（二）解决系统化技术创新要求高与企业创新意愿低的矛盾

现阶段企业开展旨在掌握关键核心技术的技术创新面临研发难度大、资金投入高、产品生命周期短等巨大风险，不少企业因此望而却步。与此同时，民营企业和民营企业家的财产权受保护程度不高、对国有企业管理层开展技术创新的激励和约束不足、知识产权保护力度不够等因素，也大大降低了企业主动开展"攻坚克难"技术创新的意愿。因此，企业不仅要求技术创新政策为有效应对技术创新风险提供支持，而且希望得到长期稳定的预期，以增强锐意开展技术创新的意愿。

（三）解决企业技术创新"补课"、追赶任务叠加与跨国公司封锁挤压的困境

由于过高的外资控制度，发达国家通过"再工业化"强化对新兴经济体制造业低端锁定的意图和行动，以及"第三次工业革命"可能导致我国既丧失劳动密集型行业比较优势又更加难以占据新兴产业价值链中高端的预期，我国内资企业通过技术创新并发展壮大为有世界影响力的企业和品牌的难度大大增加。然而，单个企业无力破此困局。面对高手如林、"强敌环伺"的局面，企业难免丧失斗志、信心不足。这就要求我国技术创新政策必须营造一个良好的创新环境，提振内资企业勇于开展技术创新的信心。

（四）解决系统化政策需求与现有政策不协调、不健全的矛盾

与以往技术创新止于市场实现或止于技术扩散的最大不同在于，推动我国产业迈向中高端的技术创新需要进一步延伸到止于培育出有世界影响力的企业和品牌，实现攻克关键核心技术、生产出一批高质量产品、打造一批有世界影响力的企业和品牌"三位一体"发展。相应地，技术创新政策也应紧紧围绕技术创新内涵与外延的变化进一步向深度和广度延伸，为实现我国产业迈向中高端提供有力保障。

（执笔人：曾智泽）

参考文献

1. 贾根良：《第三次工业革命带来了什么》，《求是》2013年第6期。
2. 雷家骕、林苞、王艺霖：《多重复杂背景下中国经济安全问题》，机械工业出版社2012年版。
3. 刘振武、方朝亮等：《大型企业技术创新能力提升之道——中国石油集团公司的实践》，石油工业出版社2014年版。
4. 刘志彪：《经济全球化与中国产业发展》，译林出版社2016年版。
5. 路风：《走向自主创新：寻求中国力量的源泉》，广西师范大学出版社2006年版。

6. 牛占文、徐燕申、林岳、肖学福：《基于CAI的产品创新关键技术及应用研究》，《天津大学学报》2003年第6期。
7. 邱均平、赵蓉英、王嵩：《世界一流大学与科研机构竞争力评价研究报告》，科学出版社2014年版。
8. 张平：《全球价值链分工与中国制造业成长》，经济管理出版社2014年版。
9. 中国社会科学院工业经济研究所：《中国工业发展报告（2014）——全面深化改革背景下的中国工业》，经济管理出版社2014年版。

第六章 推动产业迈向中高端的技术创新政策调整取向与建议

摘要： 为有力、有效推动产业迈向全球价值链中高端，我国技术创新政策应有针对性地做出重大调整，推动技术创新"以企业为主体"进一步向"以企业为主导"转变，推动侧重支持项目的选择性政策向支持技术创新工具和服务平台等功能性政策转变，推动"一刀切"泛化政策向差别化精准政策转变，推动单一产品创新向系统化技术创新转变，推动各自为政的单一政策向协同一体化的政策体系转变。

关键词： 中高端；技术创新；调整取向

为有力、有效推动产业迈向全球价值链中高端，我国技术创新政策应有针对性地做出重大调整，重点实现由企业主导技术创新、为企业提供高效技术创新工具及各类服务平台、区分不同产业技术创新特性差别化精准施策、支持系统化技术创新、促进相关政策协同以至融合。

一 技术创新政策调整取向

（一）推动技术创新"以企业为主体"进一步向"以企业为主导"转变

针对我国"科技经济两张皮"长期难解的顽疾，和高校与科研院所科技成果转化率及产业化率"两低"①局面至今没有明显改观的现实,以及三大技术创新主体面对"攻坚克难"任务均存在能力不足的状况,结合产业迈向中高端必须实现攻克关键核心技术、提高产品质量、打造有世界影响力的企业和品牌"三位一体"的内在要求,我们认为,对于推动产业迈向中高端的技术创新政策,应进一步改"以企业为主体"开展技术创新为"以企业为主导"开展协同创新。主要理由如下:

首先,企业、高等学校、科研院所在推动产业迈向中高端的技术创新中应发挥各自优势、各有侧重。我们认为,"以企业为主体、市场为导向、产学研用紧密结合的技术创新体系"的表述未能反映客观现实和政策倾向,而"以企业为主导"的表述和实践既有鲜明的政策倾向,也能一举根治"科技经济两张皮"的顽疾。因为以企业为主导开展包括基于科学的技术创新、大部分应用研究和全部试验发展在内的各种类型的技术创新,自然而然会实现以市场为导向,也自然而然会实现产、学、研、用、供等有关主体紧密结合。

其次,在我国三大技术创新主体中,只有企业能将"攻克关键核心技术—提高产品质量—打造有世界影响力的企业和品牌""三位一体"工作扎实做好,高等学校和科研院所不可能也不应该突破其功能定位②去尝试开展"三位一体"工作。

最后,《中共中央国务院关于深化体制机制改革,加快实施创新驱动发展战略的若干意见》(2015年3月13日发布)提出:"探索在战略性领域采取企业主导、院校协作、多元投资、军民融合、成果分享的新模式,整合形成若干产业创新中心。"这是非常正确和及时的决策,但还不够果断和彻底,应尽快在制造业各领域实行企业主导、

---

① 目前,我国高校和科研院所的科技成果转化率不到20%,真正实现产业化的不足5%,而发达国家技术转移率达到40%—50%(何晓莉,2014)。最近的一项研究估计,在将创新投入转化为产出方面,日本的效率是中国的近5倍(安德鲁·肯尼迪,2016)。

② 在我国国家创新体系中,大学的定位是高层次人才培养中心,科研院所的定位是科学创新中心,企业的定位是技术创新中心。

学研服务的技术创新模式，推动高校、科研院所紧紧围绕企业技术创新需求做好配合与服务工作①，鼎力支持有条件的企业一马当先向全球价值链中高端冲刺，而不应该角色错位、越俎代庖甚至与企业争锋。

（二）推动侧重支持项目的选择性政策向支持技术创新工具和服务平台等功能性政策转变

针对我国企业普遍存在研发历史短、设计实践少、技术能力弱等"先天不足"与高素质技术人才不愿意进企业等"后天失调"并存的问题，和高等学校与科研院所同企业合作往往"合而不作"的难题，以及企业技术积累、人才积累不足的"短板"致使财税金融等政策效果不佳的效应，结合CAX软件与系统在技术创新中诸多人力资本不可替代的地位、作用和优势②，我们认为，对于推动产业迈向中高端的技术创新政策，应改变过去那种仅仅对少数项目进行选择性支持的做法，转而对全部有创新意愿的企业提供CAX技术创新工具和相关服务，从而既扩大政策覆盖面，又大大提高技术创新效率。主要理由如下：

---

① 科学与技术是现代经济发展的关键因素。技术创新可以分为基于科学的创新和基于技术的创新两种基本模式。在科学的前沿，科学与技术日益融合，基础研究可能同时就是应用研究。尽管发展中国家能够在基于技术创新的行业中得到发展，但会因为难以创造新行业、难以进入增长更快的基于科学创新的行业而碰到经济发展的瓶颈。长期来看，知识的鸿沟就是经济发展的鸿沟。造成发达国家与发展中国家创新动态不同的原因，主要在于其科学—技术关系，或大学—产业关系的不同。参见林苞、雷家骕《科学、技术与产业创新》，清华大学出版社2016年版，第8、43页。我国高校和科研院所应致力于创造知识，以创造新行业；同时，应辅助企业开展各种形式的技术创新，包括基于科学的技术创新。

② CAX是我国制造业企业普遍低成本提高创新能力、大幅度节能减排降耗、快速实现提质增效的重要抓手；是我国制造业实现数字化研发设计与工艺制造一体化、有力推动我国工业化信息化深度融合、大大提升我国制造业发展层次与水平、加快实现中国制造向"中国智造"转型升级的重要手段；是我国建设创新型国家、加快实现原始创新、彻底摆脱对发达国家的技术依赖、充分保障国家经济安全和国防安全的核心创新工具；是我国逆向走出一条中国特色的从制造走向设计、从设计走向发明、从全球价值链中低端跃升到中高端的捷径。

第六章 推动产业迈向中高端的技术创新政策调整取向与建议

首先,自主创新,方法先行①已在我国达成共识。我们认为,在产业领域,技术创新,应工具先行。这恰如俗话所说"工欲善其事,必先利其器",也正如生产工具是生产力发展水平的标志一样,技术创新工具可以说是技术创新发展水平的标志。CAX技术创新工具凝结了大量人类抽象劳动,既能从源头上促进原始创新、产品创新,又能从根本上促进过程创新,能在较大程度上弥补企业、高校、科研院所高端技术创新人才及其团队不足的缺陷②,能大大简化、优化技术创新活动,大大提高技术创新成效,在各个创新环节发挥人工不可替代的作用。其中,CAI③解决思路、概念和创意,CAD④解决几何设计

---

① 自主创新,方法先行,创新方法是自主创新的根本之源。历史上后进赶超先进的经验表明,创新方法是科技跨越式发展的关键。参见科学技术部编写组《技术创新方法国际比较与案例研究》,科学出版社2016年版,第306页。

② 尽管我国已经开始强调健全多层次人才培养体系,但"十年树木,百年树人",见效较慢,远水不救近火。

③ CAI(计算机辅助创新)是以发明创造方法学 TRIZ("萃智","发明问题解决理论"的俄语缩写)研究为基础,结合现代设计方法学、计算机技术、多领域科学知识综合而成的创新技术,是新产品开发中的一项关键基础技术,从根本上开辟了一条产品创新的新途径。它可以帮助技术人员打破思维定式、拓宽思路,根据市场需求正确迅速地发现现有产品或流程中存在的关键问题,彻底地消除产品内妨碍产品整体性能提高的技术矛盾,并在概念设计阶段进行成本分析,有效降低产品成本,高质量、高效率地提出可行的创新设计方案。该软件主要用于产品的创新构思阶段,虽能定量评估产品质量,但不能定性分析原因,形成的设计方案尚需在 CAD/CAE/CAM 软件中进行详细设计、分析和制造,才能保证企业生产出创新程度很高的产品。代表性软件为美国 Invention Machine 公司的 Techoptimizer,该软件已经成为国外企业、尖端技术领域解决技术难题、实现创新的有效工具,用户遍及航空航天、机械制造、汽车工业、国防军工、铁道、石油化工、水电能源、电子、土木建筑、造船、生物医学、轻工、家电等领域。ANSYS CHINA 是 Techoptimizer 在华唯一代理商,在我国航空、航天、汽车、船舶、铁路、兵器、电子等行业有所推广,但远未普及。

④ CAD(计算机辅助设计)是一款人机交互的、用来解决图形问题的系统,用以帮助设计人员担负计算、信息存储和制图等项工作,主要应用在产品详细设计阶段,表达设计者头脑中已经形成的产品设计,但缺乏对需求设计和概念设计的支持。代表性软件是美国 Autodesk 公司开发的 AutoCAD,它已经成为一个功能强大、性能稳定、市场占有率居世界第一的 CAD 系统,在城市规划、建筑、测绘、机械、电子、造船、汽车等许多行业得到了广泛的应用。我国在 CAD 技术的普及方面已经取得了一定的成绩,但普及应用程度和效率还很低,多数企业没有体现计算机辅助设计这个概念,顶多也就是把图版上的工作原原本本移到了计算机屏幕上,甚至有许多知名企业目前仍然依靠一些非正版的平台软件绘图,其效率和质量的低下已经严重地阻碍了企业的发展。

概念的表达，CAE①解决仿真与验证、优化，CAPP②解决工艺概念的表达，CAM③解决硬件和软件之间的交互。更深入看，CAE对CAI、CAD和CAPP成果进行仿真、验证和优化，在进一步优化产品设计、提高产品质量、减少试验样品和成本④、缩短产品研发周期、降低产品成本等方面发挥巨大作用，是与理论研究和物理实验同等重要的研究手段（郭忠、赵美、赵金堂，2011），是工业装备、产品和工程领

---

① CAE（计算机辅助工程）是计算机技术和数值分析技术相结合而形成的新兴学科，与理论研究、实验科学并称现代科学的三大支柱。它借助计算机信息处理手段，对产品和工程进行性能与安全可靠性分析，对未来的工作状态和运行行为进行模拟仿真，及早发现设计缺陷，形成系统的技术解决方案，是工业装备、产品和工程领域进行自主创新设计与精细化设计的核心技术，是提高企业核心竞争力的关键技术，是关系国家安全的战略技术。CAE软件可作静态结构分析，动态分析；研究线性、非线性问题；分析结构（固体）、流体、电磁等，应用领域十分广泛。近年来，CAE在我国航空、航天、兵器、机械、汽车、高铁、船舶、电子、医疗、建筑等领域得到日益广泛和深入应用。

② CAPP（计算机辅助工艺规程设计）是利用计算机的信息处理和信息管理优势，采用先进的信息处理技术和智能技术，帮助工艺设计人员完成工艺设计中的各项任务，如选择定位基准、拟订零件加工工艺路线、确定各工序的加工余量、计算工艺尺寸和公差、选择加工设备和工艺装置、确定切削用量、确定重要工序的质量检测项目和检测方法、计算工时定额、编写各类工艺文件等，最后生成产品生产所需的各种工艺文件和数控加工编程、生产计划制定和作业计划制定所需的相关数据信息，作为数控加工程序的编制、生产管理与运行控制系统执行的基础信息。它可以使工艺人员从烦琐重复的事务中解放出来，迅速编制出完整而详尽的工艺文件，缩短生产准备周期，解决手工工艺设计效率低、一致性差、产品质量不稳定、不易达到优化等问题。CAPP系统的开发和推广应用都很困难，目前成熟的计算机辅助工艺设计技术系统还比较少，还没有在世界范围内达成共识的CAPP商品软件。

③ CAM（计算机辅助制造）是指应用计算机辅助进行产品制造的统称。有广义CAM和狭义CAM之分。广义CAM是指利用计算机辅助完成从原材料到产品的全部制造过程，其中包括直接制造过程和间接制造过程。狭义CAM是指制造过程中某个环节应用计算机，在计算机辅助设计和制造（CAD/CAM）中，通常是指计算机辅助机械加工（computer aided machining），更准确地说，是指数控加工，它的输入信息是零件的工艺路线和工序内容，输出信息是刀具加工时的运动轨迹（刀位文件）和数控程序。本书所指CAM是广义的CAM。通过完善CAE与CAD、CAM等数字化制造工具软件之间的数据接口标准，提升CAE软件的前、后处理功能，增强CAE软件的优化设计功能，将推动我国制造业实现CAI/CAD/CAE／CAPP/CAM／ERP（计算机辅助创新/计算机辅助设计/计算机辅助工程/计算机辅助工艺规程设计/计算机辅助制造/企业资源计划）数字化研发设计与工艺制造一体化，大大提升我国制造业发展层次与水平。

④ 例如，1985年，福特公司为掌握行车事故中的具体情况，在试验中把每一辆车撞到墙上就要花费60000美元，而现在，碰撞试验可以在计算机上进行模拟，成本仅为100美元。参见雷家骕、洪军《技术创新管理》，机械工业出版社2013年版，第2页。

域进行自主创新设计与精细化设计的核心技术，是提高企业核心竞争力的关键技术，是关系国家安全的战略技术，是几乎所有工业领域必备的创新技术手段（钟万勰，2007），也是向 CAM 推进离不开的纽带，是覆盖技术创新全过程最重要的工具，在技术创新各环节中居于核心地位[①]。

其次，目前我国 CAI 应用较少；主流 CAE 商业软件主要是国外品牌，对于中小企业而言是"买不起"的奢侈工具，对于战略产业而言稍高端的模块则是"买不到"的禁运产品[②]；含金量和层次较低的 CAD 和 CAM 应用较多，但大多数企业仍未用好。当前我国企业与发达国家企业在技术创新水平上的差距，在很大程度上可以说是技术创新工具先进性和应用普遍性上的差距。因此，加快发展和推广应用以 CAE 为核心的自主可控 CAX 软件与系统，应作为今后一段时期我国技术创新政策的重点之一。

再次，我国既有技术创新政策侧重于通过财税、金融、投资、创新平台建设等供给型政策工具促进企业技术创新，其结果一是只有少数企业有机会受益，严重影响市场配置资源的决定性作用；二是政策效果依然受这部分企业创新能力不足的制约而难以发挥，整个国家创新系统的创新效率低下。因此，应在技术创新领域深化供给侧结构性改革，技术创新政策特别是其中的财税金融政策应变仅少数企业有机会受益为全体企业都有机会受益，变通过决定、意见、规划、目录等

---

① 如下数学等式形象化地体现了 CAE 的核心地位：即 CAD + CAM = CAD/CAM；CAD/CAM + CAPP + CAT（计算机辅助翻译）+ PDM（产品数据管理）= CAE。

② 由于美国为首的发达国家将较高端的 CAE 软件技术视为"事关国家竞争力和国家安全的战略技术"，对我国始终保持技术封锁和贸易禁运，导致我国国防和高端装备的研发设计必须依托国外 CAE 软件进行。但一方面，这些软件有被设置"后门"从而导致我国重大机密技术资料泄密的危险。另一方面，我国无法得到进口软件的源代码，不具备二次开发或底层算法修改能力，无法很好地嵌入我国工业信息化体系中。由于核心技术受到封锁和垄断，高端 CAE 无法进口，导致计算精度及功能无法满足我国推动产业迈向中高端的技术创新需要。CAE 技术可应用于产品生命周期的各个环节，每个环节所需 CAE 软件的计算精度与效率、功能各不相同。如波音公司在一个型号研制中会用到 6000 余种 CAE 产品，其中只有 1000 种左右可以在美国买到的商业软件，其他部分为合作开发或自主开发。对我国来讲，若要构建完整的 CAE 体系，必须走自主开发的道路。

较虚的政策为企业技术创新指方向、提要求和给少数企业项目支持等为主为提供具体的、普遍适用的工具和实实在在的服务为主。

最后，鉴于CAX特别是其中的CAE、CAI在原始创新、集成创新和消化吸收再创新中作用巨大但价格昂贵、对应用人员的要求较高，目前仅极少数大型企业有能力购买和使用其中急需的几种，但仍存在应用频率低、综合成本高等问题，因此，应在各地大力发展CAX公共服务平台和基于CAX的研发设计外包服务企业，既有力促进广大工业企业高效率、低成本实现技术创新，又有效推动相关生产性服务业大发展大繁荣，有力支撑大众创业、万众创新蓬勃发展。

（三）推动"一刀切"泛化政策向差别化精准政策转变

针对不同产业创新发展有基于科学的创新和基于技术的创新之别，不同行业的技术创新有制造商主导、制造商与用户共同主导、供应商主导、用户主导和制造商、供应商、用户共同主导等之分，企业存在国有、民营和外资等不同性质与大、中、小不同规模之异，结合我国推动产业迈向中高端必须破解发达国家低端锁定的需要，我们认为，对于推动产业迈向中高端的技术创新政策，应改变过去那种"一刀切"的形式，转而根据不同产业类型、创新特点、企业性质等"精确制导""精准施策"。主要理由如下：

首先，从技术创新的发展态势看，将科学研究划分成基础研究和应用研究存在缺陷，认为从科学研究到企业的研究开发再到产品或工艺创新是一种线性模型也越来越不符合实际。实际上，有一些科学研究单纯追求知识，也有些科学研究既是对新知识的追求也可以直接解决实际问题，还有些科学研究单纯解决实际问题。因此，在能够解决实际问题的创新中，有的是基于科学的创新，有的是基于技术的创新，有的介于其间。其中，基于科学创新的行业如制药、化工，基于科学创新向基于技术创新转变的行业如半导体、计算机；基于技术创新的行业如汽车（林苞、雷家骕，2016）。很显然，不同的技术创新模式需要不同的技术创新政策与之相适应。比如，基于科学创新的行业需要大力推进产学研合作，基于技术创新的行业则更需要产供用合作。

其次，从技术创新来源看，不同行业也有较大不同。根据希普尔的调查，某些行业主要是制造商创新，如工程塑料、塑料添加剂等；有些行业是制造商与用户共同完成创新，如与牵引式铲车相关的创新；有些行业是用户起主要作用推进创新，如科学仪器、半导体及印刷电路板工艺；有些行业则是供应商在创新中起主要作用，如线路终端设备；还有些行业是用户、供应商为主与制造商一道推进创新，如工业气利用、热塑料利用（林苞、雷家骕，2016）。不言而喻，针对不同行业不同的技术创新来源特点，技术创新政策也应各有侧重。比如，主要是制造商创新的行业，政策应集中支持制造商提升技术；而需要制造商与用户共同完成创新的行业，政策补贴、支持早期用户则比直接补贴特定制造商更有利于制造商之间开展竞争、完善技术，因而政策效果更好。

再次，从不同行业看，迈向中高端面临的技术瓶颈不同。如消费品工业的技术瓶颈制约，课题组调研发现主要是国产压缩机等核心零部件和纤维等关键原材料难以满足需求，但其自身无力解决，要转而依靠装备制造业和原材料产业有针对性地加强这方面的技术创新；而装备制造业的技术创新瓶颈制约主要是系统集成能力弱，核心零部件、配套件、特种原材料等没有完全过关、试验验证和研发经验积累不足；原材料产业本身的技术瓶颈制约则主要是基础性研究和前瞻性研究薄弱，大型装置关键技术不掌握；战略性新兴产业主要是核心芯片、基础软件、高端电子元器件、高端设备、核心部件等受制于人。毫无疑问，不同行业迈向中高端面临的技术瓶颈制约不尽相同，技术创新政策也应有所差异。

最后，从具体推动产业迈向中高端的技术创新主体看，国有企业和民营企业体制不同、规模不同，所处主要行业不同，即使在同一行业也存在基础和优势不同，整合创新资源的能力不同，发展的根本目标也不尽相同，如国有企业是追求社会福利极大化而不是利润最大化（金碚、刘戒骄等，2013）。外资企业则在核心技术、名企、名牌等方面与国企、民企形成竞争关系。因此，在具体政策上应区别对待，如大型国有企业应主要通过产学研合作开展基于科学的创新，大型民企应主要通过产供用协同开展基于技术的创新。

（四）推动单一产品创新向系统化技术创新转变

针对我国既有技术创新政策一直"以产品创新为龙头"但效果不佳的缺陷，和整体缺乏关键核心技术、名企、名牌的现状，以及巨大国内市场既没换来国外核心技术也没支撑国内企业掌握关键核心技术的问题，结合战略性新兴产业和传统产业都应迈向中高端的需要，我们认为，对于推动产业迈向中高端的技术创新政策，应改变过去那种以支持"产品创新为龙头"的狭隘做法，转而统筹各种形式的技术创新、兼顾战略性新兴产业和传统产业，成功培育出一批拥有关键核心技术和国际品牌的名企。主要理由如下：

首先，只注重产品创新而忽视工艺创新的做法已被证明不科学。美国生产率促进委员会的研究结果表明，在20世纪中后期，美国企业产品创新投入与工艺创新投入的比例为2∶1，日本为1∶2，德国为1∶4。美国大部分产业和企业在20世纪80年代的世界竞争中之所以被击败，原因之一是技术创新上的失衡，工艺创新落后于产品创新，使其产品在质量、价格、效能上落后于日本与德国企业（雷家骕、洪军，2013）。

其次，只开展狭义的技术创新难以成功推动产业迈向中高端。"21世纪企业之间的竞争不再是产品与产品的竞争，而是商业模式之间的竞争"，技术好不一定就是胜利者（雷家骕、洪军，2013）。品牌是企业无形资产凝聚在商品中的一种体现，是企业发展最大的资产。世界上最贵的资产不是商品（物质），而是品牌。品牌创新是推动产业迈向中高端十分有效的创新方式。

最后，只注重战略性新兴产业迈向中高端而忽视传统产业迈向中高端势必顾此失彼。推动战略性新兴产业迈向中高端固然具有重要战略意义，但与传统产业相比，我国战略性新兴产业、高技术产业的基础比发达国家弱得多、研发强度比发达国家低得多[①]，被外资控制的

---

① 2014年，我国医药制造业研发强度为1.67%，而德国（2007）、日本（2008）、韩国（2009）、美国（2009）则分别为8.27%、16.4%、2.72%、24.47%；我国计算机、通信和其他电子设备制造业研发强度为1.63%，而德国、日本（2008）、韩国（2009）、美国（2009）则分别为8.11%、16.98%、6.26%、18.76%。其中，中国数据来源于国家统计局；其他国家数据来源于OECD数据库。

程度也高得多，迈向中高端注定要遭受发达国家更多的打压①和外资企业更大的挤压，因而与传统优势产业迈向中高端相比，其难度和代价注定会更大。如果推动产业迈向中高端的技术创新政策仅仅聚焦于以产品创新为主的战略性新兴产业、高技术产业而忽视传统产业，将会导致舍易求难甚至两头落空的局面。而兼顾推动传统产业迈向中高端，则不仅更容易实现，而且可为战略性新兴产业迈向中高端奠定良好经济、技术和人才基础。况且，对高技术产业、战略性新兴产业而言，随着产业的成熟，技术进入连续的变化，创新也将主要集中于工艺创新（雷家骕、林苞等，2012）。因此，越是新的事物越要建立在坚实的传统基础上（金碚，2013）。

（五）推动各自为政的单一政策向协同一体化的政策体系转变

针对我国既有技术创新政策广度不够因而有效性不足的弊端，和财税、金融、产业、投资、贸易、人才、教育、国防等政策之间协同不够因而政策效应抵消的问题，以及"劣币驱逐良币"、资金"脱实入虚"等不合理现象，结合产业迈向中高端需要整体部署、分步推进的需要，我们认为，对于推动产业迈向中高端的技术创新政策，应改变过去那种"单打一"的手法，以普遍联系的观点和"弹钢琴"的手法，满怀责任感、使命感和紧迫感，紧紧围绕"三位一体"要求和两个阶段性目标②，超脱部门利益，国家利益至上，全面、系统、深入地理顺、补充、完善相关政策，形成源源不断、绵绵不绝的强大合力，并逐步完善政策制定、实施、评价和调整机制，提升技术创新政策成效。主要理由如下：

---

① 例如，中国福建宏芯基金拟以 6.7 亿欧元收购德国爱思强约 65% 的股份，德国联邦经济部于 2016 年 9 月初已作出无异议的决定。但美国情报部门却以爱思强的产品有军事用途为由予以干扰。爱思强是一家专门为半导体芯片制造业生产设备的制造商。该公司提供的设备可以制造先进的电子和光电子应用元件。而这些元件的利用范围包括 LED 应用、显示技术、数据存储、数据传输、能源管理和转化、通信、信号灯和照明技术以及其他尖端技术。见《美情报机构介入，中企收购爱思强被叫停》，2016 年 10 月 28 日，http://finance.sina.com.cn/stock/usstock/c/2016-10-28/doc-ifxxfuff6987489.shtml。

② 指 2020 年若干重点产业进入全球价值链中高端，2030 年主要产业进入全球价值链中高端。

首先，我国企业技术积累和人才积累低于临界值从而影响财税金融政策等充分发挥作用的状况，要求技术创新政策发力以有效弥补企业技术积累和人才积累的不足。

其次，我国技术创新政策之间协同不够导致政策效果相互抵消的状况，要求技术创新政策"高站位、宽视野、统内外"，推动财税、金融、产业、投资、贸易、人才、教育、国防等政策融合为一体[①]，据以形成强大合力。

再次，我国产业迈向中高端不仅需要通过技术创新来掌握核心技术、关键材料，而且需要技术创新成果在市场实现的基础上形成国际知名品牌，这就要求技术创新政策全方位、多角度支持相关产业取得关键知识产权、市场话语权和产品定价权。

最后，随着全球经济扩张和财富积累效应的增强，国际社会竞争的重点已经从技术水平等硬实力的竞争，逐步转向制度、环境和影响力等软实力的竞争。并且，制度、文化是决定产业长期可持续发展的因素。这就要求我国技术创新政策远近结合、软硬结合、虚实结合，既要把提高技术水平和品牌影响力摆在突出位置，也要高度重视制度、文化建设，使硬实力和软实力相得益彰、同步提升。

二 推动我国产业迈向中高端的技术创新政策建议

根据产业迈向中高端的核心标志与实现途径，针对我国产业迈向中高端对技术创新政策的基本诉求，结合我国既往技术创新政策应围绕推动产业迈向中高端进行改革的取向，提出推动我国产业迈向中高端的技术创新政策建议如下。

---

① 美国作为世界头号经济、技术强国，克林顿政府尚且强调国家的繁荣要求有一项综合性的技术创新政策，要求将国家的经济、贸易、教育和培训、科学、国防政策等融合为一体。参见陈劲《科学、技术与创新政策》，科学出版社2013年版，第316页。

(一) 企业主导，产学研分工明确、各司其职

明确以企业为主导开展除部分基础研究外的技术创新，发挥市场配置创新资源的决定性作用，采取市场手段，组织国内外相关高校、科研院所或其他企业、单位相关人才，统筹开展针对性强的技术攻关、标准制定、产业化、市场应用和品牌打造。同时，积极发挥政府在配置创新资源中的服务作用，加快制定科技人员分类评价办法，加快建立以能力和贡献为导向的评价和激励机制；加快试点推广将企业任职经历作为新聘工程类教师、职称评定等的重要条件；加快破除人才流动的体制机制障碍，促进科研人员在事业单位与企业间合理流动①。

同时，鼓励高校、科研院所尽可能采取转让、许可或者作价投资等方式向企业或者其他组织转移科技成果，逐步减少自行投资转化方式，促使高校、科研院所尽快回归本来面目，在更深层次、更大范围、更高意义上服务企业、服务社会、服务国家。鼓励高校、科研院所和企业设立一定比例的流动岗位，推动科研人员双向流动。允许高校、科研院所科研人员以个人名义兼职参与企业研究开发活动，允许个人持有企业股权、期权，并对其活动收益3年内实施税负减免。加快制定高校、科研院所等事业单位科研人员离岗创业的政策措施。

(二) 工具先行，全面提升企业、高校和科研院所技术创新能力与水平

首先，加快在航空航天、兵器兵装、核工业、船舶等事关国家安全的领域和高等学校、科研院所等基础性研究领域强制推广应用国产成熟可靠CAX软件，降低国外软件安插后门程序给国防军工和经济社会长远发展带来的安全隐患②。大力支持内资CAX软件企业根据重

---

① 研究人员从科研到产业（反之亦然）的暂时或者永久的流动，是一个传播隐性知识、技术诀窍、工作方法以及各种专业经验（从设计和运行研究项目及实验的能力，到管理研究团队，包括在有限条件下进行野外试验以及采用合适的研究技术和手段方面的能力）特别重要的渠道（OECD，2011）。

② 2011年，武汉某船舶研究所发生法国达索公司Solidworks后门程序事件，导致我国一些重大机密技术资料泄露。

点用户需要进行定制开发，更好地满足重点用户在软件接口、系统兼容性、功能升级等方面的需求，加快提升重点用户技术创新能力和水平。

其次，短期内重点降低使用 CAX 软件与系统的成本，加快扩大应用范围。中央政府设立 CAX 软件与系统应用专项资金，主要用于为大型企业、大院大所和重点高校购买专用 CAX 软件与系统提供补贴，为广大中小微企业建立多层次 CAX 软件应用公共服务平台①，对属于重点产业和主要产业范围的中小微企业发放 CAX 使用券，支持社会资本发展专业性 CAX 研发设计外包服务企业，有效解决相关企业、高校和科研院所渴望用但用不起、用不好 CAX 软件与系统的矛盾。明确同等条件下优先选购国产 CAX 软件与系统。

再次，加快发展我国自主可控高端 CAX 软件与系统②。依托国家重点研发计划③，实施国家自主可控高端 CAX 软件与系统研究发展专项，重点针对国外禁运的高端软件产品和技术进行自主开发，加快突破国外技术垄断。近期重点依托我国高性能计算机，组建国家自主 CAE 软件与系统④研发中心，研发大规模/超大规模的求解能力，发展超越国外同类 CAE 软件的能力，构建从基础研究、技术研发、软件

---

① 主要为中小微企业提供在线研发咨询、CAX 学习、培训与租用，研发设计服务外包项目对接等服务。

② 那些难以在短期内形成的能力，必须及早加以准备。长期来说，最危险的局面是发现能够解决问题的手段必须依赖长时间的准备，但却已经丧失了准备的时间。参见雷家骕、林苞、王艺霖《多重复杂背景下中国经济安全问题》，机械工业出版社 2012 年版，第 15 页。CAX 软件与系统是能够解决我国企业、科研院所和高校技术创新能力弱的重要手段，但一直未受到应有重视，仅仅作为研发设计类工业软件对待，高端产品发展和推广应用缓慢。

③ 国家重点研发计划由原来的 973 计划、863 计划、国家科技支撑计划、国际科技合作与交流专项、产业技术研究与开发基金和公益性行业科研专项等整合而成，是针对事关国计民生的重大社会公益性研究，以及事关产业核心竞争力、整体自主创新能力和国家安全的战略性、基础性、前瞻性重大科学问题、重大共性关键技术和产品，为国民经济和社会发展主要领域提供持续性的支撑和引领。CAX 软件与系统不仅事关产业核心竞争力，而且事关我国整体自主创新能力和国家安全，是基础性、战略性、重大共性关键技术，符合国家重大研发计划的要求。

④ 自主开发的 CAE 软件是承载企业研发相关的知识、经验、数据、规范、标准的最佳载体，是提升企业、行业技术创新能力和可持续发展能力的关键举措。

开发、工程应用的自主驱动发展模式。

最后,加快在普通全日制高校计算机科学与技术专业和软件工程专业等相关专业,增设基于国产 CAX 软件与系统的课程。鼓励 CAX 软件企业与优势高校合作,进行有目的的专业人才培养。鼓励社会资本参与开展 CAX 软件与系统发展与应用相关培训。

(三) 分类施策,有序推进产业迈向中高端

首先,以品牌创新为抓手,以市场化服务和政府规范化监督为重点,率先推动已掌握关键核心技术的战略性新兴产业和消费品工业中的优势行业迈向中高端[1]。引导、鼓励和支持掌握关键核心技术及相关知识产权的行业龙头、骨干企业及中小企业"隐形冠军",以优质产品、优质服务为基础,主导或参与国内乃至国际先进标准的制(修)订,大幅提高我国产品和服务标准。鼓励各地建设一批集研发设计、检验认证、标准计量、金融服务、电子商务、培训咨询等于一体的公共服务平台,为企业提升形象、开拓市场、打造品牌提供信息咨询、战略指导和法律援助等服务。加快建立健全企业自我保护、政府依法监管和司法维权保障"三位一体"的品牌保护体系。组织开展新一轮质量万里行活动,激发企业品牌创新的积极性。

其次,以国内市场和国产高端 CAX 软件与系统为支撑,以产供用协同创新为重点,加快推进装备制造业、原材料产业迈向中高端。研究实施企业按销售收入的一定比例提取技术开发准备金制度[2],主要用于购置国产 CAX 软件与系统、开展消化吸收再创新和技术改造

---

[1] 一方面,拥有关键核心技术是培育有世界影响力企业和品牌的前提和重要支撑;另一方面,战略性新兴产业正在成为全球技术创新的"主赛场",并正在成为我国经济持续健康发展的新动力,对于加快占领世界经济科技制高点和促进我国经济社会全局与长远发展具有特殊重大意义。

[2] 这是韩国为促进技术创新实施的一项税收政策,在很大程度上解决了广大企业技术创新资金的不足,也在很大程度上激发了所有企业技术创新的积极性。根据该政策,不同类型的企业可按其收入总额的 3%、4%、5% 提取技术开发准备年金,并可将其计入成本。在提留期的 3 年内,可用于技术开发、技术培训、技术革新及研究设施等方面。3 年期满,未使用完的技术开发准备金额度不得计入成本,而将其计入企业所得额范畴,缴纳企业所得税,缴纳时按年利率 10.95%—14.6% 加收该税金的利息。参见杨志安《韩国技术创新的税收政策及启示》,《税务研究》2004 年第 1 期,第 224 页。

与技术进步等。鼓励、支持行业领军企业、骨干企业通过国内外兼并收购方式加快做大做强。大力支持产供用协同及军民融合创新，组织装备制造业、原材料产业相关企业及用户（包括消费品工业用户）联合实施"破制约、补短板、攻高端"工程，加快掌握关键核心技术及相关知识产权。大力发展质量控制技术和设备①，大幅提高产品稳定性、一致性和可靠性。总结推广消费品工业品牌创新成功经验，培育装备制造业、原材料产业知名品牌。

最后，以举国之力为后盾，充分发挥我国政治优势、制度优势和市场机制的优势，采取产学研合作、产供用协同、军民融合等一切可用、可能的途径和方式，大力推动重点战略性新兴产业逐步迈向中高端。紧紧围绕突破"核心、高端、基础、关键"技术与设备需要，大力引进、培养、培训高素质人才，加快自主可控高端 CAX 软件与系统研发，大力支持成立以大型国有企业②牵头、有条件的民营企业参与、相关高校和科研院所鼎力辅助、用户和供应商代表协同配合的产业技术创新战略联盟，全力开展技术攻关。加强国际经济技术交流与合作，加大海外并购力度，充分整合利用全球创新资源。鼓励和支持

---

① 为克服20世纪50年代产品质量不足的问题，日本通过反求工程对造成质量缺陷的所有可能来源进行系统检查，极大地发展了"质量控制不单出现在生产环节的末端，而且贯穿于整个生产流程"的质量控制技术，并发明创造了用于质量控制的仪器设备。参见克里斯托夫·弗里曼《技术政策与经济绩效：日本国家创新系统的经验》，东南大学出版社2008年版，第29—30页。

② 针对小企业比大企业更具有创新性的观点，发明了"摩尔定律"的戈登·摩尔认为："但需要注意，区分利用和创造是重要的。人们经常说，新创企业（start-ups）能更好地创造新东西。事实上它们不能。它们只是能更好地利用新东西。成功的新创企业几乎总是开始于在大公司的研发组织中成熟的想法。如果失去大企业或大企业的研发组织，新创企业也就消失了"。参见 Gordon E. Moore "Some Personal Perspectives on Research in the Semiconductor Industry." In Richard S. Rosenbloom and William J. Spencer, eds., *Engines of Innovation: U. S. Industrial Research at the End of an Era* (Boston: Harvard Business School Press, 1996), p. 171。鉴于推动战略性新兴产业迈向中高端是未来一段时期我国十分重要的国家战略，具有难度高、投资大、周期长等特点，同时鉴于民营企业牵头开展产学研合作存在短时间内难以绕开的体制机制障碍，也存在资金不足等障碍，而大型国有企业具有民营企业无可比拟的人才、资金和管理等优势，具有不以利润最大化为目的的社会功能，与高校、科研院所和国防军工单位合作创新不存在体制障碍，吸引国内外高端人才也更容易，总之，更便于承载举国之力进行技术攻关，因此这一重任非大型国有企业担当不可。

中小微企业积极进入相关产业链、产业群创新发展。

（四）统筹兼顾，努力构建协同一体化政策体系

首先，努力消除干扰因素。加快破除地方保护主义，加快建立优胜劣汰的市场机制，加快淘汰落后产能。加快改变法院地方化、行政化现象，强化法院独立性和司法公正。加强市场监管，严厉打击低质低价恶意竞争，防止劣币驱逐良币。加大遗产税、赠与税征收预期并适时开征，扭转大量资金"脱实入虚"的现象。

其次，尽力理顺抵触性政策。革除部门利益高于国家利益的弊病，推动科技政策、产业政策、投资政策、财税政策、金融政策、贸易政策、价格政策、消费政策、人才政策、国防政策等紧紧围绕推动产业迈向中高端拧成一股绳，提高政策协同性和融合度，避免锣齐鼓不齐。彻底纠正对民营企业的歧视性制度和对外商投资企业的超国民待遇，加快建立产业安全预警机制，加强对内资行业龙头企业的指导、保护和支持，防止外资垄断性并购。

再次，进一步强化、优化关键政策。优化财政资金支持方式，在保证财政资金投入稳定增长的前提下，逐步以大力度、间接性支持为主，例如以支持高端 CAX 软件与系统的开发和市场应用为主，加大风险补偿、担保补助、过桥周转服务、统借统还等系统措施力度，切实发挥"四两拨千斤"的作用，有效撬动社会资本和金融资本积极投入各类技术创新。优化税收支持方式，在落实既有税收优惠政策的基础上，大力推行企业技术创新准备金制度，允许企业按销售收入的一定比例提留技术创新准备年金并计入成本，3 年内用于技术开发、技术培训、技术革新、研究设施及品牌建设，3 年期满将未使用完的技术开发准备金额度计入企业所得额范畴，缴纳企业所得税并加收该税金的利息。强化金融支持力度，在充分发挥现有银行、股市、债市、私募股权投资（PE）、风险投资（VC）等大力支持各类型、各阶段自主创新的基础上，推动科技银行发展，鼓励发展民营中小银行。引导、鼓励和支持内资企业跨省市合理并购，加快提高产业集中度；支持有条件的企业实施海外并购，加快培育创新型大企业集团。通过增加国外贷款、在国外发行债券等途径平衡利用外资方式，逐步减少外商直接投资在引资总额中的比重。

最后,加快落实并进一步深化相关体制机制改革。加快落实科研体制①、教育体制②和人才体制③等体制机制改革④,培养造就一大批技术研发人才和知识型人才,促进人才的合理流动,以举国之力突破支撑重点产业和主要产业迈向中高端的关键技术。进一步深化国有企业改革,建立健全国有企业管理层从国家全局和企业长远发展角度谋划、实施技术创新的内在动力机制。进一步深化金融体制改革,根治金融机构牺牲国家全局和长远利益来追求自身盈利最大化的弊病。进一步强化知识产权保护,加快完善行政执法和司法保护两条途径优势互补、有机衔接的知识产权保护模式。加快推进军民融合。从根本上保护民营企业和企业家的财产权。充分发挥行业协会的行业自律与桥梁、纽带作用。加快发展互联网+研发设计和互联网+远程运维等新模式。改进技术创新政策实施机制,在保障政策稳定性、连续性的同时,狠抓落实;建立第三方权威机构跟踪评估机制,政策实行3年后

---

① 2015年9月,中共中央办公厅、国务院办公厅印发《深化科技体制改革实施方案》,提出"坚持把破解制约创新驱动发展的体制机制障碍作为着力点,找准突破口,增强针对性,在重要领域和关键环节取得决定性进展,提高改革的质量和效益",强调"建立技术创新市场导向机制"、"构建更加高效的科研体系"、"改革人才培养、评价和激励机制"、"健全促进科技成果转化的机制"、"建立健全科技和金融结合机制"、"构建统筹协调的创新治理机制"、"推动形成深度融合的开放创新局面"、"营造激励创新的良好生态"、"推动区域创新改革"。

② 2010年10月,国务院办公厅印发《关于开展国家教育体制改革试点的通知》(国办发〔2010〕48号),提出"改革人才培养模式,提高高等教育人才培养质量"、"建设高等教育优质资源共享平台,构建高校产学研联盟长效机制"等目标和举措。

③ 2016年3月,中共中央印发《关于深化人才发展体制机制改革的意见》,提出"人才是经济社会发展的第一资源",要求"健全人才评价、流动、激励机制,最大限度激发和释放人才创新创造创业活力,使人才各尽其能、各展其长、各得其所,让人才价值得到充分尊重和实现",强调"打破户籍、地域、身份、学历、人事关系等制约,促进人才资源合理流动、有效配置"等。

④ 2015年3月,中共中央国务院发布了《关于深化体制机制改革 加快实施创新驱动发展战略的若干意见》,深入、全面地提出坚持需求导向、人才为先、遵循规律、全面创新,营造激励创新的公平竞争环境,建立技术创新市场导向机制,强化金融创新的功能,完善成果转化激励政策,构建更加高效的科研体系,创新培养、用好和吸引人才机制,推动形成深度融合的开放创新局面,加强创新政策统筹协调等。这为推动产业迈向中高端的技术创新政策扫清了障碍、指明了方向。

对实施状况进行检查①,根据发现的问题和变化了的实际情况适时进行动态调整。

(执笔人:曾智泽)

参考文献

1. [日]纲川菊美:《日本的技术能力——其水平与开发能力》,[日]《社会科学研究》1989年第1期。
2. 《国务院新闻办举行国务院政策例行吹风会,李萌副部长介绍中国创新成就与未来五年部署有关情况》,载2016年7月22日科技部网站:http://www.most.gov.cn/xinwzx/xwzx/twzb/zgcxcjwlwn/index.htm。
3. 白玲、徐曌:《中低技术产业技术创新研究》,南开大学出版社2013年版。
4. 陈慧琴:《技术引进与技术进步研究》,经济管理出版社1997年版。
5. 陈佳贵等:《中国工业化进程报告》(1995—2010),社会科学文献出版社2012年版。
6. 陈劲、王飞绒:《创新政策:多国比较和发展框架》,浙江大学出版社2005年版。
7. 陈劲等:《科学、技术与创新政策》,科学出版社2013年版。
8. 陈清泰:《走出"世界工厂"误区》,《瞭望》2007年第29期。
9. 程华:《中国技术创新政策演变、测量与绩效实证研究:基于政策工具的研究》,经济科学出版社2014年。
10. 戴翔:《中国攀升全球价值链:实现机制与战略调整》人民出版社2016年版。
11. 丁跃进:《日韩民营企业发展的历史比较及其启示》,《改革与战略》2008年第3期。
12. 杜琼:《中国参与产品内国际分工特征、效应及升级思路》,中国金

---

① 日本政府2001年制定了《关于行政机关实施政策评价的法律(评价法)》,规定"政府应在法律实行3年后对实施状况进行检查,根据结果采取必要的措施"(转引自吴松,2007)。

融出版社 2014 年版。
13. 傅家骥：《技术创新学》，清华大学出版社 1998 年版。
14. 傅家骥、高建：《中国企业技术创新的关键问题——1051 家企业技术创新调查分析》，《中外科技政策与管理》1996 年版。
15. 辜胜阻、刘传江：《技术创新与产业结构高度化》，《武汉大学学报》（哲学社会科学版）1998 年第 6 期。
16. 郭铁成：《关于新产业革命的三个基本观点》，《中国科学报》2016 年 3 月 28 日。
17. 郭忠、赵美、赵金堂：《发挥 CAE 在制造企业中的作用》，《企业导报》2011 年第 4 期。
18. 国家科技基础条件平台中心：《国家科技基础条件平台发展报告》（2011—2012），科学技术文献出版社 2013 年版。
19. 国家统计局：《2014 年全国企业创新调查统计资料》，中国统计出版社 2016 年版。
20. 国家统计局、科学技术部：《2015 中国科技统计年鉴》，中国统计出版社 2015 年版。
21. 国家信息中心宏观经济形势课题组：《中国制造业成本国际比较及降成本六大建议》，中国证券报·中证网，2016 年 2 月 29 日。
22. 何维达、何昌：《当前中国三大产业安全的初步估算》，《中国工业经济》2002 年第 2 期。
23. 洪银兴：《产业化创新及其驱动产业结构转向中高端的机制研究》，《经济理论与经济管理》2015 年第 11 期。
24. 洪雨：《日本如何推进产业转型升级》，《政策瞭望》2008 年第 3 期。
25. 贾根良：《第三次工业革命带来了什么》，《求是》2013 年第 6 期。
26. 贾根良、秦升：《中国"高技术不高"悖论的成因与政策建议》，《当代经济研究》2009 年第 5 期。
27. 教育部财务司、合肥工业大学：《教育部直属高校校办企业发展报告 2013》，合肥工业大学出版社 2015 年版。
28. 揭筱纹等：《推动我国传统产业向中高端发展的驱动机制》，《中国科技信息》2015 年第 22 期。

29. 金碚：《大国筋骨——中国工业化 65 年历程与思考》，南方出版传媒、广东经济出版社 2015 年版。

30. 金碚：《全球竞争格局变化与中国产业发展》，《经济管理出版社》2013 年版。

31. 金碚、刘戒骄、刘吉超、卢文波：《中国国有企业发展道路》，经济管理出版社 2013 年版。

32. 金碚、张其仔：《全球产业演进与中国竞争优势》，经济管理出版社 2014 年版。

33. 科技部政策法规司编译：《韩国科技法规选编》，中国农业科学技术出版社 2010 年版。

34. 科学技术部编写组：《技术创新方法国际比较与案例研究》，科学出版社 2011 年版。

35. ［美］克里斯托夫·弗里曼：《技术政策与经济绩效：日本国家创新系统的经验》，张宇轩译，东南大学出版社 2008 年版。

36. 赖红清、曹宗平：《传统产业升级发展路径的选择——以佛山陶瓷产业为例》，《经济论坛》2015 年第 7 期。

37. 兰芳、覃波、梁艳娟：《产品创新工具——CAI 技术研究》，《装备制造技术》2008 年第 4 期。

38. 雷家骕、洪军：《技术创新管理》，机械工业出版社 2013 年版。

39. 雷家骕、林苞、王艺霖：《多重复杂背景下中国经济安全问题》，机械工业出版社 2012 年版。

40. 李建平、李闽榕、赵新立、周天勇：《二十国集团（G20）国家创新竞争力发展报告（2015—2016）》，社会科学文献出版社 2016 年版。

41. 李建强等：《创新视阈下的高校技术转移》，上海交通大学出版社 2013 年版。

42. 李宽、王会利：《美国、日本和中国技术引进与创新的比较》，《经济管理》2004 年第 3 期。

43. 李孟刚：《中国产业安全指数研究》，中国社会科学出版社 2016

年版。

44. 李孟刚：《中国产业外资控制报告（2011—2012）》，社会科学文献出版社 2012 年版。
45. 李平：《R&D 资源约束下中国自主创新能力提升的路径选择》，人民出版社 2011 年版。
46. 李世超、蔺楠：《我国产学研合作政策的变迁分析与思考》，《科学学与科学技术管理》2011 年第 1 期。
47. 连燕华：《关于技术创新政策体系的思考》，《科学学与科学技术管理》1999 年第 4 期。
48. 梁晓琴：《创新转型背景下大中型工业企业的创新主体地位研究》，《科学学与科学技术管理》2013 年第 12 页。
49. 林苞、雷家骕：《科学、技术与产业创新》，清华大学出版社 2016 年版。
50. 林岳等：《技术创新实施方法论（DAOV）》，中国科学技术出版社 2009 年版。
51. 刘世锦等：《通过体制改革和政策调整为创新提供动力》，载张玉台、刘世锦《激励创新：政策选择和案例研究》，知识产权出版社 2008 年版。
52. 刘舒、杨宏、杨武：《日本技术创新模式与政策的变化》，《电子科技大学学报》1997 年第 26 期。
53. 刘振武、方朝亮等：《大型企业技术创新能力提升之道——中国石油集团公司的实践》，石油工业出版社 2014 年版。
54. 刘志彪：《经济全球化与中国产业发展》，译林出版社 2016 年版。
55. 刘志彪：《全球价值链中我国外向型经济战略的提升——以长三角地区为例》，《中国经济问题》2007 年第 1 期。
56. 刘志彪：《在中高速增长中，使产业发展迈向中高端水平》，《新华日报》2015 年 11 月 3 日。
57. 柳卸林：《技术创新经济学》，中国经济出版社 1993 年版。
58. 卢锐、杨忠：《制度视野中的技术创新政策研究》，《中国软科学》2004 年第 10 期。

59. 路风：《走向自主创新：寻求中国力量的源泉》，广西师范大学出版社 2006 年版。
60. 吕政：《工业技术创新体制与政策分析》，《吉林大学社会科学学报》2005 年第 2 期。
61. 罗伟、连燕华、方新：《技术创新与政府政策》，人民出版社 1996 年版。
62. 罗文：《2014—2015 年中国集成电路产业发展蓝皮书》，人民出版社 2015 年版。
63. 罗文、孙星、何颖等：《技术对外依存与创新战略》，科学出版社 2013 年版。
64. 马理、吴金光：《政府采购与企业自主创新》，经济管理出版社 2012 年版。
65. ［日］内野达郎：《战后日本经济史》，赵毅等译，新华出版社 1982 年版。
66. 倪庆东：《建立科技创新融资风险补偿机制》，《人民日报》2013 年 9 月 26 日。
67. 牛占文、徐燕申、林岳、肖学福：《基于 CAI 的产品创新关键技术及应用研究》，《天津大学学报》2003 年第 6 期。
68. 彭富国：《中国地方技术创新政策效果分析》，《研究与发展管理》2003 年第 3 期。
69. 彭纪生、刘伯军：《技术创新理论探源及本质界定》，《科技进步与对策》2002 年第 12 期。
70. 彭纪生、孙文祥、仲为国：《从引进到创新：中国技术政策演进、协同与绩效研究》，经济科学出版社 2007 年版。
71. 彭玉冰、白国红：《谈企业技术创新与政府行为》，《经济问题》1999 年第 7 期。
72. 邱均平、赵蓉英、王嵩：《世界一流大学与科研机构竞争力评价研究报告》，科学出版社 2014 年版。
73. 沈木珠、徐升权：《促进技术创新的政府采购政策研究》，《中国政府采购》2006 年第 1 期。

74. 沈正岩：《产业转型升级的"韩国经验"》，《政策瞭望》2008 年第 3 期。

75. 史晓凌、高艳、张广海：《TRIZ 理论及 CAI 技术——技术创新的利器》，《中国农村科技》2012 年第 4 期。

76. 宋显珠：《2014—2015 年中国原材料工业发展蓝皮书》，人民出版社 2015 年版。

77. 孙婧：《企业吸收能力与技术创新关系实证研究》，经济管理出版社 2014 年版。

78. 孙萍、陈凡：《日本"吸收型"技术创新模式的再思考》，《东北大学学报》（社会科学版）2003 年第 6 期。

79. 孙文杰：《外资研发与中国企业技术创新能力：理论与实证研究》，经济科学出版社 2011 年版。

80. 涂颖清：《全球价值链视野下我国制造业升级研究》，江西人民出版社 2015 年版。

81. 王斌：《技术创新、经济增长与产业结构升级》，《北京机械工业学院学报》1999 年第 4 期。

82. 王春法：《技术创新政策：理论基础与工具选择》，经济科学出版社 1998 年版。

83. 王俊秀：《我国制造业长期处于全球价值链的中低端》，《中国青年报》2011 年 12 月 8 日。

84. 王鹏：《2014—2015 中国工业技术创新发展蓝皮书》，人民出版社 2015 年版。

85. 王苏生、孔昭昆、黄建宏、李晓丹：《跨国公司并购对我国装备制造业产业安全影响的研究》，《中国软科学》2008 年第 7 期。

86. 王一鸣：《以创新推动产业向中高端水平发展》，《经济体制改革》2015 年第 1 期。

87. 王岳平：《产业技术升级与产业结构调整关系研究》，《知识经济》2005 年第 4 期。

88. 邬琼：《我国全要素生产率的测算及分解》，《中国物价》2016 年第 3 期。

89. 吴林海、范从来、彭纪生：《中国技术模仿创新问题新思路》，《江苏科技信息》2002年第6期。
90. 吴松：《日本政府政策评价制度与科技政策绩效评价浅析》，《全球科技经济瞭望》2007年第7期。
91. 《OECD中国创新政策研究报告》，薛澜等译，科学出版社2011年版。
92. 薛澜、周源、李应博：《战略性新兴产业创新规律与产业政策研究》，科学出版社2015年版。
93. 杨志安：《韩国技术创新的税收政策及启示》，《税务研究》2004年第1期。
94. 姚静洁：《我国企业技术创新政策的特征和实施效果分析》，硕士学位论文，东南大学，2005年。
95. 易先忠：《后发不均质大国技术创新能力提升模式与政策机制研究》，格致出版社、上海人民出版社2013年版。
96. 于守华、穆荣平：《政策环境研究报告》，中国经济出版社2011年版。
97. 余东华、胡亚男、吕逸楠：《新工业革命背景下"中国制造2025"的技术创新路径和产业选择研究》，《天津社会科学》2015年第4期。
98. 余东华、王青：《行政性垄断与区域自主创新能力——基于中国省域面板数据的分析》，《软科学》2009年第8期。
99. 余志良、谢洪明：《技术创新政策理论的研究评述》，《科学管理研究》2003年第6期。
100. ［美］约瑟夫·阿洛伊斯·熊彼特：《经济发展理论》，江西教育出版社2014年版。
101. 张承友：《国外科技政策的发展与变化》，《科学学研究》1998年第6期。
102. 张赤东：《中国企业技术创新主体地位评价——基于LVS框架的企业创新驱动力实证研究》，知识产权出版社2016年版。
103. 张慧君、顾梦佳：《让创新成为引领发展的第一动力》，《学习时报》2016 年 2 月 15 日。

104. 张黎夫、姜琼:《技术创新新特征发微》,《荆州师范学院学报》1999 年第 3 期。

105. 张明龙:《从引进技术走向自主创新——韩国科技创新路径研究》,《科技管理研究》2008 年第 7 期。

106. 张平:《全球价值链分工与中国制造业成长》,经济管理出版社 2014 年版。

107. 张文彬、王毅:《我国重点工业企业技术创新能力建设的问题与对策》,《技术经济》2011 年第 5 期。

108. 张文强:《中国产业技术创新与产学研结合的理论与实践》,中国社会科学出版社 2013 年版。

109. 张雄辉:《日本技术引进的经验及对中国的启示》,《现代商业》2011 年第 8 期。

110. 中国工程科技发展战略研究院:《2016 中国战略性新兴产业发展报告》,科学出版社 2016 年版。

111. 中国社会科学院工业经济研究所:《中国工业发展报告(2014)——全面深化改革背景下的中国工业》,经济管理出版社 2014 年版。

112. 钟万勰、陆仲绩:《CAE:事关国家竞争力和国家安全的战略技术——关于发展我国 CAE 软件产业的思考》,《战略与决策研究》2007 年第 2 期。

113. 周叔莲、王伟光:《科技创新与产业结构优化升级》,《管理世界》2001 年第 5 期。

114. 朱金生:《技术创新与产业结构升级》,《科技管理研究》1999 年第 4 期。

115. Albert O. Hirschman, *The Strategy of Economic Development*. New Haven: Yale University Press, 1958.

116. C. Pietrobelli, R. Rabellotti, Upgrading in Clusters and Value Chains in Latin America: The Role of Policies. Washington, D. C., Inter – American Development Bank, *Working Paper*, 2004.

117. Gordon E. Moore, "Some personal perspectives on research in the semi-conductor industry." In Richard S. Rosenbloom and William J. Spencer, eds., *Engines of Innovation: U. S. Industrial Research at the End of an Era*, Boston: Harvard Business School Press, 1996.

118. Henderson, Rebecca, and Kim Clark. Architectural Innova – tion: The Recon figuring of Existing Technologies and the Failure of Established Firms. *Administrative Science Quarterly*, 1990, 35.

119. Kenneth J. Arrow, The Economic Implicat ions of Learning By Doing. *Review of Economic Studies*, 1962;

120. Rothwell R., Public Innovation Policy: To Have or to Have not? *R&D Management*, 1986, 16 (1).

第七章 战略性新兴产业技术创新瓶颈与政策需求调查研究

——基于30个省市区调查问卷与部分地区实地调研的分析

摘要：过去5年间，国家围绕培育发展战略性新兴产业颁布实施的大量技术创新政策，极大程度提升了产业技术创新能力，也存在力度不足、条块分割、落实不够等问题，亟须改进。基于重点行业、企业调研和问卷调查，未来一段时期，为进一步发挥战略性新兴产业引领带动产业迈向中高端的作用，应加大核心关键技术攻关力度，尝试新的政策工具和扶持手段方法，加快改革体制机制环境，加大力度培养和引进人才，确保各项政策落实到位。

关键词：战略性新兴产业；技术创新；政策

"十二五"以来，战略性新兴产业若干重点领域关键技术取得重大突破，产业技术创新能力显著提升，在引领产业迈向中高端、带动经济社会可持续发展方面正在发挥越来越重要的作用。但与国际领先水平相比，技术能力整体偏弱、部分领域核心共性技术缺失的情况仍然存在，现有技术创新政策缺位、越位、不到位的问题时有发生。针对有关情况，课题组先后走访了北京、武汉、深圳、青岛等地信息、高端装备、生物、新材料、新能源等行业40余家企业，借助国家信息中心战略性新兴产业重点企业跟踪平台，向全国30余个省市区发放问卷千余份，共回收有效问卷700余份。现将有关情况整理如下。

一 战略性新兴产业技术创新的成就、问题与制约

经过过去一段时期的发展，我国战略性新兴产业若干重点领域关键技术研发取得突破性进展，支撑产业发展的人才、资金储备进一步夯实，引领带动产业迈向中高端的作用日益显现。但是，也暴露出产业创新能力不强、国际影响力不够等问题。在当前新技术新模式蓬勃涌现、新兴产业发展日新月异的大背景下，一些重点领域面临着与主要发达国家差距可能进一步拉大的挑战。

（一）若干重点领域关键技术取得重大突破

从调研反馈的情况看，战略性新兴产业若干重点领域的关键核心技术取得重大突破，这是表征产业处于全球价值链分工中高端环节的重要标志。例如，新一代信息技术领域，TD-LTE-Advanced 被国际电信联盟确定为第四代移动通信国际标准，自主开发的核心信息安全芯片实现技术突破并用于国产千万亿次高性能计算机和移动智能终端产品的批量生产。生物产业领域，基因组测序平台依托华大基因研究院、北京基因研究所、国家人类基因组南方研究中心、上海生物芯片工程中心等基地稳步运行，基因测序能力进入世界前列；小麦杂川麦59、水稻辽优9906、棉花中棉所86、玉米龙单62等大批优势杂交新品种培育成功，增产幅度在15%以上。高端装备制造领域，轨道交通装备国产化率超过80%，构建了CTCS列控系统技术体系；高速铁路技术和产品达到世界领先水平，城际铁路技术日趋完善，城轨交通等新技术持续推出应用；C919大型客机总装下线，获得517架订单；北斗导航应用完成关键技术突破，在交通运输、海洋渔业、水温监测、通信授时、电力调度和减灾救灾等领域推广应用；深海资源探测开发装备领域实现深海载人潜水器（HOV）技术的重大突破，自主研制的"蛟龙"号最大下潜深度达7062米；高端数控机床领域的高档数控系统等装备研发和产业化取得重要突破，大批供应空天、核电、

造船等行业的高端装备打破国外封锁禁运，若干产品开始进入国际市场。

（二）支撑产业迈向中高端的知识、人才、资金等创新资源储备不断增强

"十二五"时期，与战略性新兴产业相关的各类技术、人才、资金储备不断充实，为产业加快发展奠定了坚实的基础。统计数据显示，医药制造业、航空航天器及设备制造业、电子及通信设备制造业、计算机及办公设备制造业、医疗仪器设备及仪器仪表制造业等行业研发人员、经费支出、新产品收入、有效发明专利数等指标均显著提升。2014年，上述行业大中型企业研发人员折合全时当量达到57.2万人年，较2010年增加43.4%；研发经费内部支出达到1922亿元，较2010年将近翻一番；新产品开发经费支出为2350亿元，较2010年增长133.4%；新产品销售收入为3.28万亿元，是2010年的一倍；有效发明专利数达到14.79万件，是2010年的近三倍。"十二五"期间，围绕战略性新兴产业重点领域组建的国家工程技术研究中心超过200家，设在企业的国家重点实验室超过70个；通过在"千人计划""万人计划""创新人才推进计划"中增设新材料、先进制造、信息、能源、资源和环境等战略性新兴产业研究方向，成功吸引了大批优秀海内外人才助力产业发展。此外，国家先后设立战略性新兴产业发展专项资金、国家新兴产业创业投资引导基金，与地方政府各类战略性新兴产业发展引导资金相辅相成，在引导社会、民间资本参与产业创新创业方面发挥了巨大作用。

（三）核心竞争力不强、创新实力偏弱等问题仍然存在

从问卷反馈和实地调研情况看，尽管我国战略性新兴产业若干领域技术进步成效显著，但总体看，核心技术缺失、共性技术水平低下所导致的产业创新实力弱、核心竞争力不强等问题仍然是产业发展的"瓶颈"。例如，长期困扰信息技术产业的"缺心少肺"问题，尽管以"龙芯"系列产品为代表的国产CPU发展取得了一些进步，但与发达国家相比仍存在很大差距。据业内人士介绍，目前国产CPU性能只有世界先进水平的1/5－1/10，相当于奔腾3和奔腾4的水平，约为英特尔公司2000年左右的水平，国内市场占有率不足5%。再如，云计算技术是新一代的信息技术，但是与传统信息技术有一定的相关性和连续性，由于我国软件、互联网等产业核心关键技术长期以来受制于人，未来云计算产业的发展很可能再次陷入被动。再比如，发达国家正借助转基因育种技术更新换代契机抢占世界种业市场，育种研发和产业化进展日新月异。我国虽然在转基因抗虫水稻、棉花和转植酸酶基因玉米研究上处于国际领先水平，但在转基因复合性状研究方面与跨国公司差距明显，多因素导致的产业化滞后又使得国内外技术差距进一步拉大。究其原因，除个别行业面临舆论压力、体制机制约束等特殊原因之外，共性原因主要包括原创性的技术储备弱、人才积累不足以及资金支持不够等。据问卷反馈结果，战略性新兴产业领域重点企业技术研发方面的主要困难排序依次为："缺乏核心人才"，"资金不足"，"政策扶持不够"；制约企业加大创新投入的因素排序情况依次为："缺人才""缺资金""缺技术来源"。

二　战略性新兴产业技术创新政策需求调查

战略性新兴产业的蓬勃发展与过去一段时间社会各界、各级政府和有关部门的高度重视密不可分。从问卷以及与企业座谈了解的情况看，相关领域企业对大量扶持政策给予企业创新发展的成效予以高度评价，对政策实施中遇到的问题也进行了充分的反馈，并就下一步如何改进提出了一些建议。

（一）"十二五"时期技术创新政策特点

过去5年，我国围绕培育发展战略性新兴产业出台了大量技术创新政策，极大程度提升了产业技术创新能力。据国家信息中心2016年上半年对千余家战略性新兴产业典型企业的开放式调查问卷反馈，有13.4%的企业将技术创新政策作为企业的主要政策需求，在所有政策类型中排名第三，可见对技术创新扶持政策的需求意向依然十分强烈。具体从政策发布数量看，围绕战略性新兴产业出台的各类政策已经成为国家及地方产业政策的重要核心内容。从政策出台方式看，有以国家或地方的产业综合以及专项规划形式发布的，也有以人才、财税、金融、科技等各类专项文件、政策形式发布的。从政策内容特点看，与"十二五"时期以前国家扶持高技术产业发展的技术创新政策相比，当前扶持战略性新兴产业发展的政策既强调补技术、资金、人才方面的"短板"，也强调针对不同行业技术创新过程中遇到的问题和制约给予体制机制改革的先行先试；既着眼于近中期产业发展迫切需要培育市场、突破核心技术攻关等，也着眼于远期产业发展面临的国际竞争合作变化趋势，强调加强跨国研发合作以及更好利用国外创新资源等。值得注意的是，与以往国家扶持高技术产业发展更侧重于利用供给型政策工具的特点相比，扶持战略性新兴产业技术创新的政策更注重利用需求型和环境型政策工具。

（二）现有技术创新政策问题调查

调查中，企业也积极反映了国家支持企业创新政策中存在的问题，主要包括四个方面。一是已有的支持创新政策落实不到位。如研发费用加计扣除政策明确鼓励企业加大研发投入，但是在实际执行方式上，很多区域要求企业先报年度计划且在执行中不能进行修订，严重脱离企业创新需求实际；部分区域审核手续繁杂，要求严格，导致大量中小微企业畏难而退，无法享受到政策优惠。二是不够重视产学研结合发展。如科技创新计划实施往往更多偏向高校和科研院所而非产业实体，产业界在国家科技体系中的话语权不强。又如财政资金支持的科技成果缺乏转化要求，科技成果产权界定不清，科研人员难有动力推动成果实现产业化。三是部分产业领域长期存在对创新型产品与服务监管的模糊地带。如山东珅诺基药业、昆明龙津药业等众多企业在创新型药物和医疗器械上市申请过程中，长期存在审批时间长度完全无法确定的问题，导致企业无法安排产品的研发、生产与销售周期，大幅增加企业创新成本，挫伤企业创新积极性。又如在网络视频领域，牌照要求并不明确，大批企业创新行走在法规边缘，难以明确知晓企业是否合规。四是利于企业提升创新能力的产业环境尚未形成。知识产权严格保护，创新要素跨境流动便利等创新所需基本环境距离企业要求尚有较大差距。如深圳大疆、纳恩博等企业均在本产品领域具备全球领先的底层知识产权储备，但同时仍要面临国内存在大量非法仿制产品在售的情况。又如科信美德等原始创新密集企业在进口国内无法生产的新型原料时由于国内管理机构尚无相关分类，就不得不面对手续繁复，等待时间长等诸多问题，严重影响企业正常经营。

（三）改进技术创新政策的建议

在调查中企业从自身需求出发，针对提升产业技术创新能力也提出了众多的政策建议，可以归结为四个方面，一是强调优惠政策及时落实。大唐风力发电，山东亿兆能源等一大批新能源运营企业普遍反映新能源补贴拖欠，已经严重影响企业运营。此外其他众多企业也反映享受过的各类补贴往往存在到位时间不确定的问题。二是加大科技研发投入，尤其是加大研发投入向企业倾斜的比例。哈药集团生物疫苗有限公司、大连华信计算机技术股份有限公司等众多企业均表示，当前企业自主创新成本高、风险大、收益不确定，企业很难对创新投入太大，希望通过政府资金的引导、补贴，加强企业对创新投入的决心。三是希望政策保持连贯，让企业形成稳定预期。如比亚迪汽车、少林客车、中信国安盟固利动力科技等新能源汽车上下游企业普遍提出，新能源汽车补贴政策多次调整，当前延续情况也不明朗，由于新能源汽车等创新型产品的市场开拓与补贴范围和力度密切相关，而产品的研发、生产和销售又需要较长周期安排。补贴政策的频繁调整与不确定将使企业无所适从，难以决策。四是企业希望政府加强引导，促进产业创新的国际联动。如山东鲁能智能技术等企业提出希望政府可以在人才引进、产品进口、项目管理等方面，提供创新资源跨境流动的便利条件。福建星网锐捷通讯、上海电气风电设备等企业希望政府可以加强人才引进、市场开拓、科研合作等方面的公共服务。

三 推动战略性新兴产业发展的技术创新政策建议

综上所述，未来一段时期，为进一步提升战略性新兴产业创新能力，激发对产业迈向中高端的引领带动作用，应围绕以下五个方面抓紧部署。

（一）持续加大核心关键技术攻关

战略性新兴产业的健康可持续发展主要依托于关键核心技术。从长远看，关键核心技术的研发只能依靠自主创新，而非技术引进和模仿。现阶段，我国的战略性新兴产业虽然在若干重点领域的关键技术上取得了重大突破，但仍然存在核心竞争力不强，创新实力偏弱等问题，面临着与发达国家差距进一步拉大的风险。政策层面，已有的政策多偏重于创新的外部环境营造，对更为具体的企业技术创新能力的提升支撑不足，难以满足企业诉求，没有对创新行为起到很好的激励作用。基于此，在政策制定中，应从激励企业创新行为、坚持产学研相结合、加快研发成果转化几个方面入手，加大攻关力度，提升战略性新兴产业的关键技术水平。具体来说，一是要建立以企业为主体的核心关键技术攻关体系，提升全行业的创新能力。支持企业建立研发机构，政府通过增加研发项目经费补贴、财税优惠等政策为企业的研发行为托底，减少企业对创新结果不确定性的顾虑。二是要打造全新的产学研用创新平台，为企业技术攻关提供财力和智力支持，加快技术创新成果转化。建立政府、企业和科研单位相结合的全新产学研创新平台，调动各方资源，形成"研发平台—科研团队—技术创新"的三重互动协同的技术创新模式，提升产业界在科研创新体系中的话语权，促进技术研发成果向现实生产力的转化。

（二）尝试新的工具和方法

新的技术创新管理工具和方法（如CAD、CAE、CAM、PDM等）能够使技术创新活动起到事半功倍的效果，提升技术创新效率。以

CAE（计算机辅助设计工程）技术为例，它在实现重大工程和工业产品计算分析、模拟仿真与优化设计方面有重要作用，在国际上已经普遍应用于航空航天、机械、汽车船舶制造等高技术产业领域。从发达国家的应用情况看，CAE 等技术从创新活动的概念设计阶段就开始介入，并跨越整个创新和设计周期，从而改变了整个研发程序，对缩短新产品研发周期、提升产品可靠性、降低产品成本具有显著作用。但现阶段，此类创新管理新工具和方法在我国企业中的应用普及程度不高，90% 以上的国内用户使用的是国外的 CAE 软件，且在技术创新中的应用多停留于较低的流程应用层次。究其原因，除了技术和人才方面的制约外，还有企业观念和资金方面的问题。为此，在国家层面应建立 CAE 等软件工程应用和研究中心，整合全国技术和软件资源，构筑理论研究、软件开发和技术推广的资源共享平台，并积极鼓励战略性新兴产业的企业尝试使用此类新工具和新方法，通过对企业进行资金补贴、组织相关人员进行技术培训等方式，对新的技术创新管理工具和方法的全面应用起到宣传和推广作用。

（三）建立健全体制机制环境

良好的机制体制环境，是战略性新兴产业实现赶超和创新的关键，对产业升级和技术进步具有决定性作用。现有的技术创新政策，存在缺位、越位和不到位的问题，应进一步健全和完善，为产业发展营造有利环境。在财税扶持方面，要创新支持模式，形成普惠性为主、辅之以差异化的政策支持模式。建立稳定的财政投入增长机制，增加战略性新兴产业研发专项基金投入，对战略性新兴产业技术创新急需的投融资给予普惠性税率优惠；同时，针对不同行业的具体情况，根据不同产业的发展阶段和研发需求，区别对待，设计和实施差异化的税收政策，建立健全对研发环节的税收优惠减免政策和针对自主研发产品的政府采购制度，适应不同产业的发展需求。在金融支持方面，新技术的研发需要大量资金投入，应健全投资机制，建立包括风险投资、政策性贷款、场外交易、发行企业债等方式的多渠道融资机制，解决企业研发资金缺乏的问题。在市场环境营造方面，要推进知识产权管理体制机制改革，实行严格的知识产权保护制度。制定符合战略性新兴产业发展需要的知识产权战略，成立由政府、行业协会和企业组成的知识产权联盟，对企业知识产权及关键核心技术进行重点保护，加大对战略性新兴产业知识产权侵权行为的惩治力度和犯罪的打击力度。

（四）加快人才培养和引进

人才是战略性新兴产业技术创新的基础和重要保障。研发水平和效率的提高，离不开高素质的创新型人才。近年来，各类人才计划虽然已经吸引了大批海内外人才助力战略性新兴产业，但仍然不能满足产业发展的需求。根据调查问卷反馈，企业在研发中遇到的最大的困难和制约因素就是人才的缺乏。为此，应加快人才队伍建设，从培养、引进和留住三个方面入手，加快构建一支专业知识扎实、从业经验丰富、有科学钻研精神的专业领军人才队伍。同时，协调运用高等教育、职业培训、企业培养等途径，构建相互协作的多级培养体系，在创新实践中发现和培育人才，充实和壮大创新人才队伍，形成技术创新强有力的后备力量。此外，还应充分借鉴国外和跨国企业的留用人才机制，从户籍制度、税收减免、企业文化等方面入手吸引人才，优化和拓展人才队伍的发展空间。

（五）确保各项政策措施落实到位

政策的落脚点在于落实。通过对企业的调查问卷进行分析可以看到，现阶段针对战略性新兴产业的技术创新政策，存在重制定、轻落实，政策连贯性不够等问题。为此，应从政策的前期制定和后期考核评估两方面着手，确保各项政策能够真正落实到位。在政策前期制定方面，存在顶层设计和实施细则缺失两方面的问题。现有政策中，规划类和原则性条款过多，可操作性差，各部门各领域政策存在"条块分割"的现象。对此，一方面要加强顶层设计，对相关政策进行总体规划，增强政策的连贯性，强化政策间联系，形成明确一致的政策目标；另一方面，要增加相关的配套政策及实施细则，强化政策的针对性和可行性，尽量明确政策的具体期限、实施对象和反馈机制。在政策实施后，科学的评估机制和考核制度对政策落实具有明显的促进作用。要依据一定的评估标准和程序，采用科学的方法，对政策的执行过程、政策效果和所产生的影响进行评价,判断政策是否达到了预期目的。通过建立和完善这样的政策评估指标体系,将相关部门的政策落实纳入政绩考核体系,结合政策评估,适时对政策落实情况进行检查、监督和考核。同时引导地方政府建立和完善创新导向下的绩效评价制度,增强相关部门落实政策的动力和责任感,确保各项政策措施真正落实到位。

(执笔人:姜江)

参考文献

1. 易高峰、邹晓东:《面向战略性新兴产业的产学研用协同创新平台研究》,《高等工程教育研究》2015年第2期。
2. 中国工程科技发展战略研究院:《中国战略性新兴产业发展报告(2015)》,科学出版社2015年版。
3. 中国工程科技发展战略研究院:《中国战略性新兴产业发展报告(2016)》,科学出版社2016年版。
4. 钟万勰、陆仲绩:《CAE:事关国家竞争力和国家安全的战略技术——关于发展我国CAE软件产业的思考》,《中国科学院院刊》2007年第2期。
5. Rothwell R., Zegvold W., *Industrial Innovation and Public Policy, Preparing for the 1980s and the 1990s.* Frances Pinter, 1981.

第八章 我国装备制造业迈向中高端的技术创新瓶颈与政策需求调查研究

——基于《2014年全国企业创新调查统计资料》及青岛装备制造业的调研分析

摘要：总体来看我国装备制造业仍处于中低端发展水平，中低端产品严重过剩，高端产品供给不足，这主要由于创新能力薄弱，外商控制度高，服务化、智能化滞后等因素所致。突破这些障碍，关键要依靠技术创新，而我国装备制造业技术创新存在着诸多突出问题，如人才、成本制约严重，"产学研"效果不明显，过度重视机器设备购置及技术引进，技术创新工具应用不够，企业知识产权保护有待加强等。为此提出以下对策建议：优化技术创新资源配置，加大对产、供、用协同创新支持，提升产学研合作实效、完善技术创新政策、健全企业知识产权保护机制、加大技术创新工具推广应用。

关键词：装备制造业；中高端；技术创新

作为制造业的核心组成部分，装备制造业为消费品和原材料工业提供生产技术装备和生产工具，产业关联性大。推动装备制造业技术创新，能够带动其他产业迈向中高端。装备制造业的创新发展是实施《中国制造2025》、加快建设制造强国、构建我国产业新体系的核心依托，也是推动我国产业迈向中高端水平的关键环节。因此，为了全面系统分析研究我国装备制造业，笔者调研了青岛市装备制造业的技术创新态势，并结合我国装备制造业发展情况，分析当前我国装备制造技术创新瓶颈与政策需求，以期为制定推动我国产业迈向中高端的技术创新政策提供有益参考。

一 我国装备制造业迈向中高端的技术创新瓶颈

（一）发展的现状特征

1. 中低端产品产能过剩

我国装备制造业长期处于产业链的低端，"大而不强"的情况十分突出。装备制造业经过多年粗放式发展，生产规模不断加大，部分产品产能扩张较快，导致产出能力远大于市场需求。如受房地产和基建投资放缓影响，工程机械产品市场需求不振，导致产能严重过剩。根据英国工程机械咨询有限公司发布的数据显示，2015年中国挖掘机产能在53.8万台（非实际产出量）左右，而市场销量只有5.9万台；这不仅远超本土市场的需求，也大大超过了全球市场的需求。同样，受航运低迷、需求不足的影响，我国造船业国产设备装船率已下降到不足1/3，产能严重过剩[①]。据青岛特锐德电气公司反映，在国内市场电线电缆企业共有1万多家，产能严重过剩，导致企业竞相压价，产品质量参差不齐。

2. 高端产品供给不足

近年来，我国在高端装备自主化方面取得了一系列突破，从填补空白到赶超世界先进水平，在高铁、核电等一些细分领域已经居于世界领先地位，但总体来看，我国高端装备制造业供给仍然不足。高端装备的进口依赖性依旧很强，80%的集成电路芯片制造装备、70%的汽车制造关键设备、40%的大型石化装备以及绝大部分高端、精密的试验检测设备和数控机床控制系统仍依靠进口[②]。高技术装备及产品贸易逆差最为明显，如2014年智能机器人设备与日本的贸易逆差达

---

① 《造船业面临的问题只有产能过剩吗?》，《中国经济导报》2015年9月2日。
② 中国机械工业联合会：《机械工业"十三五"发展纲要及专项规划》，2016年3月。

到 8 亿美元，高端芯片主要依靠从美国进口①。在造船业领域，2016年韩国船企凭借技术优势，承接大量超大型集装箱船和油船订单，像 LNG 船这种技术难度高、新型环保的运输船，近年来订单一直增长较快，但是我国占有量却比较少②。在特高压、海底电缆等领域，国内产品基本空白。同样，更令人揪心的是，国内知名企业的专用设备或生产线多数为国外进口。如海尔企业负责人表示，其智能化工厂绝大多数关键核心设备都是从日本、德国等发达国家采购。尽管这是企业自身技术进步、提升产品质量的手段，但更从侧面反映出我国高端装备制造发展的不足。为提高产品质量，实现更新换代，采用国外更先进的设备，对于企业无可厚非；但对国家而言，如果所有工业品的转型升级都要依靠国外的设备来实现，其产业将会永远落后发达国家，也难以实现产业迈向中高端。

（二）迈向中高端面临的技术创新瓶颈

1. 创新资源投入不足

创新资源投入不足是制约我国装备制造技术创新、迈向中高端的突出问题，主要表现为研发经费投入不足、专业技术人才短缺等方面，严重影响了我国装备制造业突破关键核心技术，导致系统集成能力落后。2014 年通用设备制造业、专用设备制造业、汽车制造业、电气机械和器材制造业、仪器仪表制造业的 R&D 经费投入强度分别为 1.32%、1.55%、1.16%、1.38%、2.04%，远低于工业发达国家机械制造企业 3% 以上的 R&D 经费投入强度。一些领域从事创新研究的专业技术人才匮乏，尤其是高层次领军人才和跨领域复合型人才明显短缺，难以形成具备较强研发实力的创新团队③。同时，装备制造业高技能人才总量严重短缺、高技能工人比例较低、技术素质亟待提高

---

① 中智科博产业经济发展研究院：《突破瓶颈！我国高端装备制造业直面形势严峻的国际竞争！》，凤凰博客，2016 年 3 月 29 日。
② 《造船业深陷结构性产能过剩困局》，《经济参考报》2015 年 12 月 16 日。
③ 中国机械工业联合会：《机械工业"十三五"发展纲要及专项规划》，2016 年 3 月。

等问题十分突出①，专业技术人员和生产运输设备操作人员的青年从业人员比重的下降尤为突出②，这些都严重制约了装备制造业技术创新能力的提升。

2. 产业集中度低、知名品牌少

我国装备制造业产业集中度过低，缺乏品牌产品和国际知名企业。近年来，我国装备制造业企业开始在全球市场崭露头角，高铁、核电等产品已成为中国制造的"国际品牌"。但总体来看，我国装备制造无论是大行业还是子行业的产业集中度都处于较低的水平，大企业规模优势相对不明显③。与国际先进水平相比，我国装备制造业品牌建设依然相对滞后，品牌附加值低、竞争力弱等问题依然存在。在能源装备领域，我国缺少一些像 GE、ABB、西门子这样的大型国际化企业集团，进入全球 500 强的装备企业更是微乎其微。在汽车领域，我国已成为世界上最大的汽车生产国，但在世界知名汽车品牌中没有一个是中国的品牌。全球品牌汽车巨头与我国合资后，国内汽车组装替代了汽车制造，没有自主研发，成了合资外方的附庸。由于我国装备制造缺乏世界品牌，处于国际产业链的低端，只能依靠廉价的劳动力赚取微薄的生产利润，国际市场竞争力不高。

（三）瓶颈原因分析

1. 技术创新能力薄弱

关键核心技术开发能力薄弱。虽然我国在高端装备自主化方面取得了一系列突破，但由于核心技术体系缺失，80% 以上高端技术依靠从国外进口，在先进工业设备和技术等工业层面的应用方面相对发达国家差距较大。由于核心技术受制于人，我国拥有自主知识产权和自主品牌的技术和产品比较少，很多高端产品领域的核心技术并没有掌

---

① 吴红霞、刘遵峰、张春玲：《我国装备制造业高技能人才培养现状》，《合作经济与科技》2013 年第 20 期。

② 聂秀东：《2014 年我国装备制造业发展概况》，《中国装备制造业发展报告（2015）》，2015 年，第 54 页。

③ 马鑫：《我国装备制造业产业集中度实证分析》，《管理观察》2014 年第 26 期。

握。公共技术研究体系缺位，前瞻性和基础共性技术研究滞后于行业发展。产业技术基础薄弱，新材料制备、先进制造工艺固化、试验检测和工业性试验验证技术与装备等基础共性技术研究投入严重不足。行业公共技术服务供给严重不足，检测认证机构规模较小，布局结构分散，服务能力单一，缺少国际公认的检测认证机构。核心关键零部件发展滞后，核心零部件、关键基础材料严重制约主机向高端升级的问题没有得到解决。主机也面临空壳化发展，高端装备的元器件等也是依赖进口。高端装备所需材料中，有25%的材料完全空白，部分材料虽然关键技术已取得突破，但仍存在质量和稳定性较差、可靠性和合格率较低等问题，不能完全满足发展需求。高档数控系统、机器人用精密减速器95%以上依赖进口，高档汽车自动变速器、200km/h以上高铁齿轮箱、高档传感器几乎100%依赖进口[①]。

2. 外商竞争优势突出

从装备制造企业不同所有制情况来看，外商竞争优势突出。从大中型企业来看，外商企业数量并不占优。2014年，我国大中型装备制造企业中，国有及控股企业4566家、私营企业67132家、外商投资企业23324家，外商企业仅占全部大中型装备制造企业的24.5%。但从主营业务收入、资产和利润情况来看，外商装备企业却是行业发展的主力军，2014年外商企业主营业务收入、资产和利润分别为136953亿元、9095亿元和96611亿元，分别占我国大中型装备制造业企业的44.4%、44.0%和40.2%（如图8-1）。从大中型私营企业来看，以占70.6%的大中型装备制造企业数量，为我国贡献了108977亿元的主营业务收入和7135的利润总额，分别占大中型装备制造企业的35.3%和34.5%。由此可以看到，促进企业组织结构优化调整迫在眉睫，国家应给予私营及国有及控股企业更多的资金、技术、人才等方面的支持，促进其做大做强。

---

① 中国机械工业联合会：《机械工业"十三五"发展纲要及专项规划》，2016年3月。

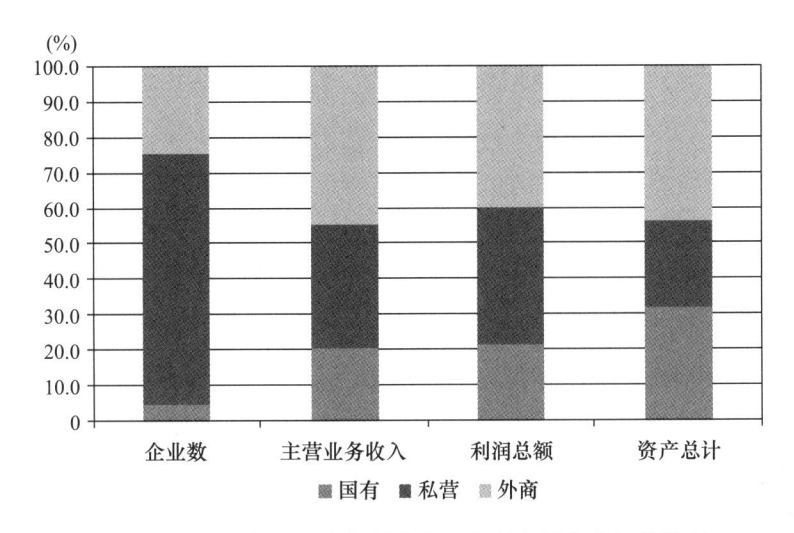

图 8-1　2014 年我国装备制造业不同所有制企业经营情况

资料来源：《中国科技统计年鉴》（2015）。

3. 服务化、智能化发展滞后

目前，中国装备制造企业的服务以基于产品的延伸服务为主，基于客户需求提供整体解决方案的比例相对较小，而将优势服务功能独立运作的实践者更少。这主要是由于长久以来中国制造业企业大都把注意力放在产品与生产上，关注供给层面，忽略需求和交易层面。与发达国家相比，我国装备制造业中传统加工制造比重过高，对实物产品生产的依赖过大，基于客户需求的整体解决方案业务所占比重较小，服务活动对质量品牌的影响尚不明显，服务增值贡献度不高。具备提供系统集成、工程总承包、整体解决方案能力的企业数量较少。根据装备制造业联合会问卷调查显示，78%的装备制造企业服务收入占总营业收入比重不足10%，只有6%的企业服务收入占总营业收入比超过20%；81%的企业服务净利润贡献率不足10%，其余企业的服务净利润贡献率基本在10%—20%间徘徊。同时，随着机器人、物联网等新兴技术的发展和成熟，装备制造智能化趋势越来越明显，但是我国装备制造在智能软件匹配、信息物理融合等方面都与国际领先水平存在着相当的差距，也使得装备制造业在向智能化转型的过程中存在一些障碍。

二 我国装备制造业突破技术创新瓶颈的政策需求调查

（一）调研的基本情况

近年来，在国内工程大规模建设及经济快速发展的带动下，我国装备制造业规模持续增长，经济效益不断提升，以高铁、核电等为代表的一些高端装备产品已经获得国际市场认可，国际竞争力正在逐步提高。企业技术创新活动活跃，但仍落后于发达国家。据2014年全国企业创新调查统计显示，全国共有69835个装备制造企业开展了各种形式的创新活动，占装备企业的56.9%，高于制造业平均水平（48.2%）8.7个百分点，但仍低于欧盟（15国平均）制造业创新活动企业比重（61.1%），更远低于德国制造业创新活动企业比重（83.0%）。产品创新与工艺创新并重。开展产品或工艺创新活动企业55598个，占开展创新活动企业的79.6%，占到调查企业的45.3%；同时实现产品和工艺创新的企业占27.9%，单纯产品创新的企业仅占8.2%，单纯工艺创新的企业仅占5.9%。技术创新以企业独立开发为主。在实现产品创新企业中，本企业独立开发的企业占比在80%左右，而与境内高校合作开发的比例基本不超过20%，与境内研究机构合作开发的比例不超过5%。总体来看，我国装备制造企业产品创新水平还较低。在实现产品创新企业中，国际市场新产品的企业占比都不超过30%（除计算机、通信和其他电子设备制造业），国际市场新产品销售收入占主营业务收入的比重都不超过10%。表明目前我国装备制造业产品创新还是以跟踪模仿为主，真正进入全球价值链中高端的产品创新还不多。

（二）反映的基本问题

1. 人才、成本因素是技术创新的主要障碍

"缺乏人才或人才流失""创新成本过高"是装备企业产品或工艺创新活动的主要阻碍因素。在全部企业中，"缺乏人才或人才流失"是约30%的企业创新主要阻碍因素；"创新成本过高"是约20%的企

业创新主要阻碍因素；"缺乏技术信息"是18%左右的企业创新主要阻碍因素；"缺乏银行贷款"是14%左右的企业创新主要阻碍因素（如表8-1所示）。其他阻碍因素按照影响企业比重大小依次为"不能确定市场需求""缺乏内部资金""没有创新的必要""缺乏市场信息""创新成果已被低成本模仿""缺乏风险投资""难以找到创新合作伙伴""市场已被占领"。以仪器仪表制造业为例，"缺乏人才或人才流失"是36.6%的企业创新主要阻碍因素，"创新成本过高"是27.6%的企业创新主要阻碍因素；"缺乏技术信息"是18.8%的企业创新主要阻碍因素；"不能确定市场需求"是14.7%左右的企业创新主要阻碍因素；"缺乏银行贷款"是13.4%的企业创新主要阻碍因素。因此，这种结论明显与以前"资金是制约企业技术创新的主要阻碍因素"有一定的差异。青岛海通、特锐德等公司也反映"缺乏高素质技术人才"和"难以应对创新风险"是企业开展产品创新、工艺创新的主要因素。

表8-1　装备制造企业产品或工艺创新活动阻碍因素情况　　　单位：%

	缺乏内部资金	缺乏风险投资	缺乏银行贷款	创新成本过高	缺乏人才或人才流失	缺乏技术信息	缺乏市场信息	难以找到创新合作伙伴	市场已被占领	不能确定市场需求	创新成果已被低成本模仿	没有创新的必要
金属制品业	10.4	6.8	13.0	18.3	23.9	16.9	8.5	6.2	2.1	12.8	6.8	15.2
通用设备制造业	10.9	7.4	14.0	22.8	29.5	18.3	9.9	6.8	2.6	13.0	8.4	11.9
专用设备制造业	11.7	7.8	15.3	23.9	29.7	18.6	9.9	7.1	2.5	12.8	9.6	10.3
汽车制造业	11.4	6.8	14.3	22.9	31.1	19.1	9.4	3.0	12.8	7.4	11.7	
铁路、船舶、航空航天和其他运输设备制造业	12.9	7.2	12.3	22.0	29.4	18.8	10.2	6.4	2.7	13.9	8.2	12.7
电气机械和器材制造业	11.2	7.3	14.3	23.6	30.0	18.9	9.7	7.0	2.9	14.7	9.6	10.9
计算机、通信和其他电子设备制造业	9.7	6.4	11.9	25.2	31.1	18.1	9.5	6.7	3.4	15.3	10.4	10.6
仪器仪表制造业	10.1	7.8	13.4	27.6	36.6	18.8	10.3	7.6	2.8	14.7	12.9	8.0

资料来源：《2014年全国企业创新调查统计资料》。

2. "产学研"创新合作效果不明显

据调查资料显示,装备制造企业与高等学校、研究机构合作开展技术创新的价值不大。约30%的企业家认为,客户对企业技术创新合作有较大价值;约20%企业家认为,供应商对企业技术创新合作有较大价值。而经常为各界人士推崇的产学研合作,在企业家看来,并不具备较大价值,仅10%左右的企业家认为,高等学校或研究机构对企业技术创新合作,具有较大价值。在11类可供选择的合作对象中,合作价值最大的首先是客户,其次是供应商,第三是高等学校,第四是集团内其他企业,第五是研究机构(如表8-2所示)。另外,从企业产品或工艺创新信息来源情况来看,除企业内部信息外,客户信息对约50%的企业创新影响较大;供应商信息对约20%的企业创新影响较大;研究机构信息仅对10%左右的企业创新影响较大;高等学校信息仅对5%左右的企业创新影响较大(如表8-3所示)。由此可见,客户和供应商是装备制造企业技术创新重要的来源和资源。从我国现行高校产学研合作的情况来看,最大问题是政府的作用太突出,政府对产学研的干预和控制太多,不利于产学研合作模式潜力的发挥,导致高校、企业把眼睛不是盯着市场和彼此的合作,而是把眼睛盯着政府和利益①。根据青岛市装备制造企业调研情况来看,目前企业与高等学校、研究机构合作开展技术创新的实际效果并不明显。四方车辆研究所有限公司、青岛汉缆股份公司等企业普遍反映,企业已经积极参与同国内外高校、科研院所及企业进行联合创新、协同创新。但实际效果并不明显。一方面,科研机构和高校真正具有经济价值的科研成果根本不愿意拿出去转化给企业;另一方面科研机构和高校进入市场的科研成果,许多企业认为这些高校及科研机构拿出来的成果并不具有足够的经济效益。同时,受制于科研事业单位体制约束,许多企业在接洽科研成果合作时,更愿意与单个法人或企业进行合作。从青岛调研企业来看,企业在与客户合作时,技术创新活动取

---

① 卢现祥:《美国高校产学研合作的制度创新、特色及其对我国的启示》,《福建论坛·人文社会科学版》2015年第5期。

得了不少收获（见本章附件1）。因此，无论从创新合作意愿还是从创新信息来源情况来看，客户和供应商进行合作的作用更为重要。但目前技术创新政策注重产学研合作，忽视对产、供、用协同创新的支持。

表8-2　不同合作伙伴对企业创新较大价值的企业比例　　　单位：%

	集团内其他企业	高等学校	研究机构	政府部门	行业协会	供应商	客户	竞争对手或同行业企业	市场咨询机构	风险投资机构	其他合作对象
金属制品业	10.4	10.7	6.8	3.5	8.9	19.8	27.8	10.4	4.8	0.5	12.9
通用设备制造业	11.8	17.4	9.7	4.3	9.9	17.7	28.7	9.9	4.6	0.6	10
专用设备制造业	10.9	20.3	10.8	4.6	9.1	15.7	26.9	9	4.1	0.7	10.5
汽车制造业	17.5	14.7	8.3	4	7.2	23.5	33.6	10.8	4.5	0.3	12
铁路、船舶、航空航天和其他运输设备制造业	17.8	15.8	13.1	4.1	8.2	18.3	30.4	11.1	3.7	0.3	10.9
电气机械和器材制造业	12.3	14.7	9.2	4	9	18.2	25.8	9.5	4.4	0.4	10.8
计算机、通信和其他电子设备制造业	12.7	13.1	7.2	3.7	5.4	15	21.5	7.2	3.1	0.5	10
仪器仪表制造业	11.9	22.2	11.4	3.9	8.3	16.3	25.8	9.1	3.3	0.9	9.6

资料来源：《2014年全国企业创新调查统计资料》。

表8-3　工业企业产品创新或工艺创新信息来源占比情况　　　单位：%

金属制品业	39.1	6.0	7.4	21.2	49.3
通用设备制造业	38.6	7.8	9.8	16.7	51.4
专用设备制造业	36.7	8.7	10.3	15.3	50.2
汽车制造业	40.0	6.0	7.9	22.0	55.3
铁路、船舶、航空航天和其他运输设备制造业	38.9	5.6	9.8	16.1	53.9
电气机械和器材制造业	36.1	6.8	10.2	17.9	48.5
计算机、通信和其他电子设备制造业	32.3	5.1	8.1	18.1	48.9
仪器仪表制造业	34.8	9.0	10.3	14.4	50.5

资料来源：《2014年全国企业创新调查统计资料》。

3. 过度重视机器设备购置及技术引进

装备制造业企业在资源配置和 R&D 经费内部支出时，已经将仪器和设备购置作为普遍的投入方向。从装备制造业细分行业来看，仪器和设备支出占资产性支出的比重比较高，都超过了 95%。一方面，这与我国技术创新政策导向相符，企业在仪器和设备购置方面的投入容易享受技术创新政策优惠。另一方面，这也在一定程度上反映了装备制造企业技术创新形式还是以跟踪模仿创新为主，真正的自主创新还不多。在青岛调研过程中，许多企业在介绍企业技术创新时，也普遍提到购置了国外先进的仪器和设备。对于企业而言，先进的仪器和设备是其技术创新的重要手段，无可厚非。但对于国家整个产业而言，仪器和设备掌握在国外，就难以做出开创性的成果①。同时，技术创新过程中"重引进、轻消化"的弊端仍未破除，2014 年装备制造业引进技术经费支出 271.8 亿元，消化吸收经费支出 62.6 亿元，消化吸收经费占引进技术经费比重为 23.0%（如表 8-4 所示）。

表 8-4　装备制造业 R&D 经费资产性支出及技术获取情况

单位：亿元、%

项目 行业	资产性支出	仪器和设备支出	仪器和设备支出占资产性支出比重	引进技术经费支出	消化吸收经费支出	消化吸收经费占引进技术经费比重
金属制品业	33.0	32.1	97.3	1.1	1.1	98.5
通用设备制造业	77.3	75.1	97.2	28.9	10.1	35.0
专用设备制造业	53.1	51.5	96.9	10.4	1.9	18.5
汽车制造业	86.0	83.3	96.9	152.9	28.0	18.3
铁路、船舶、航空航天和其他运输设备制造业	29.4	28.6	97.1	9.8	3.2	33.1

---

① 著名科学家师昌绪先生曾指出："须知一个仪器从实验阶段做到成为商品，至少要 3—5 年，而这期间大量有开拓性工作都已发表，而买来的设备已是强弩之末，难以作出开创性的工作。"

续表

项目 行业	资产性支出	仪器和设备支出	仪器和设备支出占资产性支出比重	引进技术经费支出	消化吸收经费支出	消化吸收经费占引进技术经费比重
电气机械和器材制造业	100.0	97.2	97.2	20.1	10.3	51.4
计算机、通信和其他电子设备制造业	125.6	123.5	98.4	43.2	7.2	16.7
仪器仪表制造业	17.0	16.6	97.6	5.4	0.8	14.9
合计	521.5	507.9	97.4	271.8	62.6	23.0

资料来源：《中国科技统计年鉴》(2015)。

4. 技术创新工具应用不够

技术创新工具是提升企业创新能力，增强产业创新水平，催生知识产权的重要途径。尤其是以 CAD、CAE、CAI、CAM、CAPP 等为代表的技术创新工具在企业技术创新的作用日益凸显，CAX 系统与软件在企业创新中发挥重要作用基本已经成为制造业企业的共识，但由于价格高等原因，CAX 系统与软件在企业创新中作用未得到充分发挥（具体分析见附件 2）。如一些大型企业在开展产品创新和工艺创新过程中，全部基于 CAD/CAE/CAM：利用三维 CAD，有效降低设计失误，加快产品开发效率；利用 CAE，节省大量研发成本，并为产品品质提升和周期缩短提供有力支撑；利用 CAM，使得模具制造更加精密、高效，产品组装更加高效。目前，多数装备制造企业都能认识到 CAX 系统对技术创新具有重要的作用，71.4% 的调研企业认为 CAX 在企业开展产品创新和工艺创新中的作用非常大，14.3% 的调研企业认为 CAX 在企业开展产品创新和工艺创新中的作用比较大，另有 14.3% 的调研企业认为 CAX 在企业开展产品创新和工艺创新中的作用较小，无企业认为 CAX 在企业开展产品创新和工艺创新中无用。同时，除 CAD 基本广泛使用外，其他 CAX 软件应用还未普及。这主要由以下原因导致：一是由于国内 CAX 软件虽然价格便宜，但性能较国外品牌差；而国外品牌虽然性能好，但是价格却十分昂贵。二是大型的 CAX 软件模块众多，功能强大，但从企业自身角度而言，不需要太多的功能，直接购买软件相对经济效益不够合算。因此，一些企业建议，政府应支持建立相关 CAX 公共技术服务平台，或者支持企业构建相关 CAX 公共技术服务平台。一些中小企业就可以直接按照需要购买相关 CAX 技术服务，而不用占用太多资金购买整套 CAX 软件。

5. 企业知识产权保护有待加强

装备制造迈向中高端的过程中，技术创新引领发展的趋势更加明显，知识产权作为激励技术创新的基本保障，作用将更加突出，加强知识产权保护势在必行。从装备制造企业知识产权相关情况来看，企业技术知识产权意识不断加强，企业专利申请数目逐步提高。2014 年共有 74011 家装备制造企业采取了知识产权保护或相关措施，占全部企业的 60.4%。同时，专利申请实现了快速增长，2014 年末拥有有效发明专利数为 308449 件（如图 8-2 所示）。尽管如此，与欧美等装备制造业强国相比，我们仍存在明显差距，国外一家大型装备制造企业的发明专利拥有量就达万余项。另外，除了专利申请保护外，我国装备制造企业在注册商标、标准建设、品牌建设、版权登记等方面的工作还比较滞后，未来企业知识产权工作仍任重道远[①]。从品牌建设来看，我国仅有 30% 左右的装备制造企业品牌是由本企业独立开发的，对最主要的主营产品拥有品牌所有权的企业占全部企业的比重基本不超过 50%，这在一定程度了也反映了当前我国许多装备制造企业仍以贴牌生产为主，处于价值链的低端环节。另外，从知识产权保护相关措施来看，采取注册商标、标准建设、版权登记等措施的企业比例还比较低，2014 年在全部企业中，申请了注册商标的装备制造业不超过 20%；进行了版权登记和形成了国家或行业技术标准的装备制造企业不超过 15%（如表 8-5 所示）。

---

① 知识产权保护是一个复杂性、系统性工程，知识产权自身涉及专利、商标、版权、植物新品种、商业秘密等领域，其保护的权利内容、权利边界等有各自的特点。

第八章 我国装备制造业迈向中高端的技术创新瓶颈与政策需求调查研究

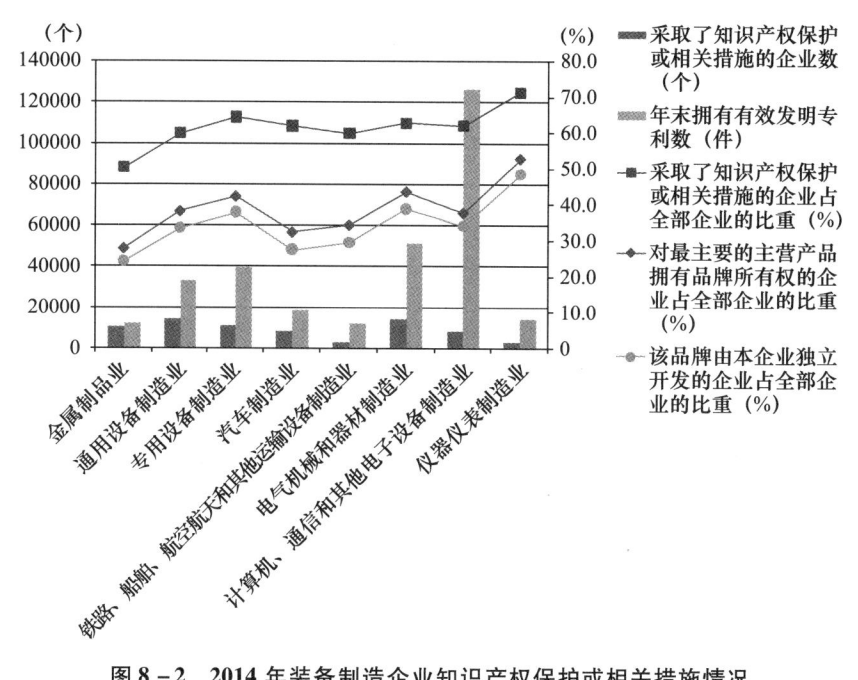

图 8-2　2014 年装备制造企业知识产权保护或相关措施情况

资料来源：《2014 年全国企业创新调查统计资料》。

表 8-5　　2014 年装备制造企业不同形式知识产权保护情况

	申请了发明专利	申请了实用新型或外观设计专利	申请了注册商标	进行了版权登记	形成了国家或行业技术标准	对技术秘密进行内部保护	应用了难以复制的复杂技术	发挥了时间上的先发优势
金属制品业	8.0	9.7	13.9	1.4	7.4	14.7	2.8	14.8
通用设备制造业	16.7	19.6	16.1	2.2	9.5	19.8	3.7	14.6
专用设备制造业	22.1	25.2	17.9	3.3	10.7	21.9	4.6	14.9
汽车制造业	14.7	18.7	13.5	1.8	9.1	23.5	4.1	16.4
铁路、船舶、航空航天和其他运输设备制造业	15.6	18.6	14.9	2.9	10.7	20.9	4.0	15.5
电气机械和器材制造业	19.2	23.9	19.0	3.0	10.8	19.7	3.7	14.2
计算机、通信和其他电子设备制造业	24.1	27.2	15.2	5.6	9.1	23.7	5.0	14.8
仪器仪表制造业	32.1	38.6	21.4	9.6	14.4	25.2	5.5	14.6

资料来源：《2014 年全国企业创新调查统计资料》。

(三) 对技术创新政策的主要诉求

目前针对装备制造业的技术创新政策相对齐全,已经覆盖了装备制造技术创新的"供给政策""需求政策"和"环境政策"等体系。但从对具体技术创新政策的效果来看,这些政策效果并不好。影响程度高的有关政策对装备制造企业创新占比仅为15%左右,而无影响的有关政策对工业企业创新占比高达35%左右。以"科研开发用品免征进口税政策"对仪器仪表制造企业创新的影响为例,影响程度高的企业占比仅为11.6%(如表8-6所示),无影响的企业占比高达50.6%(如表8-7所示)。"不具备享受该政策的资格"是造成这些政策对装备制造企业创新效果不明显的主要原因,"政府部门政策执

表8-6　　　　2014年对装备制造企业创新影响程度高的有关政策占比情况

	企业研发费用加计扣除税收优惠政策	高新技术企业所得税减免政策	企业研发活动专用仪器设备加速折旧政策	科研开发用品免征进口税政策	技术转让、技术开发收入免征增值税和技术转让减免所得税优惠政策	鼓励企业吸引和培养人才的相关政策	优先发展产业的支持政策	金融支持相关政策	创造和保护知识产权的相关政策
金属制品业	14.9	16.2	11.2	10.1	10.8	15.8	14.1	14.6	16.0
通用设备制造业	20.1	22.0	12.1	10.4	11.3	17.1	16.1	14.7	19.0
专用设备制造业	23.3	26.3	13.8	11.8	13.1	19.4	19.0	17.0	22.5
汽车制造业	20.7	21.5	12.8	11.0	12.1	17.2	16.7	15.5	18.7
铁路、船舶、航空航天和其他运输设备制造业	17.8	19.8	11.2	11.1	11.0	17.9	17.0	14.4	18.4
电气机械和器材制造业	21.8	23.5	13.3	10.9	12.4	18.6	17.8	15.9	20.9
计算机、通信和其他电子设备制造业	26.5	29.7	13.9	13.8	14.2	19.0	19.1	16.0	22.4
仪器仪表制造业	30.8	33.8	15.3	11.6	14.6	19.4	19.6	16.8	24.7

资料来源:《2014年全国企业创新调查统计资料》。

行力度不够"等并不是主要原因。以"企业研发费用加计扣除税收优惠政策"对专用设备制造企业创新效果为例,60.3%的企业家认为"不具备享受该政策的资格"是造成创新效果不明显的主要原因,14.7%的企业家认为"办理手续烦琐"是造成创新效果不明显的主要原因,12.6%的企业家认为"不知道此政策"是造成创新效果不明显的主要原因,5.7%的企业家认为"吸引力不足"是造成创新效果不明显的主要原因,3.4%的企业家认为"其他原因"是造成创新效果不明显的主要原因,3.3%的企业家认为"政府部门政策执行力度不够"是造成创新效果不明显的主要原因。但据青岛企业调研的情况来看,许多企业对这些政策并不十分了解。同时这些政策的普惠性也不够,许多企业反映了解某些技术创新政策,但由于自身条件不够,也享受不到这些技术创新政策。

表8-7 2014年对装备制造企业创新无影响的有关政策占比情况

	企业研发费用加计扣除税收优惠政策	高新技术企业所得税减免政策	企业研发活动专用仪器设备加速折旧政策	科研开发用品免征进口税政策	技术转让、技术开发收入免征增值税和技术转让减免所得税优惠政策	鼓励企业吸引和培养人才的相关政策	优先发展产业的支持政策	金融支持相关政策	创造和保护知识产权的相关政策
金属制品业	37.9	41.9	40.8	49.7	46.7	29.0	33.5	30.8	29.2
通用设备制造业	32.3	36.6	38.4	49.8	46.4	26.2	30.2	28.9	24.1
专用设备制造业	28.7	31.4	35.3	47.8	44.1	23.0	27.2	26.3	20.9
汽车制造业	33.2	39.5	39.3	51.8	47.8	27.2	31.2	29.1	26.9
铁路、船舶、航空航天和其他运输设备制造业	34.7	40.4	40.5	51.3	47.4	29.1	32.7	30.5	26.7
电气机械和器材制造业	30.8	35.5	37.0	49.9	46.2	26.1	29.5	27.8	22.7
计算机、通信和其他电子设备制造业	29.4	31.8	36.7	46.1	43.9	24.8	28.2	29.1	22.4
仪器仪表制造业	26.1	28.6	34.2	50.6	45.3	25.0	27.6	29.6	19.2

资料来源:《2014年全国企业创新调查统计资料》。

三 政策建议

（一）优化技术创新资源配置

发挥政府在创新资源配置机制体制的顶层设计方面的主导作用，为技术创新提供良好的外部环境。建立起不同区域、不同产业、不同主体、不同发展阶段的创新资源配置机制，发挥政府看得见的手的作用，强化政府对科技创新资源配置的统筹管理。发挥市场机制驱动创新的作用，发挥市场对技术创新方向、路线选择、要素价格、各类创新要素配置的导向作用，减少政府在科研资助和科研过程中不必要的行政干预，让不同创新主体在市场中实现合作，调动企业、中介服务机构等的积极性，从而使企业在市场机制作用下通过技术创新、增加创新投入获得竞争优势。构建利于创新人才向企业流动的机制。支持企业引进急需的技术创新人才，鼓励高校为企业定向培养技术人才和经营管理人才。健全科技创新人员流动机制，鼓励创新人才在科研院所、高等学校和企业之间双向流动、兼职。通过引导基金、股权投资、科技保险、公共技术服务等多种方式，降低装备制造企业技术创新成本。

（二）加大"产供用"协同创新的支持

从装备制造企业技术创新情况分析可以看出，供应商、客户对企业创新具有较大价值，但目前技术创新政策对"产供用"协同创新重视不够，因此政府加大产供用协同创新的支持力度。首先应加强为"产供用"协同创新服务。在弥补技术创新过程中市场失灵方面，政府行为在"产供用"协同创新过程中起到了明显的纽带作用。"政府搭台、企业唱戏"，为"产供用"各方提供良好、有效和发展的机会和服务，这应是转变当前政府技术创新服务职能的重要内容。其次，制定针对"产供用"协同创新的财税、金融政策，引导和推进"产供用"协同创新，鼓励装备制造企业成立由上下游企业组成的技术创新战略联盟，建立产业技术创新链的新型合作机制，开展国内外的技术创新合作和交流。三是搭建技术创新信息公共服务平台，减少技术创新信息不对称、不完全的状况，降低不同产、供、用技术创新的沟通交易成本，推动协同创新更好地发展。

(三) 提升"产学研"技术创新合作实效

建立产学研合作创新风险共担的责任制度，构建以企业为主体、多元参与的投资体系。建立完善有利于产学研三方发展的利益共享机制，建立规范的科技成果价格评估体系，保证各方的合理利益，建立健全产学研合作中的利益分配机制。完善有利于产学研合作创新的评价激励机制。改革科技成果评价和奖励机制，变单纯倾向技术导向为技术导向和产业化导向并重，改革科技人员评价制度，建立面向市场、面向企业的科技人才评价体系，激励更多的科技人员面向企业承担横向课题、转化科研成果。鼓励装备制造企业与高校建立长期合作专项经费，激发企业增加产学研合作创新投入的积极性，推动企业成为产学研结合项目投入的主体。积极引导和扶持为产学研合作创新服务的各类科技中介机构的发展，引导其为产学研合作提供信息沟通、技术评估、法律咨询等中介作用。

(四) 完善技术创新政策

技术创新政策价值导向应是普惠性，以便推动企业技术创新，进而促进产业逐步向中高端迈进。然而，目前多数装备制造企业"不具备享受该政策的资格"，这表明技术创新政策的适用标准存在一定问题，应取消部分技术创新政策的范围限制，让民营企业与国有企业获得平等享有创新政策的机会和对市场竞争的权益。因此，促进重要技术创新的扶持手段由以目录为依据的选择性优惠政策向以创新指标为导向的普惠性竞争性扶持政策转变。简化技术创新政策执行程序。"办理手续烦琐"是装备制造企业技术创新政策效果不佳的第二大原因。因此，树立技术创新服务企业的理念，优化技术创新政策申报程序。强化技术创新需求政策，创新政府采购政策，借鉴发达国家经验，探讨通过"创新券""订约采购"等新型政府采购方式，为企业（特别是中小企业）技术创新创造更多的参与机会。增加面向共性技术的贸易管制和服务外包等技术创新需求政策工具。

（五）建立健全企业知识产权保护机制

强化装备制造企业知识产权保护意识，支持企业制定符合企业实际情况的知识产权保护战略以及具体实施策略，鼓励企业完善的内部知识产权保护管理制度，支持装备制造企业组建专利联盟。鼓励企业参与行业标准、国家标准及国际标准制定，增加国内企业在国际市场上话语权和议价权。建立行业知识产权信息服务平台，鼓励企业加强对新产品、关键核心技术、基础前沿领域的专利申请、版权登记、商标注册等知识产权保护力度。支持装备制造企业推动自主品牌建设，建立和完善自主品牌建设的激励机制，加大对自主品牌商标、外观设计、发明专利等知识产权的保护力度；充分发挥新闻媒体的舆论引导作用，加大对自主品牌的宣传力度，提高消费者对自主品牌的认知度，为自主品牌建设创造良好的舆论环境。支持自主品牌装备制造企业在境外的商标注册和专利申请，加大对自主品牌向海外注册商标、申请专利的保护力度，引导支持自主品牌积极开展出国（境）参展、海外并购、设厂及工业园区建设等活动。限制滥用知识产权，促进大型装备企业向中小企业转移技术，促进知识产权的合理流动；同时，加强对中小企业知识产权信息服务和保护的指导。

（六）加大技术创新工具推广应用力度

加大对技术创新工具支持力度，扩大技术创新工具应用范围。搭建技术创新工具公共服务平台。加快建立技术创新工具公共服务平台，并将平台纳入科技基础条件建设中，给予稳定的经费支持，充分整合师资、软件操作、专家咨询等资源，开展技术创新工具研究、培训和咨询等服务，为企业和高校的创新活动提供支持。支持企业建立技术创新工具公用平台。对于企业对外开放的技术创新工具平台，给予一定资金支持，引导企业技术创新工具服务平台面向社会服务。使更多的高校、科研机构、企业享受平台的功能和价值，切实提升产业的创新能力。构建技术创新工具应用推广体系。建立由相关政府部门、企业、高校、科研院所和中介机构全面参与技术创新工具使用培训、推广应用服务体系，使各成员单位优势互补、资源共享、分工协作。支持国产技术创新工具软件发展。鼓励企业使用国产技术创新工具软件和系统，对于采购国产技术创新工具软件的企业应给予补贴。由政府、企业采购国产技术创新工具软件倒逼人们学习使用。在政府采购中，优先采购国产技术创新工具软件，特别是对于一些装备制造行业，担心采购国产技术创新工具软件出现问题需要承担责任的问题，有关部门应该采取免除责任的措施。

（执笔人：杨威）

参考文献

1. 《造船业深陷结构性产能过剩困局》，《经济参考报》2015年12月16日。
2. 德勤、中国机械工业联合会：《2014中国装备制造业服务创新调查》，2014年。
3. 卢现祥：《美国高校产学研合作的制度创新、特色及其对我国的启示》，《福建论坛：人文社会科学版》2015年第5期。
4. 马鑫：《我国装备制造业产业集中度实证分析》，《管理观察》2014年第26期。
5. 聂秀东：《2014年我国装备制造业发展概况》，《中国装备制造业发展报告（2015）》，2015年12月。
6. 吴红霞、刘遵峰、张春玲：《我国装备制造业高技能人才培养现状》，《合作经济与科技》2013年第20期。
7. 中国机械工业联合会：《机械工业"十三五"发展纲要及专项规划》，2016年3月。

附件1 青岛特锐德——面向客户需求的技术创新

青岛特锐德公司是国内厢式变电站龙头企业，能够为客户提供箱式电力设备和电力系统集成的解决方案。目前，该企业产品在铁路市场和煤炭市场占有率全国第一，在部分电力细分市场占有率第一，且在电力行业的市场份额快速上升。2014 年，公司布局新能源汽车充电领域，进行二次创业转型。2015 年公司新产品销售收入 16.2 亿元，并已建立了自主知识产权体系，拥有专利 232 个，其中发明专利 2 个，实用新型专利 182 个，外观设计专利 21 个。基于用户需求的技术创新，可将青岛特锐德的成长分为三个阶段。

（1）高寒铁路破冰——满足特殊用户需求进行技术创新。2006 年 5 月，成立仅两年的特锐德抓住青藏铁路供电系统 80 台设备招标机会，基于高寒铁路沿线变电站特殊需求，陆续开发了不少适用高海拔、温差大、恶劣环境、免维护、遥控等差异化定制化需求的产品。2007 年 5 月特锐德中标中国第一条高速铁路项目京津客运专线，标志着特锐德开始进军高速铁路市场。随着中国高铁建设高潮，企业规模和实力迅速成长，并在 2009 年 9 月成为创业板首家上市企业。

（2）城市改造跨越——利用空白市场促进技术创新。2011 年高铁建设放缓，外部市场冷却。因对铁路市场依存度较高，特锐德发展面临严峻考验。结合城市中心电网改造需求，针对城市中心建设 110kV 变电站普遍存在"落地难"、传统土建结构变电站难以解决城区中心负荷高、扩容难等问题，特锐德成功开发了国内第一个城市中心 110kV 箱式变电站，迅速占领了相关市场。产品目标市场也由早期以铁路市场为主转为更为均衡分布的下游行业结构。另外，先后收购了广西中电新源电气、乐山一拉得电网自动化公司等一批电力系统企业，通过合作兼并完善自身能力，实现外延式扩张。

（3）充电设施转型——智能服务进行技术创新。针对充电设施及网络建设的问题，2014 年特锐德成功研制开发了电动汽车群智能化充电系统和 CMS 主动防护智能充电系统。该系统对电网企业来说，既不用花费大量投资，还可以解决电动汽车群充电带来的电网安全隐患；对电动汽车用户来说，在充电便利的前提下，还可以利用低价电和低谷电，实现最经济的充电；对小区或公共停车场管理者来说，可以满足车主充电需求，又省去铺设电线、重新规划用地等过程。依靠上述智能充电系统，特锐德成立了青岛特来电新能源公司，开拓新能源汽车充电业务。截至 2016 年 7 月，特来电已在全国成了 49 家子公司，项目覆盖城市 150 个左右，建设充电终端 50163 个，日均充电量超过 40 万度，在行业中占有 30%—40% 的市场份额。除充电外，企业还在探索分时租赁、4S 增值服务，利用互联网、云管理平台和移动终端 APP 将企业、用户、设备连接在一起，并逐渐转型为电动汽车用户的智能服务商。

从最初为客户分担在恶劣自然条件下施工的风险，到解决 110kV 变电站落地问题，再到电动汽车充电，特锐德每次重大技术创新活动都是以特定市场为导向，并结合用户需求，进行产品研制开发。这种贴近客户需求，与客户合作的方式是其取得技术创新成功的关键。

附件 2　CAX 在装备制造企业应用情况

（1）一般企业都能认识到 CAX 系统对技术创新具有重要的作用，71.4% 的调研企业认为 CAX 在企业开展产品创新和工艺创新中的作用非常大，14.3% 的调研企业认为 CAX 在企业开展产品创新和工艺创新中的作用比较大，另有 14.3% 的调研企业认为 CAX 在企业开展产品创新和工艺创新中的作用较小，无企业认为 CAX 在企业开展产品创新和工艺创新中无用。

（2）CAX 使用情况不一。其中，CAD 广泛应用，所有的调查企业都使用了 CAD；60.0% 的调查企业广泛应用了 CAE，20.0% 的调查企业部分应用了 CAE，20.0% 的调查企业偶尔应用了 CAE；没有调查企业广泛应用了 CAI，25% 的调查企业部分应用了 CAI，25% 的调查企业偶尔应用了 CAI，50% 调查企业没有应用 CAI；50% 的调查企业广泛应用了 CAPP，33.3% 的调查企业部分应用了 CAPP，16.7% 的调查企业偶尔应用了 CAPP，无调查企业没有应用 CAPP；42.9% 的调查企业广泛应用了 CAM，14.3% 的调查企业部分应用了 CAM，28.6% 的调查企业偶尔应用了 CAM，14.2% 的调查企业没有应用 CAM。

（3）对企业开展产品创新、工艺创新最重要的 CAX 软件与系统。71.4% 的调查企业认为 CAD 是企业开展产品创新、工艺创新最重要的 CAX 软件与系统；42.9% 的调查企业认为 CAE 是企业开展产品创新、工艺创新最重要的 CAX 软件与系统；14.3% 的调查企业认为 CAM 是企业开展产品创新、工艺创新最重要的 CAX 软件与系统；CAI 和 CAPP 都未被企业看重。

（4）企业所用 CAX 软件与系统来源。几乎所有的调查企业使用的 CAD 都来自国外，仅有 1 家企业既使用国内自主开发的 CAD，又使用国外的 CAD；使用 CAE 的调查企业使用的都是国外的，没有调查企业使用国内自主开发的 CAE；1 家企业既使用国内自主开发的 CAM，又使用国外的 CAM；1 家企业既使用国内自主开发的 CAPP 又使用国外的 CAPP，仅有 1 家企业使用国外的 CAPP，3 家企业仅使用国内自主开发的 CAPP。

（5）企业采用国内自主开发的 CAX 软件与系统的理由。在使用国内自主开发的 CAX 软件与系统的企业中，有 20% 的企业认为，与国外品牌比，国内自主开发的 CAX 软件与系统性能稍差，价格更低、后续综合服务更好、使用无安全隐患；20% 的企业认为，国内自主开发的 CAX 软件与系统性能更好，价格更低；20% 的企业认为，国内自主开发的 CAX 软件与系统，性能一样，价格更低；40% 的企业认为，国内自主开发的 CAX 软件与系统，性能稍差，价格更低。

（6）企业采用国外品牌的 CAX 软件与系统的理由。在采用国外品牌的 CAX 软件与系统的企业中，有 83.3% 的调查企业认为，与国内品牌比，价格虽高，但性能更好。16.7% 的调查企业认为，与国内品牌比，国外品牌的 CAX 软件与系统价格虽高，但性能更好，更可靠放心。没有企业认为，与国内品牌比，国外品牌的 CAX 软件与系统价格高，服务更好或价格虽高，后续综合服务更好。

（7）企业不采用国内自主开发的 CAX 软件与系统的理由。在不采用国内自主开发的 CAX 软件与系统的企业中，60% 的调查企业认为，与国外品牌比，国内自主开发的 CAX 软件与系统价格低，性能不好；30% 的调查企业认为，与国外品牌比，国内自主开发的 CAX 软件与系统价格虽低，但不可靠；10% 的调查企业认为，与国外品牌比，国内自主开发的 CAX 软件与系统价格虽低，后续综合服务少；无企业认为，与国外品牌比，国内自主开发的 CAX 软件与系统价格低，服务不好。

(8) 企业不采用国外品牌的 CAX 软件与系统的理由。在不采用国外品牌的 CAX 软件与系统的企业中，25% 的调查企业认为，与国内品牌相比，国外品牌的 CAX 软件与系统性能虽好，但价格太高，同时存在安全隐患；75% 的调查企业认为，与国内品牌相比，国外品牌的 CAX 软件与系统性能虽好，但价格太高；无企业认为与国内品牌相比，国外品牌的 CAX 软件与系统性能服务不好，使用不方便或缺乏后续综合服务。

(9) 制约企业应用 CAX 软件与系统的原因。33% 的调查企业认为，制约企业应用 CAX 软件与系统的原因，是因为价格高，企业买不起和使用效果不明显；67% 的企业认为价格高是制约企业应用 CAX 软件与系统的原因。

(10) 中小企业普及使用 CAX 软件与系统最希望得到下列哪项政策支持。中小企业普及使用 CAX 软件与系统时，25% 的调查企业最希望政府提供 CAX 软件与系统应用培训及鼓励发展 CAX 软件与系统应用企业提供市场化研发设计外包服务；25% 的调查企业最希望政府财政补助购买专用 CAX 软件与系统和政府建立 CAX 软件与系统公共服务平台提供廉价服务；50% 的调查企业希望政府建立 CAX 软件与系统公共服务平台提供廉价服务。

第九章 消费品工业迈向中高端的技术创新瓶颈与政策需求调查

——基于全国消费品工业基本面和青岛市的调查分析

摘要：相比较而言，我国消费品工业产业门类齐全、技术水平先进、企业成长较快，部分领域正在加快迈向全球分工体系的中高端。但是，相对整个行业和多数企业来说，产业迈向中高端仍然面临产品结构性矛盾严重、关键材料和零部件瓶颈突出、品牌竞争力不足等制约，更为关键的是技术创新能力存在短板。为此，要推动消费品工业迈向中高端，亟须加强行业基础共性技术研发、支持企业技术改造升级、培育弘扬工匠精神、推进创品牌与强品牌行动、完善创新工具服务体系。

关键词：消费品工业；中高端；技术创新

消费品工业是指为满足社会成员生活需要而生产产品的行业，具有基础性强、民生性突出的特点。消费品从细分类别上包括纺织制品、服装鞋帽、儿童用品、家具及配件、装饰装修材料、文教体育办公用品、美容护肤护发产品、日用包装物及容器、卫浴厨房用消费品、通信设备及相关产品、信息系统安全产品、电子计算机及相关产品、家用电器、工艺品及其他制造产品、灯具等照明光源、交通运输工具、日用杂品等17大类。当前，在经济下行压力不断加大、新旧动能接续断档的情况下，消费品工业对稳增长、促改革、调结构、惠民生的支撑作用更加明显。2015年1—11月，消费品工业对于工业增长的贡献达到33%，对贸易顺差的贡献超过100%，达到126%，堪称经济稳定发展的牢固基石。

一 我国消费品工业发展现状及面临的技术创新瓶颈

(一) 消费品工业总体处在较高发展水平

改革开放以来,我国消费品工业总体上保持平稳快速发展,形成了覆盖面广、门类齐全、上下配套的产业体系。2015年,我国消费品工业增加值占GDP的比重达11%,消费品工业增加值、利润总额占全部工业的比重分别为31.9%和35.8%,比2010年分别提高3.6个百分点和8.9个百分点。伴随着消费品工业不断发展,一批优秀企业在激烈的市场竞争中涌现出来,成为行业发展的中坚力量。如家电领域的海尔、美的、格力、海信等,服装领域的雅戈尔、红领、波司登、七匹狼,食品饮料领域的燕京啤酒、青岛啤酒等。这些领先企业久经市场锻炼,拥有敏锐的市场嗅觉、先进的管理理念、活跃的创新精神、高素质的人才队伍,在国际国内市场中具有一定的优势和影响力。在市场竞争压力下,国内消费品企业通过引进消化创新、自主研发创新、产学研合作创新、研发外包创新等多种方式,加大研发投入、开展技术攻关,技术创新取得了长足发展,在一些技术领域已经与国外发展水平相当,部分领域甚至处在国际领先水平。

从国际上来看,消费品工业是我国对外开放时间最早、开放程度最高的工业部门,国际竞争力处在较高水平。作为全球重要的消费品制造基地,我国已经确立了世界消费品生产大国和出口大国的地位。例如家电行业在较短的时间内,通过引进国外技术、关键设备和成套装备并进行消化吸收,形成了集成创新和自主创新能力,使我国成为世界上品种全、质量好、产量和市场占有率居第一的家电生产大国。目前,我国共有钟表、自行车、缝纫机、电池、啤酒、家具、日用陶瓷、灯具、空调、冰箱、洗衣机、微波炉、鞋、钢琴等100多种消费产品产量居世界第一位。其中,家电、皮鞋、五金、羽绒制品、自行车等占国际市场份额的50%以上。以轻工业口径来看，2014年我国完成出口创汇6153亿美元，"十二五"期间年均出口增长14.7%，贸易顺差占全国的76%。

（二）产业迈向中高端的结构性问题突出

我国消费品工业生产规模和能力已经达到较高水平，但是以数量扩张为主的粗放型发展方式并未得到彻底改变，"小、散、低"的情况依然普遍存在。当前，国内消费结构正在快速升级，从生存型、温饱型消费向享受型、小康型消费转变，对消费品的品种、质量、规格、品牌、安全性等提出更高要求。在这一变化趋势下，我国消费品工业有效供给能力难以适应消费需求升级，结构性问题日益突出。一是普通消费品生产能力过剩，一般性产品、初级加工产品供过于求，导致同质化竞争。以服装行业为例，中低档次产品严重过剩，企业间为争夺订单不惜压低报价，最终导致利润越来越低。二是精深加工能力不足，高附加值的最终产品偏少，导致中高端需求大量外溢。2015年我国居民境外消费高达1.5万亿元，其中购物消费7000亿—8000亿元，以高质量、高性价比的日用消费品为主。以运动鞋行业为例，虽然我国能够生产出国际一流的运动鞋，如李宁、安踏等，但高端市场始终被德国的阿迪达斯和美国的耐克占据，国产运动鞋只能在低端市场徘徊，甚至被贴上低价低质的标签。再如啤酒行业，虽然在世界啤酒产量前十位的生产企业中，我国占有三家，数量不少，但出口量不及国外一家知名企业，产品平均出口单价不到进口啤酒的一半。目前，外资企业已经占国内啤酒市场份额的60%以上，并在进一步扩张。

与此同时，我国消费品工业发展存在两大薄弱环节。一是关键材料和零部件瓶颈制约明显，严重依赖进口。由于基础材料、模具加工、板件成型等环节精细集约化水平较低，导致部分关键零部件品质较差、可靠性和稳定性不足。二是品牌竞争能力存在短板。在许多消费品领域，国内制造产品的品质并不比国外产品差，甚至在一些方面优于国外产品。但是由于国内企业在品牌设计、品牌建设、品牌维护等方面投入严重不足，特别是人员素质与国际先进水平存在较大差距，缺乏创新型产品酝酿、涌现的土壤和环境。由此导致行业品牌影响力明显偏低，能够立足于国际市场的知名自主品牌仍是凤毛麟角。这也导致同等性能的国内产品无法获得国外品牌的巨大溢价。

（三）技术创新仍是转型升级的重大短板

一是基础研究能力依然薄弱，产品开发设计能力不足。基础研究滞后是制约消费品工业创新发展的重要因素。在轻工科研院所、学校下放地方以后，国家缺乏对消费品基础研究的宏观指导，特别是科研院所实行企业化经营，相当一部分力量不搞科研，行业基础性研究和共性、关键技术问题研究严重弱化，研究队伍逐渐分散、流失，实验仪器设备陈旧、落后，科技创新经费严重不足。另一方面，我国企业发展起步较晚或长期根植于代工制造环节，产品研发、市场销售均交由国外企业完成。这种格局长期固化导致国内支撑产品设计的资源相对贫乏，产品设计理念、风格以跟踪国际流行趋势为主，适应需求、发现需求、引领需求的新产品开发滞后，国内企业对于消费者需求、市场变化的把握和引领不够。

二是技术创新体系尚不完善，部分装备工艺较为落后。当前，以企业为主导的技术创新体系尚未完全建立起来。一方面，由于生产经营以贴牌代工为主，企业间的低价竞争异常激烈，许多企业的营利能力薄弱，开展研发创新的资金不足。另一方面，大量高素质的科研人员主要集中在科研院所和高等院校，但是由于受到体制机制约束，科研机构的研究成果并不是以产业化为导向，即使将这些技术在企业进行转移转化，也存在偏离产业发展实际、距离市场需求太远等问题。此外，一些消费品工业的技术装备和工艺水平依然较为落后，处在工业3.0甚至2.0水平，部分关键技术装备需要从国外引进。虽然对生产线进行智能化改造、推行"机器替人"已经成为趋势，但模块化、柔性化、个性化生产要求整个产业链条的改造整合，部分企业调整适应的难度较大。工匠精神缺失也是精品制造难以发展起来的重要原因。很多消费品生产企业追求短期经济效益、"短、平、快"粗制滥造大为盛行，坚定踏实、工艺精湛、严谨细致的能工巧匠严重缺乏。

三是创新工具支撑作用不够。由于国内CAX软件与系统发展水平较低，国外产品则系统稳定、品质较好、兼容性强，成为国内消费品企业进行产品开发的首选。对于广大中小企业来说，软件购买成本高、配套设备投资大、高水平应用人员少是制约CAX创新工具使用推广的重要方面。另一方面，部分企业对于CAX创新工具的专用性要求较高，从市场上购进的软件和系统通用性太强，与企业研发创新的实际需要难以匹配，需要进行二次专业开发。一些企业受制于多方面因素而无法进行二次专业开发，结果导致CAX创新工具的使用效果不明显。此外，使用国外CAX创新工具会给企业带来安全隐患，这也值得关注。

二　青岛消费品工业迈向中高端的技术创新瓶颈调查

（一）调研的基本情况

改革开放之初直至20世纪90年代，青岛市根据自身条件和市场变化，优先发展家电、纺织、服装、食品、饮料等消费品工业，涌现了海尔、海信、青啤、双星、澳柯玛等品牌企业。这些企业既成为青岛工业经济的代名词，也成为我国消费品工业的优势领军企业。近年来，随着两化深度融合不断加深，青岛消费品企业围绕研发设计数字化、生产过程自动化、企业管理信息化、采购营销网络化、装备与产品智能化做了大量工作，取得了显著成效。因此，选择青岛作为调研地区，对纺织服装、家用电器、啤酒饮料三个代表性行业进行调研，能够较好地满足本书需要。为此，笔者于2016年7月11日至7月13日赴青岛市相关部门及海尔、澳柯玛、青岛啤酒、红领集团、即发集团等企业进行专题调查。

（二）青岛消费品工业发展情况与迈向中高端的制约

家电产业总体处在国际领先水平，但部分关键部件对外依赖严重。经过长期引进消化吸收学习，再加上研发投入力度不断加大，青岛家电企业技术水平取得较大突破。2015年，海尔集团研发经费投入达到181亿元，占主营业务收入的9.59%，累计申请专利16537项，从 2005 年前的技术追赶者变成目前的技术领先者。企业在部分技术领域的领先优势已经开始转化为增强产业竞争力的有效手段。其中，海尔集团成功运作了防电墙热水器专利项目、双动力洗衣机专利池项目，占领相关领域 30% 以上的市场份额。一些拥有自主知名品牌的企业已经控制了国内价值链，并不断加快整合海外市场资源、构建全球价值链的步伐。海尔集团通过一系列全球并购与扩张举措，逐渐成长为世界知名白色家电制造商。2016 年，海尔集团以 55.8 亿美元收购美国通用电气公司，整合全球研发、渠道、产品、品牌等资源的步伐进一步加快。澳柯玛冰柜等自主产品已经在国内和部分新兴市场（如非洲等）占有较大市场份额，逐步向欧美发达市场扩张。尽管如此，关键零部件仍是产业发展的薄弱环节。如澳柯玛集团，虽然其低温冷柜在质量、性能、设计、售后、节能效果、用户体验等方面都走在行业前列，但在核心部件制冷系统方面，严重依赖进口名牌压缩机和风扇电机（EBM）。

纺织服装产业技术水平和制造能力较为突出，但原材料生产和品牌建设相对滞后。作为服装领域的领军企业，红领集团研发经费投入达 5.6 亿元，占主营业务收入的 6.66%，技术水平与国外基本相当、差距不大。但是一些服装企业仍为国际知名品牌生产 OEM 产品，自主品牌发展相对滞后。作为国际著名的 OEM 厂家，即发集团有 20 多年的代工历史，60% 的产品均为贴牌制造，是优衣库、阿迪达斯、耐克、A&F、黛安芬、安德玛等世界名牌的指定制造商。即使红领集团这样的领先服装企业，40% 的产品给阿玛尼等国外企业代工。目前，红领集团正在逐步从代工生产向自主品牌过渡，产品附加值相比代工业务可以得到 3—4 倍提升。但是，品牌建立和经营的难度非常之大。国外知名服装品牌往往需要上百年的积淀，这是国内企业短期内难以做到的。此外，纤维及纱线是纺织服装行业发展的关键。目前，国内企业对碳纤维、芳纶和超高分子量聚乙烯纤维等材料研发不足，关键技术和装备尚未突破，难以达到大规模产业化的要求；对位芳纶进口依存度超过 95%，碳纤维进口依存度超过 80%；高附加值新型功能纤维尚待拓展和提升，功能化、差别化纤维占比仍较低。

表9-1 2015年青岛市部分消费品企业技术创新情况 单位：万元、%

	主营业务收入	研发投入	研发投入占比	与国外技术差距
青岛啤酒	2720844	86726	3.19	与国外有一定差距
红领集团	841500	56073	6.66	基本相当或差距相对较小
澳柯玛	871200	44300	5.08	与国外有一定差距
海尔集团	18870000	1810000	9.59	处在国际领先水平

饮料制造业发展较为迅速，但是国际竞争力总体上偏低，与国外领先企业差距较大。关于青岛啤酒的调研发现，国内啤酒企业对多样化、差别化市场的重视不够，国外啤酒企业则种类多样、口味多元，在利基市场上竞争优势明显，具有强大的消费感召能力（如表9-2）。以啤酒行业为例，国外知名啤酒酿造企业非常重视基础性研究，包括风味物质图谱、酵母菌种培养、人体影响研究等，即使这些研究跟当前生产经营关系不是非常直接，企业也投入较大精力、物力、财力进行战略性研究。与此形成鲜明对比的是，国内企业则主要着眼当前市场竞争需要进行产品开发，着眼于长期和未来发展的基础性、前瞻性研究较弱。以啤酒酵母研究为例，我国啤酒酵母系统研究尚处于起步阶段，对其生物学特性、代谢特性、调控机制等了解较少，这已经成为严重制约我国产品质量和生产效率提升的关键因素。

表9-2 啤酒行业国内外技术水平差别

	国外先进水平	国内水平
风味调控技术	百威英博、朝日、三得利、嘉士伯等国外产品风味稳定性高、特色鲜明，稳定期可达4个月，个别品种可达9个月。	国内啤酒风味稳定性差，老化味过早出现，可饮性下降，风味稳定期最高在2个月左右。
酿造过程关键技术	原料配方技术研究深入，已深化到原料化学成分和酿造品质因素的配比。节能减排绿色制造工艺先进。	由于国产大麦品种品质差，尚未建立以酿造性能为主导的大麦品种质量综合评价体系和质量技术标准体系。

续表

	国外先进水平	国内水平
多样化产品开发	顺应风味需求与个性化追求,开发原浆小麦啤酒、棕色啤酒、黑啤酒、皮尔森啤酒、艾尔啤酒等,种类多样、精致新鲜、口味优异。	产品非常单一,基本是Lager淡色啤酒独占市场。

三 关于技术创新的政策诉求与建议

(一) 加强行业基础和共性技术研发

基础研究是技术科学创新的根基所在,是一个国家科技实力和综合国力的重要标志。特别是在产业发展进入中高端阶段之后,没有基础研究的重大突破,就难以实现技术创新和工艺创新。首先,充分认识基础研究的重要性和紧迫性,发挥基础研究的源头创新作用,提出原创科学思想、开辟新的学科方向,补足基础研究积累不够、原始创新和科技源头供给不足的瓶颈和短板。其次,加强基础研究的战略布局和高水平科研基地、科研平台建设,通过实施重大科学计划、国际科技合作计划等方式,争取突破一批关键科学问题,使我国基础研究水平和能力尽快赶上世界先进水平。最后,围绕消费品工业发展的重大需求和瓶颈制约问题,加快突破事关产业发展的关键核心技术,催生一批具有引领性、带动性的颠覆性技术,为产业转型升级、迈向中高端提供坚实支撑。

(二) 引导企业加强产品开发与创新

当前,模仿创新或代工生产策略在企业发展中占有重要地位。这固然可以充分回避自主探索、研究开发的巨大风险,但是也导致国内自主产品缺乏自身的个性和风格,难以形成稳定的品牌文化积淀。因此,要深入研究分析消费品工业发展形势和国内外市场情况,以消费者需求为中心,建立设计、生产、销售、服务全过程协同发展的产品开发与创新体系。深度整合核心制造企业技术开发应用强、产业化推广快与关联企业、开放式创新平台数量众多、机制灵活、创新试错成本低的互补优势，降低创新成本和风险，满足多元化、个性化、时尚化、定制化的消费需求。通过互联网＋等新型技术手段，加强与消费者体验互动，不断拓展完善产品功能，提高产品的技术和艺术含量。主动学习国外先进设计模式，逐步过渡到概念设计创新、高层次设计与研发人才培养等环节，实现与国际设计思想和模式有效对接。通过与国外中小型进口商进行合作，更多参与样品开发和产品设计，提高产品设计与研发能力。

（三）加大企业技术创新与改造支持

从整个产业链的角度来看，技术创新和装备工艺水平决定着产品的质量和品质。调研企业普遍反映，产学研用协同创新机制虽然在发挥作用，但是作用有限。其中的关键就在于我国科技研发经费长期以科研院所、高等院校为主要流向，企业研发人员在数量、素质、层次上距离技术创新需要还存在较大差距。即使是产学研合作项目，也多是以科研机构为主导，企业的地位相对边缘化。为此，迫切需要建立以企业需求为导向的技术创新体系，将企业对接市场的产业化优势与科研院校的技术研发优势结合起来，通过企业与高等院校、科研机构、上下游企业、行业协会等共建研发平台和技术创新战略联盟，合作开展技术研发。构建市场导向的科技成果转移转化机制，建设知识产权交易服务平台，完善挂牌竞价、交易、结算、信息检索、政策咨询、价值评估等功能，探索知识产权资本化、证券化交易，推动交易便利化。与此同时，消费品工业面对多样化、个性化的市场需求，智能制造提供了满足多样化和个性化的生产模式，因而消费品工业开展智能制造的潜力和空间很大。要适应信息化与工业化深度融合带来的生产方式、消费方式和商业模式变化，支持企业以智能化制造为重点推进技术改造升级，引导扶持企业开展机器人及智能装备应用。

（四）培育弘扬精益求精的工匠精神

在消费品工业，工匠精神尤为重要。由于工匠精神积累薄弱，国内消费品制造工艺与日本、德国乃至韩国等国家存在巨大差距。这也导致指甲刀、文具、马桶盖、电饭煲等消费品成为我国游客在国外购买的热门商品。因此，要通过激励效应、文化建设以及完善相关制度等，塑造坚定踏实、工艺精湛、严谨细致的职业精神，将工匠精神植入产品基因、推进"品质革命"，加快"中国制造"向"精品制造"转变。借鉴德国职业教育制度，通过加大职业培训力度、开展现代学徒制试点等手段，培养面向生产一线的技术技能人才，夯实产生工匠精神的人力基础。实施专业技术人才知识更新工程，聚焦科技创新，集中开展高层次急需紧缺和骨干专业技术人员专项培训。通过制度顶层设计，转变"重装备、轻技工，重学历、轻能力，重理论、轻操作"的观念，形成培育工匠精神的保障机制，让技能人才有地位、有较高的收入、有发展的通道。通过文化再造、源头培育、社会滋养，发展先进企业文化和职工文化，使工匠精神成为引领社会风尚的风向标。

（五）积极推进创品牌、强品牌行动

品牌是体现行业竞争力和产品附加值的重要标志，品牌的数量和知名度是行业总体水平和影响力的重要体现。据测算，我国每年因品牌问题导致的直接和间接损失达1万亿美元。首先，要树立以国内市场为基石的营销理念，实施切合国内目标市场的营销战略，对目标消费群体形成持久的品牌吸引力，不断提升企业品牌价值和"中国制造"整体形象，推动中国产品向中国质量转变。其次，拓展国际市场营销渠道以实现品牌国际化，积极学习国际品牌的设计理念、运作方式和营销模式，在世界范围内构建营销渠道，逐步提高国际市场美誉度。再次，推进国内消费品与国际标准对标，鼓励企业制定高于国家标准和行业标准的企业标准、团体标准、联盟标准。积极推进工业产品质量企业自我声明的实施，引导企业加强从原料采购到生产销售的全流程质量管理，推行产品认证和第三方质量检验检测，严格实施缺陷产品召回制度。最后，加大对服装自主品牌的宣传力度，创造有利于自主品牌发展的舆论环境，积极倡导国人消费自主品牌。

（六）完善创新工具支持和服务体系

调研发现，CAX等创新工具能够促进产品开发，在结构设计方面效果显著。例如，海尔通过使用三维 CAD 有效降低了设计失误、加快了产品研发效率，使用 CAE 节省了大量研发成本、对产品品质提升和缩短研发周期起到支撑作用，使用 CAM 使模具制造和产品组装更加精密、高效。为此，要加大企业购买、使用 CAX 软件与系统的资金支持力度，对符合条件的企业给予一定比例的财政补贴。在国产定制化软件与系统实施过程中，给予政府采购税收优惠、科技奖励等支持。建立多层次的 CAX 软件与系统公共服务平台，提供在线学习、软件测试、外包项目对接、市场推广、产品推介、解决方案、信息咨询、培训及认证等服务。鼓励发展 CAX 软件与系统应用企业，培育一体化的创新服务供应商，提供市场化研发设计外包服务。聚焦 CAX 软件与系统开发与使用中需要的专业人才和技能人才，引导院校设置急需的专业学科，加强专业人才培养与培训。

（执笔人：徐建伟）

参考文献

1. 《"中国轻工业·品牌价值评价结果"发布会在京召开》，《轻工标准与质量》2014 年第 5 期。
2. 《工业消费品如何夺回消费者?》，《工人日报》2016 年 6 月 15 日。
3. 《国办开展消费品工业"三品"行动 供给侧提质智能化成最优方向》，《通信信息报》2016 年 6 月 8 日。
4. 《轻工制造业要发力供给侧创新》，《消费日报》2016 年 1 月 18 日。
5. 《消费品工业开唱"三品"好戏》，中国经济网，2016 年 6 月 2 日。
6. 《要把改善消费品供给作为主攻方向和长期措施》，《中国电子报》2016 年 6 月 3 日。
7. 高延敏：《实现消费品工业的可持续发展》，《中国经济和信息化》2012 年第 1 期。

附件1　海尔集团自主创新取得显著成效

经过多年研发努力和技术积累，海尔集团正在逐步成长为创新引领者。2015年，企业科技活动经费支出181亿元，科技活动人员13521人，其中研发人员8675人；累计申请专利16537项，其中发明专利6621项，实用新型专利5062项，外观设计专利4854项；主导和参与国家标准编制317项，承担国际标准组织技术委员会秘书处2个；成功运作了防电墙热水器专利池项目、双动力洗衣机专利池项目，获得30%以上的市场份额。目前，海尔集团拥有全球最大的产品测试和用户体验中心、覆盖领域最全的联合实验室、最具行业影响力的创新创业基地。

海尔集团通过打破传统的封闭科层制组织架构，构建开放灵活的网络状组织架构，布局建设了中国、美国、日本、欧洲、新西兰五大研发中心，对接10万多家一流资源、120万名科学家和工程师，组建了一流的创新生态圈和开放式创新团队。在用户生态圈、人单合一2.0等创新理念引领下，海尔集团在磁制冷、干湿分储、净水洗、引流空调、自动低温补偿技术、匀动力技术、3D逆循环速冷技术等关键领域取得一系列创新突破，并在全球首创无线家电、航天冰箱、智能云家电等颠覆性产品，成为家电行业技术发展和产品创新的风向标。在2005年之前，海尔集团相比施耐德、西门子、GE等国外电气公司还有很大技术差距，但是经过十来年的快速追赶，目前海尔集团在白电领域已经与国外领先企业处在同一技术水平，其中一些关键技术甚至领先国外。

附件2　CAX软件助力红领集团技术创新

青岛红领集团创始于1995年，是一家经营高档西装、裤子、衬衫及服饰系列产品的大型民营企业。2015年，企业实现销售收入84.15亿元，利润16.2亿元。公司始终将创新能力建设作为企业核心竞争力，从2003年起探索"互联网+个性化定制"产业实践，提出"大规模生产个性化定制"理念，创造了C2M（消费者对接工厂）全信息化服装个性化定制平台，被称为制造业转型升级的"红领模式"。2015年，企业研发投入56073万元，拥有各项专利30项，实现新产品销售收入40.11亿元。

目前企业在技术创新中主要使用BL智能匹配系统、PGS/MARK-CAD、对格裁剪系统等。这些软件系统是实现红领数据驱动的核心关键所在，通过CAX软件应用，在车间/工厂的总体设计、工艺流程及布局建立数字化模型，进行模拟仿真，实现规划、生产、运营全流程数字化管理。这一过程中，产品信息贯穿于设计、制造、质量、物流等环节，以定制订单信息流为线索，以射频芯片为载体，基于智能研发、APS、MES、WMS、智能设备等系统，实现订单全生命周期过程中的资源信息自动采集。各节点相应的应用软件和网络有机地整合到统一的物联网综合数字化平台中。每位员工都从互联网云端获取数据，按客户要求操作，确保来自全球订单的数据零时差、零失误率准确传递，用互联网技术实现客户个性化需求与规模化生产制造的无缝对接，在一条流水线上制造出灵活多变的个性化产品。

附件3　青啤产品转型升级面临多重制约

青岛啤酒股份有限公司的前身为1903年由英、德两国商人合资开办。作为最早进入国际市场的中国品牌之一，青岛啤酒已经实现了市场、品牌和资本运作的国际化，远销美国、日本、德国等90多个国家和地区，成为世界第六大啤酒厂商。近年来，青岛啤酒不断在营销、生产制造等领域强化创新，让品牌与消费者产生丰富的情感互动，进一步拓展品牌内涵和品质高度。在2016年BrandZ最具价值中国品牌百强榜单中，青岛啤酒居第49位，品牌价值达14.4亿美元，居中国啤酒品牌第一位。

但是青岛啤酒产品转型、迈向中高端仍然面临多重制约。一是品牌国际影响力不够。青岛啤酒虽然已经具有一定影响力,但在国外的销量并不高,和百威、贝克、喜力、克洛娜等国际品牌相比,仍有较大差距。这些国际品牌在世界各地具有较高销量,品牌营销和宣传理念比较先进,产品被全球消费者接受和喜爱。二是基础研究能力欠缺。基础研究是啤酒行业的核心竞争力,是产品得到消费者青睐的法宝。我国啤酒酵母的系统研究尚处于起步阶段,对酵母的生物学特性、代谢特性及调控机制等了解较少,成为制约啤酒产量与品质提升的关键因素。三是产品结构不合理,新产品开发力度不够。当前,消费者对产品品质的要求不断提高,对产品多样化的需求不断增长。但我国啤酒市场产品非常单一,基本还是 Lager 淡色啤酒一统天下。反观国外精酿啤酒企业顺应风味需求与个性追求,产品种类多元、精致鲜艳、色泽华丽、泡沫丰富、口味优异、酒体丰满、醇香芳烈,显示出旺盛的生命力。

第十章 原材料工业迈向中高端的技术创新瓶颈与政策需求调查研究

——基于《2014年全国企业创新调查统计资料》及十大产业调整振兴规划评估调查的分析

提要：改革开放以来，我国原材料工业规模不断壮大，技术创新能力和国际竞争力明显提高，节能减排积极推进。但我国原材料工业仍然大而不强。其原因在于技术创新投入不足，创新工具和平台缺乏，政策支持不到位，创新效率低，自主创新能力薄弱，共性技术、关键核心技术与系统成套装备长期依赖于人。课题组的实地调查也反映出我国原材料工业企业创新意愿不强、产学研协同创新能力弱、创新成本高和人才与信息缺失的制约作用明显的问题。从课题组的实地调查和《2014年全国企业创新调查统计资料》的数据可以发现，原材料工业对企业研发费用加计扣除税收优惠政策、鼓励企业吸引和培养人才的相关政策及金融支持的相关政策、创造和保护知识产权的相关政策需求意愿比较强烈，因此，推动我国原材料工业从中低端迈上中高端，亟须加强产业协调创新能力建设，加快技术创新平台建设、加大技术创新投入力度、加快创新工具软件的推广应用、加快科技创新成果转化步伐、加大产业政策支持力度、提高产业政策与公共财政政策的协调性。

关键词：原材料工业；中高端；技术创新

原材料工业是直接对采掘工业产品进行加工、生产各种原材料的工业部门总称，主要包括钢铁工业、有色金属工业、石油化工、化学工业、建材工业等。原材料工业是重要的基础材料产业，也是我国产业转型升级、迈上中高端的重点难点产业。因此，研究加快原材料工业提升发展层次与水平的技术创新途径与政策举措，具有重大的理论和现实意义。

一 原材料工业发展现状特征及其迈向中高端的技术创新瓶颈制约

（一）现状特征

1. 产业大而不强

改革开放以来特别是进入 21 世纪以来，我国原材料工业快速增长，产业规模不断壮大。从 2000 年至 2014 年，原材料工业规模以上企业实现总产值从 23633.8 亿元增加到 310240.2 亿元，增长了 12.1 倍。其中，建材产业从 1899.7 亿元增加到 58239.6 亿元，增长了近 30 倍；钢铁产业从 3692.8 亿元增加到 71026.5 亿元，增长了 18.2 倍（见表 10 - 1）。到 2014 年，原材料工业占我国全部规模工业总产值的比重达到 38.4%，比 2000 年提升 0.8 个百分点。目前，我国已经成为世界钢铁、水泥、铜、铝第一大生产国。2015 年，我国粗钢产量占世界总产量的 49.5%，水泥产量占世界总产量的 60.0%，造纸产量占世界总产量的 23.5%，电解铝产量占世界总产量的 60% 以上，精炼铜产量占世界总产量的 24.5%。从产业规模来看，我国已经成为世界原材料工业大国。但是，由于核心技术的缺乏，我国原材料工业大而不强。例如，在 2015 年世界 500 强企业中，我国进入榜单前 10 位的两个企业中石化和中石油的销售利润率分别只有 1.6% 和 3.8%，而美国埃克森美孚（EXXON MOBIL）的销售利润率高达 8.5%。

2. 产业国际竞争力不断提高，但仍然处于国际价值链分工的中低端

改革开放以来特别是近年来，随着技术创新能力的提升，我国原材料工业的国际竞争力持续快速提升，产品的国际市场占有率、贸易竞争力指数、显示比较优势指数、GVC 参与指数均呈现上升的态势。

表 10-1　2000 年以来我国原材料规模以上企业总产值增长状况

单位：亿元、%

年份 类别	2000	2010	2012	2014	增长
石油	3130.1	9917.8	11800.5	11663.8	272.6
石化	4429.2	29238.8	39023.4	40802.6	821.2
化工	5749.0	47920.0	6643	82352.9	1332.5
建材	1899.7	32057.3	44156.2	58239.6	2965.7
钢铁	3692.8	51833.6	68173.9	71026.5	1823.4
有色	4732.9	28119.0	37551.0	46154.6	875.2
合计	23633.8	199086.5	267136.9	310240.2	1212.7
工业	85673.66	698590.54	909797.2	1092198	1174.8
原材料工业占比	27.6	28.5	29.4	28.4	0.8

注：2012 年以后为工业销售产值。

资料来源：历年《中国统计年鉴》。

从产品国际市场占有率看，从 1980 年至 2013 年，我国钢铁产品出口额从 2.4 亿美元增加到 546.9 亿美元，占世界市场份额从 0.3% 提高到 12.0%；化学品出口额从 11.3 亿美元增加到 1195.7 亿美元，占世界市场份额从 0.8% 提高到 6.0%。从贸易竞争力指数看，以钢铁产业为例，从 2005 年至 2014 年，我国钢铁产业的贸易竞争力指数（TC）从 -0.43 稳步提升至 0.60（见表 10-2）。贸易竞争力指数由负转正，表明我国钢铁由净进口转变为净出口，出口竞争力逐年增强。从显示比较优势指数（RCA）看，从 2005 年至 2015 年，我国钢铁产业的显示比较优势指数从 0.7 上升至 1.11，铜、铝特别是铝呈不断上升的趋势，表明我国钢铁、有色金属产业竞争力不断走强（见图 10-1）。从 GVC 参与指数看，从 2000 年至 2009 年，化学品与非金属矿产品制造业从 0.74 上升至 0.79，冶金工业从 0.77 上升至 0.78。但是，从 GVC 地位指数看，我国原材料工业的国际分工和价值链地位还比较低。2014 年，我国基本金属制造业 GVC 地位指数只有

0.06，化学品与非金属矿产品的 GVC 地位指数甚至为负数，说明我国原材料工业在国际产业价值链高端环节的竞争力明显不足。

表 10-2 2000 年以来我国钢铁产业贸易竞争力指数的变动趋势

单位：亿美元

	2000	2005	2010	2011	2012	2013	2014
出口	40.4	181.1	368.2	512.4	514.8	532.4	708.2
进口	101.2	285.7	201.12	215.7	172.4	170.5	179.1
TC 指数	-0.43	-0.22	0.29	0.41	0.50	0.51	0.60

资料来源：根据历年《中国统计年鉴》计算。

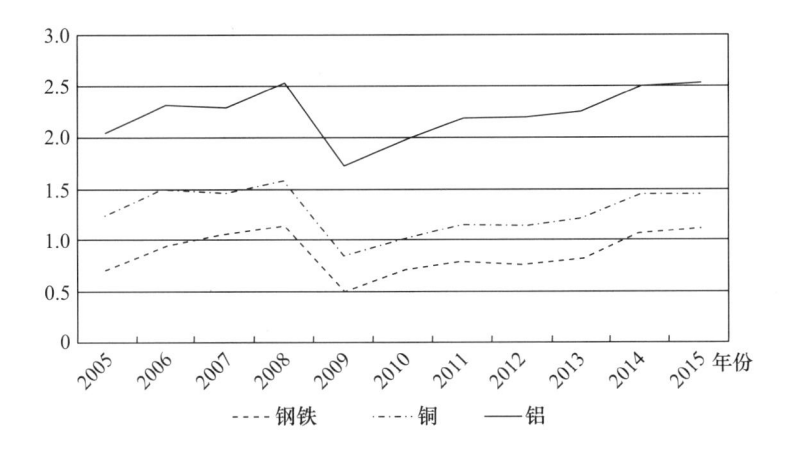

图 10-1 2005 年以来我国钢铁、铜、铝产业的 RCA 指数的变化趋势

3. 节能减排积极推进，但产业低碳化发展仍然任重道远

改革开放以来特别是近年来，在国家产业政策的推动下，我国原材料工业大力推广应用低碳技术如脱硫脱尘烟尘处理技术、固体废弃物利用技术、干熄焦技术等余热利用技术、工业废水循环利用技术，大力开展能源管控中心建设等节能减排行动，产业绿色化发展取得积极进展。以钢铁和有色金属产业为例，2010—2015 年，我国重点钢铁企业的吨钢综合能耗从 605 千克标煤下降至 572 千克标煤，减少了 5.4%；吨钢耗新水量从 4.11 立方米下降到 3.34 立方米，降低了

18.7%；原铝综合交流电耗从 14013 千瓦时/吨下降至 13562 千瓦时/吨，降低了 3.2%；铜冶炼综合能耗从 347 千克标煤/吨下降至 256 千克标准煤/吨，降低了 26.2%。但是，从总体上看，我国原材料工业仍然没有摆脱高能耗、高污染的产业属性。2014 年，原材料工业的废水排放量占我国工业废水排放总量的 54.1%，废气排放占我国工业废气排放总量的 43.4%，固体废弃物排放占我国工业总排放量的 74.9%（见图 10-2）。目前，原材料工业工业总能耗和单位产值能耗水平在全部 41 个工业行业中仍然靠后，烟尘、废弃物等主要污染物的排放总量仍然偏高，成为近年来我国不断恶化的雾霾天气的重要帮凶（见图 10-3）。

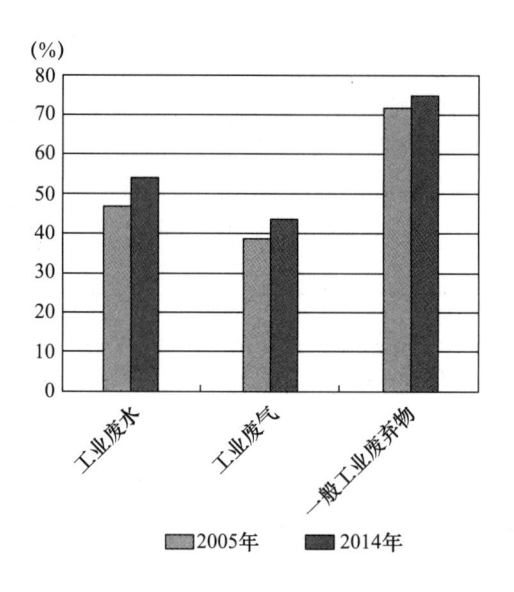

图 10-2　2005 年和 2014 年原材料工业"三废"排放占工业总排放的比重

资料来源：根据历年《中国环境统计年鉴》数据整理。

总之，我国原材料工业大而不强，自主创新能力特别是原创技术能力不强，重大技术创新进展缓慢，产业在国际产业链和价值链分工体系中仍处于中低端地位。

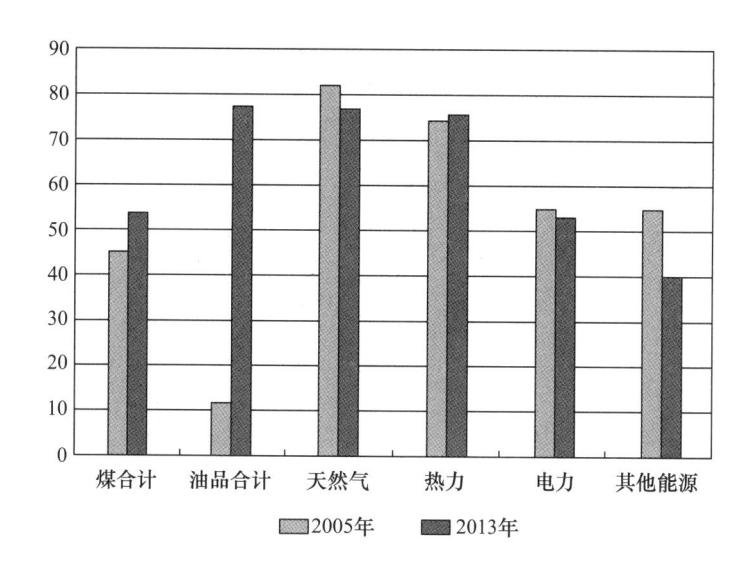

图 10-3 2005 年和 2013 年原材料工业终端能源消费占工业总能耗比重

资料来源：根据历年《中国能源统计年鉴》数据整理。

（二）迈向中高端面临的技术创新瓶颈制约

1. 关键核心技术开发能力弱

改革开放以来特别是近年来，随着对原材料工业技术创新的重视和资金投入的不断加大，我国原材料工业的技术创新能力不断提高。但是，与先进国家相比，我国原材料工业的技术创新能力还存在明显差距，原创技术能力不强，关键核心技术还受制于人。在有色金属工业中，一些技术含量高、附加价值大的有色金属精深加工产品还不能实现国产化，新合金开发方面基本是跟踪仿制国外，航空航天用厚铝板、集成电路用高纯金属、数控机床用刀具、3D 打印用钛粉等产品仍主要依靠进口。在石化工业中，我国石化企业技术集成能力较弱，科研成果工业化、产业化程度较低，全行业科技成果转化率仅约 30%，远低于发达国家石化企业的 50%。在钢铁产业中，我国钢铁工业自主创新能力还比较弱，先进工艺技术、高端产品工艺技术主要依靠引进和模仿，部分高技术含量的高端产品仍需要进口。例如：造船用的高强度板、异型板、超长超宽超厚板、超低温度用钢板、输油输气用船板及大型球扁钢、T型钢和不等边角钢等；机械工业用的大型铸锻件、直流电机设备用钢、风电设备关键轴承钢、大型高档轴承钢、大型机械设备特殊钢和特殊锅炉用钢等；家电用的冰箱门覆膜板、门板基板、电饭锅等小家电用镀铝板及高牌号无取向冷轧电工钢等；金属制品用高档不锈钢、合金钢、易切削钢、高强度冷镦钢、帘线钢及高档弹簧钢；核电、石油、汽轮机、能源等行业发展急需的高温合金；模具行业用的高纯净度、高抛光性能、高耐蚀性能的塑料模具钢，超级质量水平（长寿命）的热作模具钢，以及热成型马氏体模具钢、透气钢、无磁模具钢等特殊性能要求的模具钢等，目前还需要大量从国外进口。

2. 推动原材料工业迈上中高端亟须突破一批关键核心技术

要推动我国原材料工业从世界产业链和价值链的中低端迈上中高端，亟须加强自主创新能力建设，突破制约我国原材料工业转型升级、迈上中高端的关键核心技术缺乏和关键成套装备依赖于人的局面，大力提高我国原材料工业的低碳生产技术（如直接还原炼铁新工艺、新技术）、资源综合利用技术、高效、节能、节材综合技术、关键品种市场的工艺技术、高端成套装备生产和系统集成技术、面向全流程质量稳定控制的综合生产技术、信息化、智能化的绿色产业升级技术。具体到产业来说，应重点突破以下关键核心技术：

石油化工产业：页岩气等非常规油气资源和深海、极地等新领域勘探开发技术、高效定向催化、先进聚合工艺、材料新型加工和应用、催化气化、加氢气化等定向气化和新型煤气化技术的工程化技术、通用树脂高性能化产品技术、高端通用合成橡胶及高端通用合成纤维专用牌号及合成新技术、特种纤维高端产品及工程化关键技术、陶瓷纳滤膜材料工业技术、环保透明抗冲聚丙烯技术、双向拉伸聚乙烯产业化关键技术等。

建材产业：大型节能粉磨技术与装备、支撑战略性产业发展的新材料技术、高性能绿色节能建材及其先进制造技术、非金属矿物材料开采及深加工技术、建材窑炉烟气脱硫脱硝除尘、煤洁净气化以及建材智能制造、资源综合利用技术等。

钢铁产业：复杂难选铁矿石预富集—悬浮焙烧—磁选技术、低碳炼铁技术、炼钢二次资源高效利用技术、先进钢铁全流程一体化组织控制技术、改进型热带无头轧制短流程工艺、装备及产品、薄带铸轧短流程工艺、装备与产品、无酸洗涂镀制备热轧涂层板技术、新一代钢包喷射冶金工艺、高品质连铸坯生产工艺与装备、热轧钢材组织性能控制技术、极限规格板材先进热处理装备及工艺技术、高精度冷轧板形控制技术与装备技术、先进连续退火与涂镀技术、真空制坯轧制复合板技术等。

有色金属：一步炼铅和闪速炼铅成套工艺装备、锌冶炼清洁生产新装备、湿法（原子经济法）再生铅技术、离子吸附型稀土矿原地浸矿及氨氮无组织排放控制技术、短流程炼铜、水资源高效利用技术、合金相图技术、深井高应力诱导破碎及矿山数字化技术、深海矿产资源开采技术、硅酸盐矿物分离科学、生物提取金属、熔盐电解直接提取稀有金属新技术、二硼化镁（MgB_2）超导材料的研究、高效能源材料成矿理论研究等。

（三）瓶颈制约背后的原因分析

我国原材料工业之所以大而不强，产业转型升级乏力，长期处于国际产业链和价值链的中低端，其原因在于技术创新投入不足，创新工具和平台缺乏，政策支持不到位，创新效率低，自主创新能力薄弱，共性技术、关键核心技术与关键部件长期依赖于人。

1. 创新投入不足

技术研发投入是提高产业技术创新能力和水平的重要物质保障。一般而言，研发投入占企业销售收入比重低于2%时，企业只能使用技术；研发投入占企业销售收入的2%到5%时，具备技术发明的条件；研发投入占企业销售收入的比重大于5%时，才具备较强的技术创新能力和竞争实力。近年来，我国原材料工业科技研发的投入逐年增加，特别是2005年以来研发经费增幅比较明显。但是，与整个工业相比，原材料工业投入尚存在明显差距。2014年，我国规模以上工业企业研发投入占销售收入的比重为2.88%，而原材料工业研发投入强度均不到1%，其中石化不到0.5%，只有0.28%（见表10-3）。

与发达国家特别是与一些著名跨国公司相比,我国原材料工业研发投入存在的差距更为明显。以石化产业为例,目前,世界石油化工公司的研究开发经费一般占其销售额的4%以上,有的高达10%。例如:巴斯夫公司的研究开发经费占其年销售额的4.5%、杜邦公司为6%、拜尔公司为7.8%、罗纳·普朗克公司高达9.8%。而我国即使具有较强竞争力的石化企业研发投入占销售收入的比例也不超过1%。而且,我国原材料工业多数企业没有R&D活动。目前,我国尚有75%以上的石油与石化企业、80%以上的化工企业、90%以上的建材和钢铁企业、85%以上的有色金属企业没有R&D活动。

表10-3　　　　2014年原材料工业规模以上企业和整个
　　　　　　　工业规模以上企业研发投入强度的比较　　单位:亿元、%

	R&D经费支出	销售收入	R&D强度
石油	99.91	11425.21	0.87
石化	113.93	41094.41	0.28
化工	769.82	83104.14	0.93
钢铁	656.78	74332.77	0.88
有色金属	353.11	51312.09	0.69
工业	31928.83	1107032.52	2.88

资料来源:《中国科技统计年鉴(2015)》。

2. 创新工具推广应用不力

计算机辅助工程(CAE)、计算机辅助设计技术(CAD)、计算机辅助创新(CAI)、计算机辅助工序计划(CAPP)、计算机辅助制造(CAM)等创新工具可以使创新研发人员在产品的概念设计阶段高效率、高质量地提出创新设计方案,使企业敏捷地响应市场需求,增强企业的竞争力。在发达国家,石油、石化、化工、建材、钢铁、有色金属等原材料工业企业在开展技术创新活动中已经广泛应用CAX软件来提高创新效率。而在我国原材料工业中,除了宝钢、首钢、鞍钢、中石油、中石化、中铝等行业骨干企业和北京钢研总院、北京有色金属设计研究院、洛阳有色加工设计院等少数科研院所应用 CAX 软件较为普遍外,绝大多数原材料工业企业没有应用相关的 CAX 软件,有的企业即使应用,其应用频率也很低。根据课题组对青岛市原材料工业企业的抽样调查,由于价格高、技术人员缺乏、政府支持力度不够等多方面的原因,只有 30% 的企业已广泛应用或部分应用 CAD,只有 22% 的企业已广泛应用或部分应用 CAE,只有 15% 的企业已广泛应用或部分应用 CAI,只有 25% 的企业已广泛应用或部分应用 CAPP,只有 13% 的企业已广泛应用或部分应用 CAM,绝大多数企业基本不用或没有应用 CAX 软件。

3. 创新效率低

我国原材料工业企业大多产业链较长,且缺乏高效、科学、完善的创新体系和灵活的体制机制,研发资金的管理体制和运行机制面临巨大挑战,技术创新的投入产出效率偏低。数据显示,2014 年,我国原材料工业规模以上企业参与 R&D 的科技人员 59.42 万人,占工业规模以上企业 R&D 人员总数的 16.4%,而申请的专利数仅占工业规模以上企业专利申请总数的 10.3%;原材料工业规模以上企业新产品销售收入 28581.83 亿元,占总销售收入的 10.4%,低于工业规模以上企业同一指标 2.51 个百分点;新产品出口 2261.38 亿元,占规模以上原材料工业企业新产品销售收入的 7.91%,低于全部规模以上工业企业同一指标 10.92 个百分点(见表 10-4)。总的来看,原材料工业技术创新效率低于整个工业,更低于发达国家原材料工业的产出效率。

表 10-4　2014 年原材料工业规模以上企业研发投入效率状况

行业 \ 项目	R&D 人员（万人）	申请专利数（万件）	新产品销售收入（亿元）	其中出口（亿元）	新产品销售收入占比（%）	新产品的出口占比（%）
石油	3.88	0.25	23.69	0.00	0.21	0.00
石化	2.32	0.21	2864.76	4.27	6.97	0.15
化工	25.38	3.05	10169.12	891.04	12.24	8.76

续表

项目\行业	R&D人员（万人）	申请专利数（万件）	新产品销售收入（亿元）	其中出口（亿元）	新产品销售收入占比（%）	新产品的出口占比（%）
钢铁	15.75	1.54	8042.86	886.35	10.82	11.02
有色金属	8.63	0.98	5940.34	363.53	11.58	6.12
合计	59.42	6.47	28581.83	2261.38	10.40	7.91
规模以上企业合计	363.26	63.06	142895.30	26904.38	12.91	18.83

资料来源：《中国科技统计年鉴（2015）》。

4. 原始创新能力弱，关键核心技术受制于人

我国原材料工业企业原始创新能力不足，现有技术不能完全适应产业发展的需要。应用基础性研究和前瞻性研究薄弱，已开发的技术大多是跟踪创新，缺乏拥有自主知识产权、国际领先的核心技术和主导系列产品，关键核心技术受制于人，原材料工业总体上尚未摆脱关键核心技术追随者的角色，原始创新较少，没有起到引领产业发展的作用。目前，我国钢铁产业的自主创新更多地体现在引进新日铁住金、浦项、奥钢联、JEF、西门子、西马克等现代化技术装备基础上的新产品及生产工艺的模仿创新，难以形成在世界钢铁界具有影响力的重大专有技术和产品优势；石化产业具有自主知识产权的石化工艺技术较少，特别是引领石化产业发展的核心专利技术较少，建设大型石化生产装置仍需引进关键技术；建材产业中的建筑卫生陶瓷工业主要技术装备如陶瓷压机、窑炉、胶辊印刷、喷墨打印及产品创新等多数是在引进、消化基础上再创新实现自主知识产权的，真正我国创造的，尤其是顶尖技术还有明显差距，高端的设计、节能减排、智能化自动化、产品品牌影响力等与国际领先水平相比还有明显差距，一些关键部件和材料还需要进口。

5. 研发资源分散，行业共性关键技术攻关缺少联手合作的平台

目前，我国原材料工业虽然有不少国家级、行业级、省市级的各

类技术创新平台，从平台种类和层次上基本形成了科技创新支撑体系，但是在隶属关系上却各有其主，且主要宗旨是为所在企业服务。加上市场经济条件下各研发主体都需要保护知识产权，因此从体制上客观造成了资源的分割和机制的个性化。一些产业发展创新的关键技术靠单个单位单打独斗是难以完成的，从而导致了关键技术的大项目拿不动，只得面对现实，局限于现有技术层面的完善提高。重大的专项和真正带动产业发展的技术装备研发缺乏合力，难以形成协同创新效益。

二　原材料工业技术创新政策需求调查

（一）《2014年全国企业创新调查统计资料》涉及原材料工业的基本情况

《2014年全国企业创新调查统计资料》调查了79202个原材料企业，其中，石油开采企业144个，石化企业2033个，化工企业25247个，建材企业34037个，钢铁企业10364个，有色金属企业7377个。在被调查的原材料企业中，开展创新活动企业有34363个，占全部原材料企业总数的43.4%；实现创新活动企业32651个，占全部原材料企业总数的41.2%；同时实现四种创新的企业7364个，占全部原材料企业总数的9.3%。分行业看，石油行业开展创新活动企业数、实现创新活动企业数和同时实现四种创新活动数分别为58个、53个和6个，分别占该行业企业数量的40.3%、36.8%和4.2%；石化行业开展创新活动企业数、实现创新活动企业数和同时实现四种创新活动数分别为870个和825个、167个，分别占该行业企业数量的42.8%、40.6%和8.2%；化工行业开展创新活动企业数、实现创新活动企业数和同时实现四种创新活动数分别为13002个和12362个、3278个，分别占该行业企业数量的51.5%、48.9%和13.0%；建材行业开展创新活动企业数、实现创新活动企业数和同时实现四种创新活动数分别为12900个和12323个、2410个，分别占该行业企业数量的37.9%、36.3%和7.1%；钢铁行业开展创新活动企业数、实现创新活动企业数和同时实现四种创新活动数分别为4073个和3865个、706个，分别占该行业企业数量的39.3%、37.3%和6.8%；有色金属行业开展创新活动企业数、实现创新活动企业数和同时实现四种创新活动数分别为3460个和3223个、797个，分别占该行业企业数量的46.9%、43.7%和10.8%（见表10-5）。

表10-5　　　　　原材料工业创新活动总体情况　　　　单位：个,%

	企业数量	开展创新活动企业数	实现创新活动企业数	实现四种创新活动企业数	开展创新活动企业占比	实现创新活动企业占比	实现四种创新活动企业占比
石油	144	58	53	6	40.3	36.8	4.2
石化	2033	870	825	167	42.8	40.6	8.2
化工	25247	13002	12362	3278	51.5	48.9	13.0
建材	34037	12900	12323	2410	37.9	36.3	7.1
钢铁	10364	4073	3865	706	39.3	37.3	6.8
有色	7377	3460	3223	797	46.9	43.7	10.8
合计	79202	34363	32651	7364	43.4	41.2	9.3

资料来源：《2014年全国企业创新调查统计资料》。

（二）调查反映的主要问题

1. 企业创新意愿不强

从产业属性看，原材料工业大多属于流程性产业，工艺创新和产品创新对产业竞争力至关重要。然而，从《2014年全国企业创新调查统计资料》及十大产业调整振兴规划评估调查得到的数据看，我国原材料企业创新意愿不强。2014年，在我国原材料工业的几大行业中，开展工艺创新或产品创新的企业占比只有化工和有色金属产业超过制造业35.4%的平均水平，其他行业占比均低于制造业平均水平。其中，石化产业中开展工艺创新或产品创新的企业只有29.5%，建材产业中开展工艺创新或产品创新的企业只有23.9%，钢铁产业中开展工艺创新或产品创新的企业只有26.2%。

2. 产学研协同创新能力弱

现代产业经济学表明，产学研协同创新既可以充分发挥企业内部研发资源，又可以充分利用企业外部的研发资源，形成创新链和产业链的协同效应，是一种效率比较高的研发方式。但是，从《2014年全国企业创新调查统计资料》及十大产业调整振兴规划评估调查得到的数据看，我国原材料企业在开展工艺或产品创新活动中，大多单打独斗，较少进行产学研合作研究开发。2013—2014年，原材料工业的产品创新、工艺创新中，与境内研究机构和高等学校合作开发的，石化产业只有24.8%，化工产业只有22.4%，建材、钢铁和有色金属更低，分别只有13.1%、18.4%和17.0%。

3. 创新成本高和人才与信息缺失对原材料工业展开创新活动的阻碍大

根据《2014年全国企业创新调查统计资料》的数据，2013—2014年，在企业产品或工艺创新活动的11种阻碍因素中，有17.0%的石化企业、20.7%的化工企业、15.8%的建材企业、16.6%的钢铁企业和19.0%的有色金属企业认为创新成本高对企业产品或工艺创新阻碍作用大；21.6%的石化企业、25.1%的化工企业、19.7%的建材企业、21.9%的钢铁企业和23.7%的有色金属企业认为缺乏人才或人才流失对企业产品或工艺创新阻碍作用大；15.8%的石化企业、18.1%的化工企业、19.7%的建材企业、21.9%的钢铁企业和23.7%的有色金属企业认为缺乏技术信息对企业产品或工艺创新阻碍作用大。

（三）对技术创新政策的主要诉求

从《2014年全国企业创新调查统计资料》及十大产业调整振兴规划评估调查得到的数据看，有52.8%的石化企业、58.0%的化工企业、52.4%的建材企业、51.6%的钢铁企业和54.6有色金属企业认为企业研发费用加计扣除税收优惠政策作用大或比较大。因此，未来需要继续执行并加大企业研发费用加计扣除税收优惠政策的力度。同样，原材料工业企业对鼓励企业吸引和培养人才的相关政策及金融支持的相关政策、创造和保护知识产权的相关政策的需求也较为强烈。

三 调查结论与建议

推动我国原材料工业从国际产业链和价值链的中低端迈向中高端，需要针对制约我国原材料工业转型升级、迈向中高端进程中面临的缺乏关键核心技术支撑这一突出矛盾和问题，加强产业协调创新能力建设、加快技术创新平台建设、加大技术创新投入力度、加快创新工具软件的推广应用、加快科技创新成果转化步伐、加大产业政策支持力度、提高产业政策与公共财政政策的协调性、形成政策协同效应、优化市场需求环境。

（一）加强协同创新，建立官产学研用战略联盟，提高原材料工业整体创新能力

技术创新是一个链条、一个网络，从科学研究、实验开发到推广应用是一个"三级跳"，哪一个环节跳不好，就会出现木桶效应，让整个体系都运转不畅。当前，对原材料工业来说，要解决创新活动中存在的分散封闭、交叉重复等碎片化现象，避免创新中的"孤岛"现象，既要加强企业内部研发、设计、生产环节的协同，又要加强企业之间、科研院所和下游用户之间的协同，建立健全各主体、各方面、各环节有机互动的创新体系，形成创新链和产业链的协同效应。在这一过程中，政府要积极引导科研院所、大专院校与企业建立紧密联系，培育产学研用创新联盟，通过完善利益分享、风险分担等相关政策措施，深化产学研用协同创新，促进创新主体多元化发展；企业要充分发挥技术创新的主体作用，自觉加大产业技术创新投入，加强与有关科研院所的战略合作，与有关科研院所建立联合实验室、工程研究中心，重视与下游用户的合作，联合相关下游用户共建产品研发应用中心或实验室，建立跨行业的"产—研—用"平台，使企业创新能够及时响应用户需求。科研院所要以市场需求为导向，以科研项目落地为标准，提高创新链对接产业链的能力。

（二）科学统筹创新资源，加大产业技术创新投入

加大对原材料工业现有国家重点实验室、国家工程（技术）研究中心、企业技术中心以及行业认定的科技创新平台建设的支持力度和监管力度，科学统筹科技资源，提高资源的利用率。发挥公共技术服务平台在各行业各领域共性技术研究方面的纽带和桥梁作用，带动相关领域科技创新水平的提高。通过组织实施一批重大科技专项，进一步加大对原材料工业具有全局性、带动性、影响面大的关键共性技术的研究布局和投入，推进原材料工业自主创新。

事实上，行业关键共性技术是关系到行业长远发展的基础技术，具有投入大、短期内效益不明显、长期效益显著、技术溢出效应较大的特征。从技术属性看，行业共性技术具有公共产品的属性。在市场经济条件下，隶属于企业的研发中心和注重短期利益的市场化独立研发机构既缺乏足够的财力，也缺乏足够的动力进行行业共性技术的研发。这是近年来我国原材料工业共性技术供给和前沿技术突破进展缓慢，产业转型升级和迈上中高端乏力的重要原因。提高技术创新对原材料工业迈上国际产业链、价值链中高端，必须加大政府对行业共性技术、前沿技术和战略高技术的支持力度。对于行业共性关键技术和前沿技术，政府财政应该加大支持力度，由政府财政埋单为从事行业共性关键技术和前沿技术研发的科研院所和企业提供资金支持或为其搭建筹融资平台，同时要构建灵活规范的市场机制，促进企业共性关键技术和前沿技术研发成果的推广应用，使其效用达到最大化。

（三）加强知识产权保护，健全科技成果转化机制

引导有关单位重视和加强专利和标准化工作，结合国家经济发展、科技重大计划积极开展战略研究，培育和提升行业、企事业单位运用知识产权的能力和水平。健全科技成果转化机制，研究促进新技术新产品应用的需求引导政策，鼓励社会资源参与产业技术创新成果转化。

（四）加大财政资金对创新工具软件的支持，加快创新工具软件的推广应用

CAE、CAD、CAM、CAPP、PDM等创新工具软件可以帮助研究

人员进行大量的计算、分析和比较，存储和检索大量的设计信息，大幅度提高创新活动的效率和质量，是企业实现工艺、产品创新的得力助手和有效工具，企业在创新活动中应用上述创新工具软件可以起到事半功倍之效。课题组对青岛原材料工业中企业调查发现，对于大量中小企业来说，上述创新工具软件虽然有用，但是由于价格和使用成本的问题而只好忍痛割爱。这也是我国企业技术创新参与率低和创新效率低的重要原因之一。改变这种状况需要加大政府财政对创新工具软件的支持力度。建议中央财政和地方财政共同出资设立创新工具软件专项基金，用于建设创新工具软件的推广应用和平台建设。

（五）加强创新人才培养，打造高质量的人才队伍

加快建立多层次的适合产业技术创新能力提升的人才支撑体系，加大创新人才培养力度，积极牵引大企业集团和科研单位与高校合作，共同打造一支与产业发展和创新需求相适应的、技术全面的高技能人才队伍，为原材料工业可持续发展提供人才资源保障。重视对在岗科技人员的培养，打造以科技领军人才为首的创新团队。鼓励有创新实践经验的企业家和企业科技人才到高等学校和科研院所兼职。积极开展专业培训，支持人才的知识更新和技能提升以满足技术发展的需求。根据发展需要，积极引进海外人才，吸引产业发展所需的高层次人才和紧缺人才。

（执笔人：周维富）

参考文献

1. 冯梅、于可慧、杨洁冰：《我国钢铁产业技术创新对绩效影响的实证分析》，《科学管理研究》2015年第2期。
2. 高小强、田丽：《基于专利分析的中国重点钢铁企业技术竞争力研究》，《现代情报》2016年第3期。
3. 顾红、许平、陈磊：《化工企业的核心竞争力研究》，《云南化工》2006年第33期。
4. 霍咚梅、肖邦国：《我国钢铁行业技术创新发展趋势及方向浅析》，《冶金经济与管理》2015年第6期。

5. 李勇武：《中国石化企业处在全球产业链中低端》，《化工管理》2014年第11期。
6. 刘春燕：《建材企业技术创新面临的问题与对策》，《中国建材》2008年第7期。
7. 罗公利、高冠军：《我国石化企业技术创新的路径选择》，《青岛科技大学学报》（社会科学版）2008年第4期。
8. 潘东辉：《建材行业"十二五"科技发展回顾》，《中国建材》2016年第1期。
9. 邵朱强、田丰：《中国有色金属行业绿色发展和技术转型》，《环境保护科学》2016年第2期。
10. 王国栋：《钢铁行业技术创新和发展方向》，《钢铁》2015年第9期。
11. 王磊：《化工企业技术创新能力的问题研究》，《化工管理》2016年第2期。
12. 王子鸣：《钢铁制造业基于系统工程的CAD设计的应用研究》，《上海质量》2015年第2期。
13. 谢在库、刘志成、王仰东：《面向资源和环境的石油化工技术创新与展望》，《中国科学：化学》2014年第9期。
14. 周长益：《落实〈中国制造2025〉加快原材料工业转型升级》，《中国经贸导刊》2016年第2期。

第十一章 利用 CAX 软件与系统推动我国产业迈向中高端研究

摘要：CAX 软件与系统是利用现代计算机技术对技术创新进行支持的重要技术手段。CAX 已经在我国产品创新和工艺创新中发挥重要作用，并将为推动我国产业迈向中高端发挥更大作用。但同进口软件与系统相比，我国国产 CAX 功能较差，服务相对落后，竞争力较弱，影响了企业的使用和创新效果。为使 CAX 更好地推动我国技术创新，应降低 CAX 软件与系统的使用成本，创造良好的市场环境，加强专业人才的培养，做好相应推广工作，并鼓励对 CAX 的研发。

关键词：CAX；中高端；技术创新

我国产业处在转型升级的关键时期，技术创新是产业迈向中高端的必然选择。国际上技术创新已基本实现数字化、工具化，CAX[①] 软件与系统已经是技术创新离不开的工具并已系列化、系统化、高端化，而我国却非常缺乏高端 CAX 软件与系统，中低端的 CAX 软件与系统也尚未普及、用好，现有创新政策体系中对 CAX 软件与系统的支撑也十分有限。本书分析 CAX 软件与系统在技术创新中的作用和地位，针对我国 CAX 软件与系统发展和应用面临的问题，提出利用 CAX 软件与系统促进产业迈向中高端的政策建议。

---

① CAX 是指 CAD、CAE、CAI、CAM 及 CAPP 等一系列软件与系统，X 代表与 CA（计算机辅助）搭配构成计算机辅助工艺的某类软件与系统。

一 全球 CAX 软件与系统发展情况

CAX 软件与系统诞生于 20 世纪中期，并伴随着计算机科学技术的发展不断强化和进步，目前已经成为工业企业重要的生产和创新工具。

（一）国外 CAX 软件与系统发展现状

CAX 软件的发展经历了从无到有、从单一到多样、从简单到复杂的历程。随着计算机技术的发展和相关学科的进步，各种 CAX 系列软件与系统的功能越发强大。

1. CAD 软件与系统

计算机辅助设计（Computer Aided Design，简称 CAD）是指利用计算机及其图形设备帮助设计人员进行设计。CAD 是最早出现的 CAX 软件，也是目前应用最为广泛的软件与系统。CAD 的存在，使计算机可以对设计中通常出现的不同方案进行大量的计算、分析和比较，以决定最优方案；并对各种设计信息，包括数字、文字或图形，进行快速检索；帮助设计人员将草图构造等繁重工作交给计算机，并由计算机自动产生的设计结果快速作出图形，同时降低了对设计进行判断和修改，对图形进行编辑、放大、缩小、平移、复制和旋转等工作的难度。

CAD 是综合性技术，交叉集成了数学、计算机科学与技术、通信等多个学科。CAD 是先进制造技术的重要组成部分，对企业而言，能够提高设计水平、缩短研发周期、增强产品竞争力；对产品而言，能够提高设计质量、缩短研发周期、降低研发成本、提高新产品的可靠性并显著提高生产效率。具体来看，CAD 软件与系统的作用包括缩短产品研发周期①、提高产品设计质量②、降低生产成本③、提高管理水平④等。

2. CAE 软件与系统

计算机辅助工程（Computer Aided Engineering，简称 CAE）是用计算机辅助求解力学性能的分析计算和结构性能的优化设计等问题的一种近似数值分析方法。CAE 作为跨学科技术，被认为是涵盖企业生产、设计和管理等所有与计算机有关的软件系统。作为支持从研究开发到产品检测整个生产过程的计算机系统，CAE 随着技术手段的发展和变革已成为创新设计和虚拟验证过程中利用计算机分析工程的核心技术。与 CAD 类似，CAE 软件与系统也是随着计算的能力的提高而变得功能越发完善、精度不断提高。基于产品数字建模的 CAE 系统出现并得到应用，成为结构分析和优化的重要工具，与 CAD、CAPP 和 CAM 共同构成了计算机辅助 4C 系统。

3. CAI 软件与系统

计算机辅助创新（Computer Aided Innovation，简称 CAI）是新产品开发中的一项关键基础技术，以近年来在欧美国家迅速发展的创新问题解决理论研究为基础，结合本体论、现代设计方法学、计算机软件技术等多领域科学知识，综合而成的创新技术。CAI 融合了发明创造学、现代设计方法、多工程学科领域知识与计算机软件技术，将多个领域的科学知识有机地综合起来，能够在新产品开发的需求分析、概念设计、方案设计和方案评价等阶段为设计人员提供支持，有助于设计者拓宽思路，打破思维定式，引导设计者综合应用各学科知识，

---

① 利用 CAD 软件与系统提高设计速度，减少研发所需时间。由于计算机对设计效果能够进行直观展示，设计者得以依据计算机效果进行低成本设计。同传统的图纸修改相比，在计算机上修改明显更简便、快捷

② 由于计算精度高和修改简便，设计人员利用 CAD 软件与系统可以提高设计质量。通过实体造型，设计人员可以直观地在计算机中进行产品的预制造。利用参数化设计和数据库技术最大限度地避免设计上的疏忽。

③ CAD 软件与系统可以缩短设计、加工和装配的时间，降低废品率和减少库存，从而显著降低了企业的生产成本。

④ CAD 软件与系统生成的设计结果保存和检索都比较容易，在有企业内部信息系统的前提下，采用产品数据管理技术易于实现全局性的管理，提高企业管理水平。

获得突破性创新知识，为产品创新源源不断地提供富有创造性的设计方案，已经成为企业提高新产品开发能力的重要工具。

4. CAM 软件与系统

计算机辅助制造（Computer Aided Manufacturing，简称 CAM）是计算机数值控制下将计算机应用于制造生产过程的程序或系统。CAM 诞生于 1952 年美国麻省理工学院，是实现了自动编程工具系统的 APT（Automatically Programmed Tools）。

5. CAPP 软件与系统

计算机辅助工艺规划或设计（Computer Aided Process Planning，简称 CAPP）是 20 世纪 60 年代后期出现并开始发展的一个新的技术领域。CAPP 从本质上来说就是模拟人编制工艺的方式，代替人完成编制工艺的工作。CAPP 种类繁多，一些研究认为 CAPP 可以分为检索式 CAPP、派生式 CAPP、创成式 CAPP、综合式 CAPP 四类。

（二）我国 CAX 软件与系统发展现状

我国 CAX 软件与系统在世界上处于落后水平，但在部分领域已形成自己的特色和优势地位。本部分以 CAE 软件与系统为例，分析我国 CAX 软件与系统的现状。

我国自主知识产权 CAE 软件的功能距离国际先进水平尚有差距。可以概括为国产 CAE 软件"不够强硬"，即平台不强，核心不硬。其中平台指软件平台，核心指核心算法。平台不强表现在系统完成后，其升级和维护水平不足；软件系统有核心功能，但辅助功能相对缺乏，开放性和二次开发能力也较差；质量保障体系不够完善。核心算法不硬表现在算法的适应性、健壮性、可靠性差；时间、空间效率低。但从研究的层次来看，我国已经开发出国际高水平核心算法，拥有较强的自主创新能力，在整个 CAE 技术领域都有了不错的研究基础，也积累了一定的人才储备。在这样的研究基础和人才储备条件下，如果结合目前市场对资源的配置作用，并且有合适的政策引导，我国 CAE 产业是具备良好发展潜力的。

二 CAX 软件与系统在我国技术创新中的作用

近年来，我国制造业开始向产业中高端迈进，技术创新是重要的途径。CAX 软件与系统作为工艺创新和产品创新的重要工具，在我国技术创新中发挥了重要的作用。

（一）技术创新中必不可少的环节

在技术创新过程中，对既有知识的运用是一个不可避免的条件。而作为利用计算机工具辅助设计、工程、创新和制造的系统，CAX 是对既有知识进行运用的有力工具。

一方面，对渐进式创新而言，CAX 系统本身就是有效的效率提高的工具。渐进式创新指通过不断的、渐进的、连续的小创新，最后实现管理创新的目的。对现有技术的改进而引起的渐进的、使产品或服务按照主要市场中大多数用户历来重视的那些方面来改进已有的性能。比如，针对现有产品的组件作细微的改变，强化并补充现有产品设计的功能，至于产品架构及组件的连接则不作改变。是对工作流程、生产工艺、产品性能等的较小范围的改进，这些改进往往带来的是效率的提高、性能的改进和流程的改造等。在这些渐进式创新中，更多的是在原有基础之上的改良，而计算机辅助设计和制造等，本身就利用了计算机强大的计算能力，可以认为是创新环节的智能化，比之完全依靠人力资源进行设计和制造，效率有了明显的提高。即使是在没有引入新的工艺或产品的情况下，仅仅在提高创新过程的效率上，CAX 系统就有明显的作用。而实际运用中，CAX 系统的作用不只是在效率的提高上，还在新工艺或者产品的创造中有重要作用。

另一方面，对颠覆式创新而言，CAX 系统能够提供有力的帮助。所谓颠覆式创新，由量变导致质变，从逐渐改变到最终实现颠覆，通过创新，实现从原有的模式，完全蜕变为一种全新的模式和全新的价值链。颠覆式创新是对工艺或者产品的革命性、重大性的改进，实现了与原有工艺或产品的巨大不同。在颠覆式创新中，对新知识的探索和运用是必不可少的,而 CAX 系统则在这个过程中发挥重要的作用。例如,在制造业创新中,CAI 可以将多个不同领域的知识进行有机综合,从而在新产品开发的需求分析、概念设计、方案设计和方案评价等阶段为设计人员提供支持,可以帮助设计者拓宽思路,打破思维定式,引导设计者综合应用各学科知识,获得突破性创新知识,为产品创新源源不断地提供富有创造性的设计方案。

(二) 重点领域广泛应用的创新工具

国内 CAX 软件与系统在军工和民用的各个重点行业得到了较为广泛的应用,从国防工业到民用工业,从资源能源的开采到高精尖的电子信息,都用到了 CAX。

以 CAE 软件与系统为例,军工行业是其最大份额的应用产业,涉及航天、航空、电子、兵器、船舶等军工研究及生产诸多部门。交通、建筑、加工制造和能源环境等民用工业也是 CAE 应用的重要方面。此外,能源环境方面以石油开采为代表,无论在上游的勘探开发、中游的油田开发以及下游的石油炼化加工等环节均在利用 CAE 技术进行辅助分析和设计。CAE 系统求解更高的精度可以有力促进热能和动力相关产业的创新。

(三) 重要的潜在作用

随着十八届三中全会将创新发展列为我国发展的五大理念之一,技术创新必将会得到更多重视和更大的政策支持。在未来一段时间内,我国企业迈向产业链中高端的过程中技术创新也将发挥重要作用。因此,CAX 软件与系统在我国技术创新中的地位与作用在未来会得到进一步的提升。

1. CAX 软件与系统将发挥更为重要的作用

随着我国计算机与信息产业的发展,将为 CAX 产业的发展提供良好的技术支持;同时我国制造业转型升级也会加大对 CAX 软件与系统的需求,CAX 软件与系统将会在我国技术创新中发挥更为重要的作用。

首先,计算机科学与技术在持续进步。纵观国内外 CAX 软件与系统的发展,计算能力的进步是其性能提升和完善的基础,CAD 从平面作图到三维立体作图，CAE从有限元法到动力学问题等复杂算法，无不是在计算能力增强的基础上实现的。与此同时，计算机软硬件成本的下降导致的个人电脑快速发展是CAX软件应用和普及的重要前提。信息产业作为我国重要的新兴产业，近年来发展速度较快，这为我国CAX软件与系统的进一步发展奠定了重要的基础。一方面，我国计算机科学的基础研究水平在不断提高，国产的处理芯片龙芯系列和银河系列都具有很强的计算能力，虽然应用于不同的领域，但都可以作为我国计算机学科发展的有力支撑。另一方面，我国在软件行业兴起了一批具有全球竞争力的企业，培养了一大批优秀的软件工程人才，这在技术层面为我国计算机产业的发展创造了有利条件。随着云计算、大数据等新兴技术的快速发展，我国计算机行业也迎来了新的发展契机。在未来的一段时间内，我国计算机产业的发展将会为CAX软件与系统的发展准备好有利的条件。

其次，我国CAX产业本身具有较大发展潜力。以CAE产业为例，国内自主开发CAE软件的企业目前有几十家，有一定影响力的有十几家，其中代表性的有前沿动力、英特仿真、大连集创、飞箭软件、超算科技、天津元计算、中仿科技、致卓信息科技等。

2. 技术创新对CAX软件与系统的需要将改变

正如前面对全体工业企业和战略性新兴产业的分析中指出，不同类型的企业对CAX软件的重要性排序也不相同。随着我国制造业的转型升级和技术创新，对CAX软件与系统的需求也将改变。

从总体上看，CAX软件与系统面对的市场需求将会扩大。随着我国制造业的发展，企业将从微笑曲线的中间制造环节走向利润更高的研发和销售环节，对CAX软件与系统的需求必然增大。以iPhone代工生产为例，苹果公司负责产品的研发设计和销售，在研发设计过程中，不可避免地需要使用CAX软件，而富士康公司则只需在苹果公司指定的需求下进行零部件组装，几乎不会使用CAX软件。当企业通过技术创新进入到产业链的高端环节后，必然产生对CAX软件的需求。随着产业链高端环节企业的增多，我国工业企业的CAX软件与系统的市场规模必然扩大。

从结构上看，不同类型企业对 CAX 软件与系统的需求不同，CAX 软件与系统内部的市场结构将发生变化。不同 CAX 软件在技术创新中的作用不同，CAD 侧重于产品设计，CAE 侧重于产品的性能，CAI 针对知识运用和创新，CAM 针对的是制造环节的控制。目前我国制造业企业更为看重 CAD 和 CAM，随着转型升级，未来可能对 CAI 的需求增长更快。

3. CAX 软件与系统将为制造业创新能力提升贡献重要力量

CAE 软件与系统是《中国制造 2025》中提到的"增强制造业创新能力"环节中设计创新的重要组成部分，为未来我国制造业的长期发展提供支撑。

《中国制造 2025》中提出推进信息化与工业化深度融合。CAE 仿真技术作为产品生命周期管理平台里重要组成部分，已广泛地应用到产品生命周期各阶段。未来，仿真技术需要满足各式各样的新技术需求，如系统工程、物联网、大数据分析和云端协作。CAE 技术需要适应未来软件为主的研发模式、系统工程的方法、敏捷开发快速迭代的特点等。"中国制造 2025"是将制造和设计更紧密地结合在行业应用方面，需要 CAE 技术在行业应用部分深耕，由行业客户单位提供行业需求以及技术规范和标准，深层次挖掘行业标准和规范中的差异化要求，针对行业特点进行研发，是 CAE 技术在智能制造中深入应用的必然趋势。

CAE 技术的良好应用能缩短产品开发周期和降低开发成本，提高企业的创新能力，对一个国家装备制造业的发展具有十分重要的意义。近年来，CAE 技术在航空、航天、兵器、机械、汽车、高铁、船舶、电子、医疗、建筑等诸多国民经济基础性产业领域得到日益广泛和深入的应用，并日益成为绝大多数工业领域必备的创新技术手段，成为世界各国发展高端装备制造业的重要支撑。我国深入实施创新驱动发展战略，努力从"中国制造"走向"中国创造"，同样离不开 CAE 技术的应用。

（四）高校和院所科技成果转化的重要手段

我国高校和科研院所存在研究成果转化率不高的问题。根据中国科学院所做的调查研究，德国、美国、日本往往一所大学每年的专利数量在 700 件左右，而专利被转让、许可的比例平均在 50% 左右。这远高于我国大学专利被转让、许可的比例。以国内某顶尖工科大学为例，每年的专利超过 1000 件，有时候甚至有 2000 件，但是专利转让、许可的比例不过是个位数。CAX 软件与系统可以有效提高知识应用和研发中的方向性问题，从而为高校和院所研究成果的转化提供一个有效的途径。

三　我国 CAX 软件与系统面临的问题

目前我国制造业企业使用的 CAX 软件与系统中，进口软件占有优势地位。我国国产软件与系统功能较差，服务相对落后，竞争力较弱。

（一）自主 CAX 软件与系统发展面临问题

目前，我国在 CAE 领域的理论研究和应用技术已有所积累，但国产软件技术水平落后，在与进口软件的竞争中处于劣势地位，同时面临发达国家的技术封锁。

1. 国产 CAX 软件在竞争中处于劣势地位

总体上，国外 CAE 软件在我国重点工业领域占有较大的市场份额，曾一度达到 CAE 行业市场总量的 95% 左右。其中，仅美国 ANSYS 软件，就占领了近 1/3 的国内市场份额。相比之下，国内自主知识产权 CAE 软件仅占市场份额的 5%，竞争力明显不足。

具有巨大的发展潜力。2008 年后，尽管遭遇了金融危机，全球 CAE 市场仍然保持较高的年增长率。例如 ANSYS 公司，在其他行业普遍不景气的情况下，过去五年的年平均增长率依旧超过 15%。因此普遍认为 CAE 是一个具有巨大发展前景的产业。我国 CAE 市场更是如此，我国 CAE 市场虽然长期保持高于 25% 的市场增长率，但是仍然有很大的发展空间和潜力。据 e - works 统计，在 CAE 应用程度最高的装备制造业领域，CAE 技术的市场普及率仅为 22% 左右，其他应用领域市场普及率更低。例如，2012 年国内 CAE 市场销售额为 14 亿元，但国内待开发的市场超过了百亿，国际的拥有千亿级的市场规模。预计未来十年里，国内的 CAE 市场会保持 25% 左右的平均年市场增长速度，具有极大的发展潜力。

应用范围正在扩大。CAE 应用已经从传统的装备制造业领域，向新兴市场转移，医疗保健行业、虚拟建筑的设计、基于仿真应用的消费品市场、大气和环境状况仿真等行业领域，CAE 仿真的应用也日趋广泛。我国 CAE 市场具有极大的发展潜力，随着我国技术自主创新的投入和市场需求的带动，我国正逐渐向 CAE 应用大国过渡。

2. 国产 CAX 系统技术水平落后

我国 CAX 软件与产业总体上落后于世界先进水平，产品性能和稳定性等方面都有一定差距。

一些企业用户反映"国内能自主开发的软件，在性能和功能上能够满足要求，四方所一直选择国内软件；一些专用软件工具国内没有或者功能性能等不能满足要求。"

从选用国产 CAX 软件的原因来看，一半工业企业认为国产 CAX 软件与系统的性能与国外软件相比稍差，超过 1/4 的工业企业认为国产 CAX 软件与系统同国外的性能一样。但普遍认为国产软件与系统价格更低。其中，有约 10% 的工业企业选择国产软件是由于其后续服务更好（见图 11-1）。

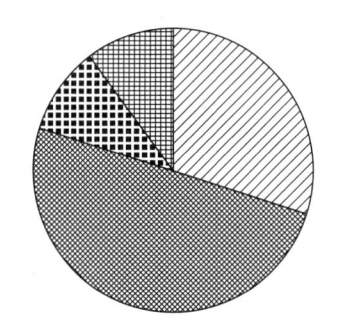

图 11-1 工业企业选择国产 CAX 软件的原因

3. 企业对CAX软件与系统的使用存在困难

虽然我国CAX市场有着广阔的潜力，但是目前工业企业使用CAX软件仍面临着技术上和政策上，以及经济上的困难。

对30余家企业的调查发现，从整个工业企业来看，价格因素是制约企业使用CAX软件与系统的最大障碍，有超过60%的企业因为经济上的原因难以使用CAX软件。其次，约20%的企业认为使用CAX软件的效果不够明显。最后，不具备使用CAX软件的能力和因使用次数过少而导致不经济也是制约CAX软件与系统使用的因素。从战略性新兴产业产业来看，价格高同样是制约企业使用CAX软件最重要的原因，而且所占比重更高，达到了80%；另外也有部分企业认为使用CAX软件的效果不明显。

4. 产业化水平较低

国内的CAE技术产业化水平比较低。好的科研成果大多停留在高校发表科技论文阶段，缺少必要的产业化环节，因此没有被大规模推广使用。多年来，国内难以形成一款有广泛市场占有率的、有丰富工程应用实例的CAE软件产品。目前国产软件普遍存在工程验证不充分、软件不能充分与工程标准挂钩、可靠性有待考证、解决工程实际问题的客户信赖度不佳等问题。

国外软件由于被大规模工程应用了十几年甚至几十年，已经有大量工程项目从侧面验证了软件的准确性。与之相比较，国内软件公司普遍缺乏软件准确性的工程验证条件，仅在研发过程中使用一些验证性算例与国外软件进行了对标，很难证明自己的软件针对所有问题的分析结果全部安全可靠。

过去，我国自主知识产权CAE软件的开发由于产学研结合滞后，未能成功走向集成化、产业化发展道路，逐步被欧美国家甩在后面。20世纪90年代以来，欧美CAE软件大规模进入中国，以至目前我国97%以上高端制造用户使用着国外CAE软件，甚至出现国内高校相关专业毕业生只会使用进口软件的局面。

5. 发达国家对我国实施高级软件出口限制

发达国家一直重视作为创新工具的CAX软件与系统，在其出口政策中实施差异化政策。对我国企业而言，主流 CAE 商业软件主要是进口的国外品牌，对于中小企业而言是"买不起"的奢侈工具，对于战略产业而言稍高端的模块则是"买不到"的禁运产品。

以美国为首的发达国家将较高端的 CAE 软件技术视为"事关国家竞争力和国家安全的战略技术"，对我国始终保持技术封锁和贸易禁运，导致我国国防和高端装备的研发设计必须依托国外 CAE 软件进行。我国无法得到进口软件的源代码，不具备二次开发或底层算法修改能力，无法很好地嵌入我国工业信息化体系中。由于核心技术受到封锁和垄断，高端 CAE 无法进口，导致计算精度及功能无法满足我国推动产业迈向中高的技术创新需要。CAE 技术可应用于产品生命周期的各个环节，每个环节所需 CAE 软件的计算精度与效率、功能各不相同。

（二）自主 CAX 软件与系统产业颇具潜力

CAX 软件与系统的开发和发展对理论基础、计算能力和应用前景都有较大依赖。以 CAE 产业为例，可以发现我国具备发展该软件与系统的基本条件，有实现产业良好发展的潜力。

第一，我国相关研究基础扎实。CAE 软件产品以计算力学为基本的理论基础，我国在计算结构力学、计算流体力学、计算电磁学等学科上基本与国际同步，部分技术还居于国际领先地位。随着制造业发展和计算科学理论进步而不断推进提升，随着我国科研实力的不断提升，制造业的转型升级，国产 CAE 软件得到良好发展的潜力也越来越突出。我国 CAE 发展的理论基础相对坚实，在理论算法上与国际发展同步并持续发展。目前我国已经拥有一批自主知识产权的 CAE 源代码及产品，分布于研究院所[1]。近年来，相关企业基础于基本方程，着力于算法研究，凝聚于计算机科学，集成于理论与实践，统筹发展着 CAE，无论是专项还是集成系统都取得了长足的进步[2]。

---

[1] 例如，陈屏伯的结构矩阵方法，钱令希的余量理论，钱伟长的广义变分理论，冯康的有限单元法等，都在世界 CAE 技术的发展中有过重要影响。

[2] 如西安前沿动力的 simwork，统筹了基于 CAD 的前处理与虚拟现实融合的后处理。

第二，我国已经在 CAE 软件理论研究与开发有了丰富的专业人才储备。在我国 CAE 产业起步和发展的这几十年中，培养和积累了一批可观的专业人才。例如，在北京大学、北京航空航天大学、西安交通大学、清华大学、浙江大学、西南交通大学、华中理工大学、同济大学、大连理工大学、吉林工业大学等在计算力学领域培养了数以万计的人才，形成了一批研究队伍；在航空航天、兵器兵工、海洋船舶等众多领域也有丰富的 CAE 从业人员，为 CAE 的研究、推广及应用奠定了基础。目前，我国学者在 CAE 技术领域的研究工作已经覆盖了几乎整个学科，在国际著名 CAE 企业中，华人及华裔的比例达到 20%—30%。

第三，我国计算机技术的发展为我国 CAE 产品的持续开发提供了保证。21 世纪以来，我国软件产业发展很快，软件外包在国际市场上占有较大份额。目前，我国软件从业人员多，从软件架构、程序实现、底层数据库，到数据交互、中间技术等方面均有丰富的积累。作为 CAX 软件与系统性能和运算的基础，计算机软硬件的发展为我国自主知识产权的 CAE 软件发展提供了重要支撑。

第四，我国大量的工程与制造项目为 CAE 软件的应用提供了空间和市场。我国的大飞机、发动机、大型核反应堆、大型船舶、大型桥梁等项目的实施给自主 CAE 产品的应用提供了市场，为 CAE 产品的稳定性、友好性、兼容性及计算精度提供反馈，有力地促进了我国自主 CAE 产品的健康可持续发展。随着计算机硬件技术以及 CAE 分析技术的不断发展，分析问题的规模越来越庞大。目前 CAE 分析已经从传统的单学科问题向跨学科问题过渡。这些都对 CAE 软件处理大规模问题的能力提出了很高的要求。同时，现代计算机 CPU 核心数量不断提升，也推动了 CAE 软件从单核单线程串行计算，向大规模并行计算方向发展。

第五，目前大型商用 CAE 软件已经普遍线性加速比不高，并行效率低下。不能满足大型计算机、超级计算机的发展需求。另外，浮点运算的 GPU 加速技术也是大规模计算技术的发展趋势之一。目前国外软件对于 GPU 的支持也是刚刚起步，没有真正大规模地应用到工程项目当中。

（三）创新工具获得的政策支持不足

创新工具作为制造业企业在新产品设计、制造和工艺创新中的有重要作用的软件与系统，能够帮助企业提高创新效率。但是在我国已有的创新政策中，往往都忽视对创新工具的支撑。鉴于我国目前在创新工具的使用，尤其是CAX软件与系统的使用中存在的问题，创新政策对其的支持力度有所不足。

在我国制造业转型升级和迈向中高端之前，很长一段时间之内，创新都作为重要的科技和经济内容得到了政策支持。但我国已有的创新政策支持集中于两类。

一类是对创新的普适性政策。这类政策虽然部分也针对行业、领域或者地区，但实际上是针对创新行为的扶持政策。主要可以分为财税政策，如研发费用加计扣除和进口研发设备减免关税等；人才政策，如为技术人才提供所得税、住房及户口等方面的优惠等；金融政策，如科技金融、风险投资等方面的政策。这些普适性的创新政策覆盖面较大，受惠的产业和企业也较多。

一类是对重点产业的扶持政策。创新并不是只发生于高新技术行业，但的确在通信技术和生物医药等新兴产业创新更为活跃和频繁。我国为支持这些创新相对活跃的产业也有相当一批扶持政策，例如对战略性新兴产业的扶持等。

必须注意到，CAX软件与系统产业本身既对普适性创新有重要作用，本身也是一个进步迅速、创新活跃的产业。但是在我国已有的创新政策中，几乎还没有专门针对CAX软件与系统的支持政策。

四　促进CAX软件与系统发挥更大作用的建议

如前所述，在CAX软件在工业的产品创新和工艺创新中发挥了重要作用，成为我国产业迈向中高端的重要因素。但是受制于国外软件较高的价格和国内软件性能和服务上的不足，我国 CAX 软件对创新的支撑作用受到限制。对我国来讲，若要构建完整的 CAE 体系，必须走自主开发的道路。为使 CAX 软件与系统在我国技术创新中发挥更大的作用，应该从以下几个方面做出努力。

（一）降低使用 CAX 软件与系统的成本

通过对工业企业在 CAX 软件与系统的使用中所需政策支持的调查，发现大多数企业认为政府提供补助是最有效的方式。此外，鼓励企业提供研发设计外包和建立公共服务平台也被认为是有效的政策支持。在战略性新兴产业来看，政府补助同样是最好的政策支持方式；鼓励企业提供研发设计外包也被视为一种有效手段。

从制约企业使用 CAX 软件与系统的原因来看，高价格是最重要的限制因素，企业普遍提出由政府提供补贴也是对应这个制约因素的。首先，企业是以盈利为目标的，创新作为有较大风险的企业行为，肯定会在企业进行成本收益分析的基础上进行，当作为创新工具的 CAX 软件与系统成本过高的时候，就会影响到企业使用其的积极性。其次，部分 CAX 软件与系统，尤其是国外软件的使用费用确实过高，超出了企业的使用能力，即使是企业有心冒风险使用也会力不从心。

因此，在短期内可以从三方面入手，通过政府支持降低企业技术创新中使用 CAX 软件与系统的成本，促进企业对其的使用。第一，设立 CAX 软件与系统应用专项资金，为企业购买、租用及其他方式使用 CAX 软件与系统提供补贴，降低企业使用 CAX 软件与系统进行技术创新的成本。第二，由政府出资与社会资本合作建立 CAX 软件应用平台，以微利的模式提供 CAX 服务，政府资本不以营利为目的，鼓励社会资本参与，从而降低企业租用 CAX 软件的成本。第三，尝试发放政府出资的"CAX 使用券"，工业企业每年可以在一定限度内获得政府发放的使用券，并在租用 CAX 软件与系统时抵用现金，由 CAX 软件与系统的提供方根据收取的使用券向政府收取费用。

（二）创造有利于 CAX 产业发展的市场环境

必须注意到，CAX 软件与系统是有效的创新工具，同时 CAX 产业自身也是一个技术含量较高的智力密集型产业。前面的建议可以降低企业使用CAX软件与系统的成本，在促进我国企业养成使用CAX软件习惯的同时，可以有效地扩大我国CAX产业的市场规模。与此同时，应该创造更有利于CAX产业发展的市场环境，保证在足够的市场需求下，CAX企业能够实现良性发展，从而带动我国整个CAX的进步。

首先，保证公平竞争的市场环境。公平的市场环境是产业发展的基本前提，也是创新的基础。只有在公平的市场环境中，拥有技术、成本等优势的企业才能在竞争中获得优势地位。CAX产业是一个技术进步速度较快的产业，只有在公平的竞争环境中，性能强大、服务到位的企业才能有更好的发展前景，整个产业才有更好的发展机会。在我国部分CAX企业已经积累一定的资源和竞争力的情况下，公平的市场环境有利于这批企业获得一定的竞争优势并发展壮大，从而带动整个CAX产业的发展。

其次，加强知识产权保护。知识产权对含有知识成果的无形资产，CAX软件与系统具有很高的技术含量，也是知识产权的载体。作为计算机软件在我国目前的知识产权保护状况下极易被侵权，过去我国国产CAX软件也曾由于侵权频发陷入发展困境，因此必须做好知识产权保护工作。近年来，美国等一些发达国家将计算机软件纳入了专利保护范围，加强了其保护强度。我国应强化计算机软件的保护力度，为CAX产业及其他计算机软件产业的发展创造良好的竞争环境。

（三）加强专业人才的培养

CAX产业是典型的智力密集型产业，人才是产业发展的关键因素。我国CAX产业发展相对落后与专业人才的不足是有关系的。应该加强人才的培养，通过人才队伍的建设为产业的发展提供动力。

第一，在高校相应的专业中设立针对CAX软件系统的课程，在普通全日制高等教育的计算机科学与技术专业和软件工程专业等相关专业增设CAX软件与系统的课程。高等院校是培养人才，尤其是高技术人才的主要机构，在高校开设相关专业和课程是培养专业人才最重要的途径。鼓励CAX软件企业与优势高校合作，进行有目的的专业人才培养。通过联合培养等方式，使优势高校中相关专业的学生在读期间就有一定的基础，能够更快适应 CAX 产业的工作。

第二，由政府出资设立开展 CAX 产业相关培训。除高校这种培养方式外，社会培训也是培养人才和提高人才技术水平的重要途径。为加强 CAX 系统与专业的人才培养，可由政府出资，对 CAX 产业从业的相关人员，尤其是技术人员进行培训，提高在职人员的职业素养和技术水平。

（四）推广应用 CAX 软件与系统

CAX 软件与系统是创新工具，只有在强烈的工业创新需求推动下，CAX 产业的发展才能顺利。创新水平越高，对 CAX 软件与系统的要求也就越高，因此世界一流的应用才能孕育出世界一流的 CAX 软件。例如，20 世纪 60 年代到 70 年代航空工业和汽车工业的强烈应用需求才催生了曲面造型和实体造型技术；也正是有了波音公司、Dassault 飞机公司这样的大型客户，才造就今天的 CATIA。因此，要推动我国 CAX 产业的发展，必须与我国工业技术创新相结合，推广 CAX 软件与系统的应用，走产业化发展的道路

一方面，协调政府有关部门加大对国产 CAX 技术的宣传推广力度。虽然制造业企业对 CAX 软件的使用已经相对普及，但是对国产软件还是存在一定的不信任。应组织相关推广活动，着力纠正国内市场及用户对国产 CAX 技术认识的偏差，推广 CAX 软件，尤其是国产 CAX 软件与系统在企业的应用。

另一方面，在政策方面强调企业在承担政府科研项目、国家产品研发、重大工程设计的作用，推进企业自主研发能力的建设力度。在行业标准、规范和发展规划方面，以及行业技术主管部门/行业协会审批及管理业务过程中，应体现自主 CAE 软件的价值。在科技奖励、税收、补贴及相关激励方面制定面向自主 CAE 软件研发支持相关的具体规定与措施。该政策和机制目的是构建自主 CAE 软件发展的产业化环境，驱动企业着力培育自主创新能力建设，以此掌握核心技术的自主化发展。

(五) 鼓励对 CAX 软件与系统的研发

自主研发 CAX 软件周期长、投入大，这类研究多数情况下需要得到政府资金的支持，仅仅靠企业支出往往会导致研发不足。因此，需要在政策和资金方面构建可持续健康发展的体制和机制，强化我国 CAX 产业的研发基础，通过研发的加强提高我国自主 CAX 软件与系统的竞争力。

第一，构建多层次的研发队伍。稳定国家级研发队伍，设立若干以自主 CAX 软件研发为主体任务的国家级科研机构。建立和维持总数稳定的国家级研发队伍，给予中央财政预算支持。通过国家自然科学基金及其他财政支持的研发项目方式，维持相对稳定的研发团队，对 CAX 相关的基础性领域开展研究。培育和发展企业，构建企业研发人才，鼓励企业开展相关研究，适当设立横向课题，积极鼓励高校、科研机构基于自主 CAX 与系统软件开展教学与科研任务。

第二，政府采购加强对自主 CAX 软件与系统的支持。在不违反 WTO 及相关多边、双边贸易协定的前提下，在政府采购中加强对国产 CAX 软件与系统的支持。在政府采购的实际操作中，同等条件下优先选购国产 CAX 软件与系统。

（执笔人：杨超）

参考文献

1. 陈永府、王峰、朱林、陈立平：《CAPP 发展趋势及面临的问题》，《计算机工程与设计》2004 年第 5 期。
2. 丁小宝、谢庆生、李少波、李杰：《CAD/CAE 技术应用公共服务平台运行机制研究》，《中国管理信息化》2010 年第 14 期。
3. 兰芳、覃波、梁艳娟：《产品创新工具——CAI 技术研究》，《装备制造技术》2008 年第 4 期。
4. 雷亚勇、张韬韬、刘鑫：《CAD/CAE/CAM 的协同发展研究》，《机械工程与自动化》2008 年第 4 期。
5. 李惠云、徐燕申、李树杭、周同田：《CAPP：概念、现状、存的问题及发展趋势》，《河北工业科技》2000 年第 2 期。

6. 潘云鹤、孙守迁、包恩伟：《计算机辅助工业设计技术发展状况与趋势》，《计算机辅助设计与图形学学报》1999 年第 3 期。
7. 邱栋、徐志梁：《CAE 的发展及其在产品设计中的应用》，《家电科技》2004 年第 4 期。
8. 孙东印、司建明、李郁：《综述 CAE 技术的发展和应用》，《现代制造技术与装备》2011 年第 2 期。
9. 王定标、向飒、郭茶秀：《CAD/CAE/CAM 技术的发展与展望》，《矿山机械》2006 年第 5 期。
10. 王洁、李铁军：《CAPP 的发展趋势》，《辽宁工学院学报》2007 年第 1 期。
11. 王细洋、万在红：《CAPP 的关键问题及其对策》，《制造业自动化》2000 年第 2 期。
12. 杨亚楠、史明华、肖新华：《CAPP 的研究现状及其发展趋势》，《机械设计与制造》2008 年第 7 期。
13. 叶修梓、彭维、唐荣锡：《国际 CAD 产业的发展历史回顾与几点经验教训》，《计算机辅助设计与图形学学报》2003 年第 10 期。
14. 张芸、秦俊荣、程自力：《我国 CAE 产业发展综述》，《中国信息科技》2010 年第 15 期。

第十二章 日韩推动产业迈向中高端的技术创新政策经验与启示

摘要：本书以日本、韩国等国推动产业迈向中高端的历史经验为对象，梳理分析了这些国家在产业转型阶段的发展背景、发展途径、政策措施。本书认为，日韩推动产业迈向中高端的创新途径包括明确重点产业发展方向、分类分批引进关键适用技术、快速消化吸收并降低生产成本、依托国际市场推动产业获得新的竞争优势、以自主研发为基础实现产业高端发展等几个重点环节。政策经验表现在：政府在共性技术开发中发挥了组织协调作用，龙头企业在技术和产业升级中发挥带动作用，科技、产业、贸易等政策共同发挥作用。通过对日韩经验的可行性分析，本书认为，对当前我国产业发展而言，政府重在提供公共服务，产业中高端发展根本上要靠企业提高创新能力；技术引进依然重要，但难度加大；共性技术的开发、消化吸收要适应新的技术经济范式；产业技术创新，需要立足开放型的经济新体制。在此基础上，本书从企业技术创新、政府治理、国际市场开拓等角度提出相关政策建议。

关键词：中高端；技术创新；创新途径

当前，我国经济发展处于以"三期叠加"为特征的新常态，以科技创新驱动促进产业向中高端发展，成为保持我国经济社会持续稳定健康发展的战略选择。习近平总书记将加强科技供给，服务经济社会发展主战场作为未来发展的一项重要任务。他强调，要深入研究和解决经济和产业发展急需的科技问题，围绕促进转方式调结构、建设现代产业体系、培育战略性新兴产业、发展现代服务业等方面需求，推动科技成果转移转化，推动产业和产品向价值链中高端跃升。日本、韩国等国在历史上曾成功地实现了产业的中高端发展，本书针对其发展中的路径、经验、政策措施等进行分析，以提供参考借鉴。

一　日韩推动产业迈向中高端的总体背景

产业向中高端迈进，主要是指产业结构不断优化，生产技术水平、生产过程集约化程度、产品附加值等不断提高的过程。从历史发展看，技术创新政策对一个国家或地区的经济起飞具有非常重要的作用。自20世纪50年代以来，日本[①]和韩国[②]先后进入产业向中高端迈进的时代。相较于西方发达国家相对漫长的工业革命进程，日韩两国在较短的时间里实现了产业向中高端发展，与国际政治经济大环境和平发展、科学技术进步发展以及政府干预引导有着密切的关系。

（一）稳定的国际政治经济环境为产业发展提供良好环境

第二次世界大战后，国际政治经济格局发生了极为深刻的变化。一方面，在长时期保持和平的国际环境下，不同类型、不同发展程度国家都将经济发展摆在首位，尤其是资本主义世界经济处于较长时间的繁荣之中。世界主要工业化国家[③]实现了有史以来历时最长、增长率最高的连续经济增长。

另一方面，20世纪50年代中期以后，由于科技进步和生产手段的现代化，原材料资源在勘探、开采和生产方面都有了很大的增长。

[①] 通过实施有效的产业政策，日本的经济结构已演变到以先进制造业为支柱、现代服务业为主体的典型的"后工业化阶段"。

[②] 1953年朝鲜战争结束后，韩国经济开始走向稳定和工业化过程。伴随着产业政策的不断演变，其产业结构也经历了三次升级阶段：自20世纪60年代初至20世纪70年代初的劳动密集型产业发展阶段，20世纪70年代到20世纪80年代的资本密集型产业发展阶段，以及20世纪90年代以后技术密集型和知识密集型产业发展阶段。

[③] 美国因战争远离本土，未曾遭受到战争的破坏。而且，由于美国垄断资本通过大量的军需生产获取暴利，也使得战后美国经济有了充足的积累。处于萧条之中的西欧各国经济，也在美国的援助下，从1953年中期开始步入复兴的阶段。在这期间，随着经济发展，劳动生产率也随之提高。

对于资源匮乏的日韩两国而言，不仅可以获得充足的廉价资源，促进经济迅速发展，而且可以依此实现能源结构和经济结构的变革，使其在世界经济竞争中，处于十分有利的地位。

（二）科学技术成为调整生产关系和经济结构的重要因素

现代科技的发展提高了生产力水平，改变了生产力的规模和结构，使第二次世界大战后生产力要素及其结构、产业结构、经济形态发生根本性变化。

第一，现代科学技术已广泛渗透到社会生产的各种要素中。科学技术引起了生产力诸要素的变革，提高了劳动资料的质量，改造了劳动对象，增强了劳动者的素质，使组织管理更加有效。从20世纪50年代开始兴起的以原子能、电子计算机和空间技术的开发利用，以及合成材料和生物技术的相继出现为标志的多学科、跨领域的科技革命极大地推动生产力的发展。这次技术革命使劳动资料特别是生产工具处于急剧的变革之中，出现了一系列新型的生产工具[①]，这不仅改变着传统生产部门的技术装备，而且创立了许多新兴的产业部门。此外，科学技术引起了生产力内部结构的变革，使生产力各要素之间的结合更加高效。

第二，现代科技的发展促进经济结构优化。科技进步使新产业不断涌现，促进了产业结构的高级化；科技进步促进了工业部门的结构转变，即由高消耗的劳动及资本密集型工业向低物耗的技术知识密集型工业转变。科技进步改变了人类的消耗结构和消费方式，改变了国际贸易结构，使无形贸易的比重不断提高。

第三，科技发展促使劳动力变化。这包括，不断扩大了劳动对象的范围，提高劳动对象的质量，加快劳动对象的生产，并且使劳动对象能够被更有效、更充分、更合理地利用。特别是，进一步改变了生产力中人的因素，迫切要求劳动者掌握新的科学技术知识，并且有一定的生产技能和经验。因而，在世界范围内，尤其在一些工业发达国家中，迅速形成了一支掌握现代科学技术知识、有一定文化修养的劳

---

① 诸如电子计算机、原子能发电设备以及人造卫星等划时代的新型生产工具。

动大军,并且在现代化的大生产中发挥越来越大的作用。

第四,科技发展还提高了生产社会化的程度,使生产专业化和协作化空前发展。所有这些结合在一起,就迸发出巨大的生产力,引起许多国家特别是工业发达国家的生产手段发生根本的变化,极大提高了劳动生产率,导致了工农业生产的日益现代化,尤其是高技术产业部门的迅速发展,从而带动了全面经济增长。同时,科学技术的发展促进了经济国际化,科技进步不仅为世界各国间的经济交往奠定了基础和条件,也使世界各国在经济上的相互依存和交流更加重要。

(三) 两国政府发挥了不可或缺的规制和引导作用

在产业迈向中高端的整个过程中,两国政府均利用国家权力,通过制定相关政策等手段加强对经济生活的干预、引导和控制。日本政府针对市场机制运行存在的缺陷,通过制订不同阶段的产业政策和社会经济计划,来诱导企业正确决策[1]。朝鲜战争后韩国实行"赶超式"国家资本主义,通过政府对经济强而有效的干预实现了"东亚奇迹"。韩国政府对经济发展的全面干预,通过确定发展战略,制定经济计划和一系列措施,直接或者间接地干预国民经济各部门的活动,以控制和诱导社会经济的发展和资源的流动,把经济发展纳入政府计划的轨道,从而实现政府的发展目标。

二 日韩推动产业迈向中高端的创新途径

日韩产业迈向中高端的突出表现为制造业主导产业的变迁:由最初的纺织业和食品加工业逐渐转变为一般机械制造业、电子产品制造业和运输设备制造业,这充分反映了制造业转型和升级历程。在各个产业内部,通过技术创新实现了产品的中高端发展,带动了产业升级。日韩两国的基本途径包括:

---

[1] 日本建立重点产业、动员资源加速发展、保护新兴产业等;其侧重点是干预资源在产业间的配置与实现产业结构转换为目标。

（一）明确重点产业发展方向

战后日本产业升级模式是"赶超经济"的典型例证，其产业转型升级最明显的特征是政府宏观主导。日本政府清醒地认识到，要想打破西方发达国家在国际分工体系中的垄断地位，必须首先改造本国的产业结构，重点发展国际比较利益较大的产业或经济部门，使"产业结构高度化"。这就必须解决两个问题：一是如何把有限的资源优先向重点产业配置；二是如何尽量集中生产高度，形成规模经济，以利于采用先进技术和降低成本。于是作为政府干预资源配置手段之一的产业政策应运而生。

日本所推行的一系列政策[①]重新启动了日本的工业化进程，一方面，旨在提供就业机会，提高日用品供给能力的劳动密集型轻工业得到了较快发展；另一方面，重工业的恢复速度大大加快，为后来加快重化工业化发展奠定了基础。

20世纪50年代中期至70年代，日本进入高速发展时期。这一时期日本政府把需求弹性大、产品附加值高的重工业确定为主导产业，同时重点发展能将日本经济导入国际化、打进国际市场的产业。为提高商品在国际市场的竞争力、实现充分就业，日本政府进一步提出产业振兴政策[②]。通过实施系列相关政策，一方面使得日本经济实力跃居世界第二，工业生产能力大幅提高，实现了以重化工业为主的产业现代化和产业结构的升级优化；另一方面，出口的持续增长提升了日本的国际竞争力和地位。

[①] 1945年至20世纪50年代初期的战后经济恢复期，日本政府当时依据东京大学教授有泽广巳提出的"重点生产理论"，在1947年至1949年推行了"倾斜生产方式"为代表的产业复兴政策。政策的核心是集中利用战后有限资源，扶植基干产业，即集中力量先重点恢复和发展煤炭、钢铁的生产，取得一定的成果后，再扩大到电力、化肥、运输等重要工业部门，以此带动整个工矿生产的全面恢复。20世纪50年代初，日本政府实施了产业合理化政策，以财税手段为主的间接调控方式进行产业结构调整，以"集中生产方式"取代"倾斜生产方式"，对钢铁、煤炭、电力、造船四大产业提供原料与资金的重点支持。例如，为鼓励企业增加设备投资专门制定了《企业合理化促进法》；投入大量资金引进生产设备。

[②] 产业振兴政策主要内容包括：实现产业结构的高度化，实行重化学工业化，强化如机械工业等支柱产业的产业政策，并对飞机、原子能、电子计算机等新兴产业制定如《特定机械信息产业振兴临时措施法》等产业扶持政策。

（二）分类分批引进关键适用技术

第二次世界大战后，为了加快本国企业的发展和产品的生产，日本政府较为注重引进发展本国经济的基础工业生产技术。20世纪五六十年代的技术引进①，密切配合经济发展战略，正确选择并突出重点技术，推动了一系列对国民经济至关重要的基础产业和新兴产业的崛起。

技术引进的重点是共性技术②。日本政府注重引进技术应用范围的广泛程度（技术的共性水平），所引进的技术不仅为引进部门所使用，也可以运用在其他生产单位，从而促进了相关科学技术的进一步发展③。

通过大规模技术引进，日本迅速缩短或消除了与美欧发达国家的技术差距④。据日本工业技术院1970年的调查显示，超过美欧水平的日本产品占30%，相同水平的占68%，不如的仅占2%⑤。

韩国政府主导技术引进，实施大企业战略和技术开发准备金制

---

① 1951—1953年，日本迎来了战后第一个技术引进高潮。为了迅速恢复经济，日本不惜花费大量宝贵的外汇，从美国、德国、英国等国引进技术，聘请技术人才，领域主要集中在电气机械技术、运输机械技术、纺织工业技术、化学产业技术等。1956年以后，日本又出现第二次技术引进热潮。其引进的技术主要分为两种：一是甲种技术，主要集中于工业生产的关键领域，一般是根据《外资法》签订合同，目的在于获取专利使用权和技术资料使用权；二是乙种技术，以提高生产效率的机械技术为主，一般根据《外汇及外贸法》签订合同，目的在于获取技术文件，聘请外国专家到日本讲学或派遣日本技术人员到国外考察学习。20世纪50年代，日本引进乙种技术比较多，60年代对甲种技术的引进激增。日本的技术引进主要围绕着重化工业展开，从1950—1972年的甲种技术引进看，一般机械比例为27.4%，其余依次是电机的17.5%、化学的15.1%。

② 共性技术指能对一个产业或多个产业的技术进步产生深度影响的技术，与其他技术组合后，能广泛应用于一定范围和领域内的企业；它介于基础研究和应用研究之间，是基础科学研究成果的最先应用，是形成商业应用的基础，能为多个技术提供技术基础，属于竞争前技术。

③ 在电力工业方面，引进了大容量、高性能的发电设备和技术；在钢铁工业方面，从六个国家引进了"六大新技术"；在造船工业方面，引进了焊接技术和分段建造法等。这些重大共性技术的引进、消化迅速推广，使电力、钢铁、造船等工业迅速崛起，达到世界先进水平。

④ 在20世纪50年代初期，日本一般生产技术水平落后于美欧20—30年，到60年代这个差距缩小为10—15年，到70年代时基本上实现了赶超目标。

⑤ 蔡亮：《赶超经济的成与败：战后日本产业升级模式的启示》，《国际融资》2013年第6期。

度、立法保障并强制企业自主开发①。其推动产业迈向中高端的技术创新政策成功经验对我国最有激励、借鉴和启发意义，主要政策有：第一，注重避免低水平重复引进技术②和外商直接投资③，强制企业消化吸收再创新。同时，韩国政府采取技术开发准备金制度、优先采购本国产品、减免新技术开发税收等一系列导向性政策，促使企业在掌握关键技术的基础上进行后续自主开发（张明龙，2008）。在强有力的政策引导下，韩国技术引进经费与技术消化吸收经费的比例达到1∶11（李平，2011）。很多企业通过模仿与"逆向工程"成功地提高了技术能力，并逐渐成长为技术领先企业（Kim，1997；转引自易先忠，2011）。

第二，推行大企业集团化战略④，打造有世界影响力的企业和品牌。大型企业集团的迅速成长⑤使韩国产品增强了国际竞争力，促进了出口，带动了各个产业部门的发展，促进了韩国经济的增长（李平，2011）。

---

① 曾经沦为日本殖民地的韩国在 20 世纪 60 年代以前几乎没有工业基础。自 1962 年以来，韩国通过依次推行进口替代战略、出口导向战略、贸易立国战略和科技立国战略，推动产业结构从劳动密集型向资本和技术知识密集型跨越，用 30 年左右的时间进入新兴工业化国家行列，成为"亚洲四小龙"之一，创造了"汉江奇迹"，并于 1996 年加入经济合作与发展组织。

② 从 20 世纪 60 年代到 80 年代，韩国政府紧握引进技术的主导权，对各类引进的技术和设备实行严格的监督审查制度，严格禁止不加区别地一揽子引进成套技术设备，鼓励企业有选择地引进关键技术和核心装备，尽力避免低水平重复引进，凡是国内能生产的禁止向国外购买，并对外商直接投资实施严格的选择和控制。

③ 1966 年制定的《外资引进法》规定，外国私人对韩国进行直接投资和签订技术许可证贸易协议，必须得到政府批准，技术使用付费不得超过总销售额的 3%，首次付费不得超过 3 万美元，许可证协议不得超过 3 年期限。韩国利用外资以贷款为主，以技术贸易的形式直接购买外国技术为主。参见陈劲等《科学、技术与创新政策》，科学出版社 2013 年版，第 213 页。

④ 20 世纪 70 年代起，韩国政府主导推行大企业集团化战略，采取财政、信贷、贸易等各种优惠措施，扶持了一批大型企业集团，允许某些工业进行垄断性生产以克服国内市场规模狭小的问题。

⑤ 为解决汽车工业发展初期存在的散、弱、小的问题，韩国政府强制国内十几家汽车制造企业合并。后来又指定现代、大宇和起亚三家可生产汽车，使之不断壮大，成为目前韩国汽车工业的骨干企业（丁跃进，2008）。大企业集团化战略成功打造出了"三星""现代"等有世界影响力的企业和品牌。

第三，重视税收激励①，推行技术开发准备金制度。韩国促进技术创新的税收政策中，除了各国普遍采用的技术开发费用税金扣除与研究试验设备加速折旧、新技术开发的流转税和所得税类减免、技术转让所得税及市场开发减免等内容外，特别值得称道的是"技术开发准备金制度"②。该政策在很大程度上解决了广大企业技术创新资金的不足，也在很大程度上激发了所有企业技术创新的积极性。

第四，颁布系列法律法规，适时加强知识产权保护。1960年以来，韩国政府为鼓励和保障技术创新，先后颁布了数十项法律法规③。

---

① 1966年8月，韩国政府颁布《外资引进法》，规定了一系列对技术引进的税收优惠条款。1967年1月制定了《科学技术振兴法》，强化税收在促进经济发展中的作用。1972年出台《技术开发促进法》，1974年颁布《新技术产业化投资税金扣除制度》。1977年、1979年分别制定了《科研设备投资税金扣除制度》和《技术转让减免所得税制度》。20世纪80年代先后制定了《对先导性技术产品实行特别消费税暂定税率制度》《技术及人才开发费税金扣除制度》和《免征外国人员的所得税制度》，全面修订了《促进技术开发的税制》。参见杨志安《韩国技术创新的税收政策及启示》，《税务研究》2004年第1期。

② 根据该制度，不同类型的企业可按其收入总额的3%、4%、5%提取技术开发准备金（另有资料认为，企业可以将不超过其收入的20%作为技术开发准备金。参见陈劲《科学、技术与创新政策》，科学出版社2013年版，第366页），并可将其计入成本。在提留期的3年内，可用于技术开发、技术培训、技术革新及研究设施等方面。3年期满，未使用完的技术开发准备金额度不得计入成本，而将其计入企业所得额范畴，缴纳企业所得税，缴纳时按年利率10.95%—14.6%加收该税金的利息（杨志安，2004）。

③ 韩国颁布实施的促进技术创新的法律法规主要包括以下几个方面：一是技术引进方面的《技术引进促进法》（1960）。二是科研开发和成果应用方面的《科学技术振兴法》（1967年）、《技术开发促进法》（1973年）、《发明振兴法》、《中小企业创业支援法》（1986年）、《基础科学研究振兴法》（1989年）、《工程技术振兴法》、《生命科学培育法》、《技术转让促进法》、《国家研究开发事业成果评价及成果管理法》、《国家研究开发事业管理规定》、《发明促进法》（1994年）、《科学技术创新特别法》（1997年）等。三是合作研究与产业技术联盟方面的《合作研究开发促进法》（1994年）、《产业技术研究联盟培育法》等。四是规范研究机构方面的《韩国科学技术院法》、《光州科学技术院法》、《大邱庆北科学技术院法》、《特定研究机关育成法》（1973年）等。五是科技人员方面的《韩国科学技术院学士规定》、《科学英才选拔委员会细则》、《技术师法》、《加强国家科学技术竞争力的理工科支援特别法》、《科学技术人共济会法》等。六是环境建设与保障措施方面的《韩国科学技术情报中心法》（1969年）、《韩国科学财团法》、《技术信用保证金法》、《风险企业培育特别措施法》、《大德研究开发特区培育特别法》、《营造实验室安全环境法》、《科学馆培育法》、《新技术事业金融支援法》、《新专利法案》（1986年）、《产业技术基础设施促进法》（1994年），等等。其中，操作性强的法律往往同时伴随有实施令和实施细则，如《技术开发促进法实施令》《技术开发促进法实施细则》《工程技术振兴法实施令》《工程技术振兴法实施细则》《产业技术研究联盟培育法实施令》《产业技术研究联盟培育法实施细则》《技术师法实施令》《技术师法实施细则》。也有的法律只伴随有实施令，如《基础科学研究振兴法实施令》《生命科学培育法实施令》《国家研究开发事业成果评价及成果管理法实施令》《合作研究开发促进法实施令》《韩国科学技术院法实施令》《光州科学技术院法实施令》《大邱庆北科学技术院法实施令》《特定研究机关育成法实施令》。参见科技部政策法规司编译《韩国科技法规选编》，中国农业科学技术出版社2010年版。

第十二章 日韩推动产业迈向中高端的技术创新政策经验与启示

这些法律法规有力地保障了技术引进、技术开发、技术转移、产业化等重要环节和方面。同时,从20世纪80年代开始,韩国适时发起了全面加强知识产权保护的战略,推动韩国企业从以模仿为主转向自主创新。

第五,不放弃、不抛弃传统产业,注重改造提升。韩国政府在推动产业迈向中高端过程中,十分注重对传统产业的改造升级[①]。据韩国产业资源部统计,1997年至2004年间,纺织服装行业在韩国各主要行业中的出口成绩最佳,累计创出761亿美元的顺差,年均外贸顺差达120多亿美元,位居各行业榜首。类似的传统产业,韩国也大力进行改造升级(沈正岩,2008)。

除了上述成功经验,也要看到,韩国的技术创新政策仍存在一些突出问题,如对基础科学和科学技术基础扩充的政策倾向不足。这导致韩国至今对海外技术的依赖依然非常严重,技术出口与发达国家差距仍然很远(陈劲,2013)。

(三) 快速消化吸收并降低生产成本

日本特别注重是否能够大规模推广其引进的科学技术。当技术被引进后,随后需要做的就是如何把引进的技术转化为现实的生产力,即技术的消化、改进和提高[②]。在对引进技术消化和改进的过程中,"反求工程"[③]对日本技术发展起到了十分重要的作用。由此,许多

[①] 纤维纺织行业曾经是韩国的战略产业之一,但从20世纪90年代初期开始,在其他亚洲国家的激烈竞争下,韩国不少纤维类制品企业纷纷向低生产成本国家和地区转移生产基地。针对这种情况,韩国政府组织韩国的化纤、纤维、印染和纺织企业展开大协作,加强新技术新产品开发,在产品结构调整上下功夫,并成立了韩国染色技术研究院、韩国纤维开发研究院以及周边的染色工业园区,形成了从染色、配色到实验、数码技术开发、集中污水处理、热能供应等一体化研制和开发与应用,集产、研、学为一体的高科技研究开发中心和生产中心,提升了纺织业的发展层次和水平。

[②] 日本从发达国家引进先进技术后,并不是一味地对引进技术进行照抄照搬,而是在此基础上继续研发,经过吸收、消化后不断创新,大力推动引进技术的国产化,提高技术的应用和效益。

[③] "反求工程"的实质就是,利用秘密技术"物化"成的有形成果,反求技术的秘密。"反求工程"的实践使得日本企业的经营者、技术人员养成了"把工厂当作研究所"的习惯,经营者和技术人员经常深入到生产现场,与工人详细交流和共同工作,进行技术改进与开发。

革新的建议都产生于生产现场。此外，日本还在技术引进后在国内形成独具特色的技术传播网络，通过正式或非正式的网络渗透，扩散到日本各地，便于快速将技术转化为生产力。根据日本长期信用银行的调查，1955—1970年，日本几乎吸收了全世界半个世纪开发的全部先进技术，节省了大量的研发费用和时间。

企业对引进技术深入消化吸收，高度重视产品质量。日本在技术引进中抵制外国投资，高度重视本土企业以过程创新为主开展消化吸收再创新，高度重视产品质量。日本并不是把引进技术单纯作为生产手段，而是在引进的基础上不断加以改良和提高[①]。日本对引进技术重点通过"反求工程"进行过程创新[②]。日本通过"反求工程"对造成质量缺陷的所有可能来源进行系统检查，极大地发展了"质量控制不单出现在生产环节的末端，而且贯穿于整个生产流程"的质量控制技术，并发明创造了用于质量控制的仪器设备。同时，日本企业在消化吸收引进技术的过程中，工程师和管理者"把工厂当作实验室"，以一种整体性思维来考虑产品和流程规划，整个企业都处于一种学习和发展的过程中（弗里曼著、张宇轩译，2008）。日本之所以能够对引进技术消化吸收再创新达到技术领先的地位，一方面是因为以产业界为中心形成了多层次的、完整的技术开发体系；另一方面是因为日本的产业界对市场的长远利益的考虑远远高于短期利益，因此在研究开发、生产组织等方面具有较为深远的战略眼光（纲川菊美，1989）。

韩国在工业化初期引进的技术，大部分是通过设备进口引进的日本的复制技术，易于吸收和消化。政策导向主要是引进技术和使引进技术在产业之间、企业之间扩散。引进的技术能够在更大的范围吸收

[①] 日本每买进1美元的技术专利，平均要花4—10美元的消化和开发研究费用。并且，日本重视引进专利和技术秘密，注重博采众长，不过分依赖某一国的技术（张雄辉，2011）。

[②] 在20世纪五六十年代，日本广泛应用反求工程对引进技术进行消化吸收再创新。在此期间，尽管日本公司几乎没有原创的突变式产品创新，但取得了不少额外的创新成果——专利，同时它们对许多制造流程进行了重新规划，不仅大大增加了产量，也提高了产品质量。参见克里斯托夫·弗里曼《技术政策与经济绩效：日本国家创新系统的经验》，张宇轩译，东南大学出版社2008年版，第29—30页。

和扩散，在某种程度上比引进更为重要。韩国政府通过三项措施加强对引进技术的吸收消化与扩散：一是重视对科学技术的领导；二是制定法律，成立有关机构从事科学技术的研究和引进技术的推广[1]；三是建立技术扩散网，将引进的技术有效地扩散到有关产业和企业，充分发挥引进技术的作用。

（四）依托国际市场推动产业获得新的竞争优势

日本在注重对外贸易规模的同时，不断地优化对外贸易的结构，将主要出口商品由原本的劳动密集型产品向后来资本技术密集型产品转型[2]。

韩国在战后根据经济发展不同阶段，经历了"劳动密集型产业发展阶段[3]—资本密集型产业发展阶段[4]—技术密集型产业发展阶段[5]"三个阶段。韩国在开拓国际市场的同时，注重产业升级。依靠外国技术只是获取竞争优势过渡做法，到了20世纪90年代技术密集型和知识密集型产业发展阶段以后，韩国企业在自身研发方面的投资快速增加，并且在半导体、船舶和手机等行业取得了技术领先的地位。

---

[1] 韩国政府在1972年颁布《技术开发促进法》时，明确提出要促进引进技术的消化、改良和产业技术的自主开发，而且为了审议产业技术开发和引进技术的消化、改良，在科技处设立了技术开发审议委员会。

[2] 20世纪50年代中后期，进入高速增长时期的日本经济，通过产业合理化政策的引导，产业发展目标开始从原材料工业转向了加工制造工业，从基础产业逐步调整到了成长型产业，政策重点从发展"瓶颈"产业转向着力推动"支柱"产业和"出口导向"产业。自20世纪50年代至60年代初，以劳动密集型产业为主导的产业结构中，以纺织产品为主的轻工业是主要的出口部门。在日本经济从复苏到高速发展时，以钢铁、机械为主导的资本、技术密集型产业逐渐成为比较优势部门，取代了以纺织为主的劳动密集型产业。80年代中后期，日本的办公电子设备和家用电器成为世界上最具有竞争力和比较优势的产品。

[3] 从20世纪60年代初到20世纪70年代初的劳动密集型产业发展阶段，韩国出口导向的战略重点放在纺织品、玩具、胶合板等劳动密集型产业上

[4] 从20世纪70年代到20世纪80年代的资本密集型产业发展阶段，韩国实施"重化学工业化"战略，重化学工业逐渐由进口替代发展成为出口主导部门在第二阶段韩国加大对重化工业的投资，并且在出口方面，钢铁、船舶、消费电子产品逐步取代纺织品和玩具成为韩国的优势产业。

[5] 韩国企业通过引进国外技术开始进入高科技领域，包括半导体、显示器、计算机等。

(五) 以自主研发为基础实现产业高端发展

在日本经济高速发展时期，日本基本依靠大量引进技术实现对美欧技术的赶超，基本形成了引进、消化、吸收基础上的模仿创新模式。通过对技术引进方式、对象的调整，日本有意识地将科技发展引向自主研发的方向[1]。在日本经济调整期，原来以引进、消化、吸收、改进为主的创新模式，已经无法为日本经济参与国际竞争和实现持续增长提供动力。为了保持自身发展优势，实现进一步的技术发展以及产业结构升级，日本必须通过加强自主研发能力，发展高端技术[2]来实现。

日本政府提出了节能减排的"知识密集型"产业政策[3]，决定由重化工业结构调整为知识密集型工业结构[4]。该政策有力推动了替代石油的开发新能源技术的发展，加强了以环保节能与促进替代能源为两大支柱的能源政策，从而减少了环境污染，从此开始发展绿色经济，促使日本经济顺利克服了由石油危机所带来的困难。

韩国产业结构升级过程与技术的引进、利用和自主研发保持了密切联系。20世纪60至70年代，技术引进需要政府审批，引进的主要是单纯组装技术，是随进口设备进来的，拥有专利权的原本技术只占21.2%。随着经济发展和产业结构升级，从20世纪80年代开始，韩国政府一方面取消对技术引进的限制，实行技术引进自由化；另一方面将引进技术和科技开发相结合，主要引进高新技术，拥有专利权的

---

[1] 日本从20世纪40年代末到70年代初，共引进了25777项技术，而引进这些技术的花费仅有57.3亿美元。

[2] 这一时期日本对于高端技术发展战略的主要思想是：以能源技术为基础，以微电子半导体技术为动力，推动大规模的技术创新。原子能技术和微电子信息技术是这一时期重点发展的两项高技术产业。

[3] 20世纪70—80年代，日本政府由于环境污染和第一次石油危机给日本经济带来了巨大冲击的原因，而提出该政策。

[4] 进入20世纪80年代后，日本产业政策确定以尖端技术领域为中心的知识密集型产业为主导产业，政策支持导向是致力于发展新能源、新材料、生物技术以及与高度信息化社会相适应的第五代电子计算机等高级尖端技术。80年代为了与提出的"技术立国"设想相适应，在计算机技术方面政府提出了"科技用高速计算机系统及第五代电子计算机开发计划"，以十年开发费用1000亿日元的空前巨资成立"新一代电子计算机技术开发机构"，该机构集中了国内计算机领域顶级专家名，并成立由大学学者与主要用户组成的工作委员会。

技术占一半，拥有商标权的技术占25%。自20世纪80年代以来，韩国实施了以鼓励产业技术开发为重点的政策，并采取相关措施。为鼓励产业技术开发，分担企业技术开发风险，政府在税收、金融等方面提供一些优惠政策。20世纪90年代后期，为摆脱东南亚金融危机的影响，韩国进一步实施"科技立国"战略，加快发展高等教育和高科技产业。

三 日韩推动产业向中高端发展的政策经验

日韩等国通过技术创新能够成功实现产业的中高端发展，核心在于形成了与其发展阶段相配套的国家创新体系，并实施了与之相匹配的产业技术政策，具体包括三方面经验：

（一）政府在共性技术开发中发挥了组织协调作用

共性技术研发推广的一个突出特点是：与经济发展战略相结合，以经济发展为中心，确定研发推广的模式。日本的经济发展从战后至今主要分为三个阶段："贸易立国"阶段、"科技立国"阶段和"科技创新立国"阶段。因此日本共性技术研发推广模式也随着经济发展的变化而演变。

在"贸易立国"阶段，日本为加强出口贸易，追赶欧美发达国家，其主要产业政策是对工业部门实施重化工业化[1]。该产业政策下，资本密集型的钢铁、化工、汽车、机械等产业的主导地位确立。为推进重化工业的发展，日本政府具体采取了行政指导[2]和立法手

---

[1] 1963年，日本政府在《关于产业结构的长期展望》中明确指出，提高产业的国际竞争力、加快发展重化工业是产业政策的重要目标。

[2] 行政指导方面，日本政府一方面通过审议会、调查会等各种形式加强政府与产业界之间的交流，引导产业的发展方向；另一方面利用财政和税收政策等工具诱导产业发展向政府规划的高级化目标迈进。

段①相结合的方式。与此同时,重化工业的发展也间接地提高了第一产业的劳动生产率,并以提供市场服务为前提使第三产业快速发展,同时降低了第一产业在国民生产中的比重,促进了日本的产业结构优化升级。

20世纪70年代初期,日本进入了"科技立国"阶段②。在该阶段,日本政府通过两部曲③大力推进技术研发,大幅度增加科技投入,这一系列的政策有力地推动了日本电子产业发展,加强了以环保节能与促进替代能源为两大支柱的能源政策。

20世纪90年代之后,日本为适应全球化发展,同时解决本国存在的人口老龄化、产业的空洞化、赶超战略效力的衰弱等问题,开始实施科技发展战略的转变,着力发展创造性的知识密集型产业④。与此同时,日本政府、产业界与科研部门日益重视加强"官产学研"的紧密合作,鼓励政府科研部门、著名高校的科研机构与企业展开合作,有效推动了新技术的开发利用,极大地加快推进了高新技术与产品产业化的进程。

政府管控技术引进并适时自主开发,在不同阶段采取不同的知识产权保护政策⑤。为确保引进技术符合本国实际及其效率、结构和条

---

① 立法方面,日本政府通过《振兴特定工业临时措施法》《机械工业振兴临时措施法》《振兴电子工业临时措施法》《扶植石油化学工业对策》等一系列法规的制定推动了日本具有国际竞争力的出口产业的建立,为推动日本对外贸易的振兴发挥了积极的作用。

② 在环境污染和第一次石油危机的巨大冲击下,日本政府决定由重化工业结构调整为技术型工业结构,由此日本进入了"科技立国"阶段。

③ 首先创建了政府、企业、大学三位一体的"官产学研的流动科研体制",使得科技政策扶持的重点与产业政策相辅相成;其次,日本政府开始重视技术创新和基础性研究工作,通过制定和调整国家的科技政策,指导重大科研方向,对重点科技领域的发展给以财政、金融、税收等方面的支持。

④ 1995年11月,日本国会在《科学技术基本法》提案理由说明书等文件中明确提出日本将以"科技创新立国"作为基本国策。之后日本政府发布的第一个《科学技术基本计划》、《日本经济结构改革与创造行动计划》以及第二个《科学技术基本计划》等政策在促进企业的技术创造、创立新兴产业,培育基础技术和专业人才等方面做出了详细的规划,为日本实现由经济强国向高科技大国的转变提供了政策支持。

⑤ 在20世纪50年代至70年代"引进欧美先进技术、模仿后改进创新"阶段,日本政府始终对企业引进技术进行管理和控制,采用较宽松的知识产权保护。

件，日本政府建立了"行政指导"制度，针对国民经济发展进程的不同阶段确定技术引进的重点①，采取"顺则奖，逆则阻"的做法，较好地克服了引进中的盲目性。并且，日本非常重视引进技术的国产化②。为鼓励过程创新，促进对国外技术的吸收和模仿，日本知识产权保护制度采用了"效用模式"和"工业设计"，鼓励对进口机器和设备的"次要改进"，只要在原创性发明的基础上稍有改进的技术都得到了保护（易先忠，2013）。20世纪80年代以来，日本进入加强技术自主开发阶段，开始从引进、改进技术向基础研究、原始创新转型，并加强知识产权保护③。

与日本相似，韩国产业发展的格局也经历了几个阶段，与之相对应的产业政策的发展重点也发生了一系列演变：进口替代④—出口导

---

① 在经济恢复时期（1945—1952），由于经济基础较差，日本政府并没有大量引进当时世界上最先进的技术和设备来发展经济。而是脚踏实地，根据当时的工业基础、对新技术的吸收能力和经济发展的需要，引导企业结合设备更新和技术改造，有选择地引进一些比较适用的技术设备。这一时期的技术引进以电力、钢铁、汽车、造船、化工、机械制造和纤维等传统基础产业部门为主。到50年代后半期，日本经济恢复到战前水平，具有了一定的物质基础和技术吸收条件。这时的日本并没有急于求成地大批引进国外技术，而是先进行了大规模的设备投资，以此为大规模引进国外先进技术、提高原有生产能力打下牢固的基础。自1958年以后，大规模引进技术浪潮才真正掀起。总体上看，20世纪50年代初期日本主要是进口成套设备，同时引进制造技术；60年代基本上不买成套设备，而是有选择地引进单项技术；到70年代，则通过引进搞合作研究与开发，同时对外进行技术输出。具体而言，50年代引进的钢铁、电力、化肥等传统产业技术，为日本的工业化创造了条件；60年代重点引进的机械、电子、化纤、石化等领域的新兴技术，为从传统产业技术转向新兴产业技术创造了条件；70年代重点引进的计算机、原子能和空间开发等领域的尖端技术，加快了传统产业升级，促进了新兴技术产业的崛起。参见李宽、王会利《美国、日本和中国技术引进与创新的比较》，《经济管理》2004年第3期及张雄辉《日本技术引进的经验及对中国的启示》，《现代商业》2011年第8期。

② 一般只允许引进后5年内能使国产化率达到90%的企业引进技术（李宽、王会利，2004）。

③ 1995年颁布《科学技术基本法》，明确提出"以科学技术创造立国"的技术创新政策。2002年，日本政府确立知识产权立国战略，出台《知识产权战略大纲》，提出了强化专利和著作权保护的综合对策（陈劲，2013）。

④ 1960年以前，韩国主要以建设一些非耐用消费品工业为中心，包括布料、鞋类等作为进口替代。

向①——市场自由化和高新技术化②。

综合来说，日韩两国通过发挥产业政策在技术创新中的引导作用，确定了主导产业的核心技术，并积极利用产业政策掌握并创新了核心技术。在产业转型升级的整个过程中，日韩企业根据产业政策导向确立技术创新的方向，有机结合技术引进和自主研发，逐步建立了具有本国特色的技术创新体系。

（二）龙头企业在技术和产业升级中发挥带动作用

龙头企业是指在某个行业中，对同行业的其他企业具有很深的影响、号召力和一定的示范、引导作用，并对该地区、该行业或者国家做出突出贡献的企业。日韩两国在通过技术创新实现产业发展的过程中，都离不开龙头企业的带动作用。

日本在产业的转型升级过程中，综合运用产业组织政策和产业结构政策，通过推进龙头企业的发展来带动产业整体升级③。日本政府通过产业政策确定产业发展的重点领域，利用财政政策为重点产业提供资金援助，利用关税保护，扶植新兴产业，培育了一批富有国际竞争力的龙头企业，扩大了国际市场规模，保护了国内市

---

① 由于进口替代的效果甚微，1960 年以后，韩国提出了以出口为导向的发展战略。政府免去了出口商品的原料进口关税，设立和资助公共资金，还赋予了开拓新市场时的出口垄断权，分配给出口企业用来改善设施的资金等等，制定了一系列面向成为出口工业化社会的政策。在产业扶持方面，韩国从 60 年代初开始对煤炭、电力等劳动密集型产业的扶持，到 70 年代后，韩国将政策重点转向重化工业，提出以出口产业为中心的重化学工业优先发展的工业化战略。1973 年，政府公布《重化学工业化宣言》积极引导民间大企业往重化学工业部门投资，改变以往的轻纺工业占主导的状况，提高了出口产品的国际竞争力。韩国出口产品结构发生了重大变化，重化工业的比重由 1972 年的 23.8% 增长到 1982 年的 54.2%。

② 20 世纪 80 年代以后，由于国内严重的通货膨胀，国际外债负担的加重，韩国进入了产业结构调整时期，提出了市场自由化和高新技术化的战略。具体而言，1985 年年底，韩国通过了《产业发展法》，强调了市场的作用，减少了政府对形成产业政策的干预。并通过降低关税等措施在工业上逐步实现了进口自由化。与此同时，韩国为维护和促进对外贸易出口，提出了"技术立国"的思路，走工业尖端化的道路，大力发展新技术，把培育和发展高科技产业，作为保持经济持续稳定增长的战略措施。

③ 20 世纪 50 年代，日本为提高规模经济效益，增强企业的国际竞争力，通过产业组织政策，积极加速企业的集团化发展，打造龙头企业。

场，维护了对外贸易的有序性，促进了产业结构的高度化并振兴了出口①。

产学研合作②以企业为中心，学研做好配角。迄今，日本产学研结合已主要形成共同研究③、合作研究中心④、高新技术城⑤三种模式。另外，1996年通过的《教育公务员特例法》，允许国立大学和国家研究机构的研究人员自主、自愿与企业开展合作研究活动，并对活动收益实施税负减免等优惠政策（张文强，2013），更深层次地推进了产学研合作。

政府注重发展本土高水平通识教育，企业注重持续不断的培训和再培训。历届日本政府信奉"现在的教育就是十年后的工业"、"国家实力的较量是教育实力的较量"理念，极为重视教育和人才培养⑥。

---

① 到20世纪60年代末70年代初，日本的机械、电子、钢铁、汽车、电力、石化等产业企业通过兼并重组，规模迅速扩大，大大增强了其国际竞争力。

② 1955年，日本政府和非官方财经机构共同推动成立"日本生产性本部"半官方组织，设立"产学协作委员会"，用以推进财经界、学术界和政府之间的协同关系。1958年，日本文部省实施"委托研究制度"，鼓励日本私营企业以合同、协议等形式委托大学或国家研究机构进行技术创新开发，同时，在大学内部设立"接受委托研究员制度"，有针对性地为企业培养高层次应用型研究人才。

③ 共同研究指的是日本国立高校的研究人员与产业界研究人员就某一研究领域的具体技术问题设置研究课题，以平等的地位和对等的立场进行合作研究活动。共同研究项目的实施主体是企业，研究所用的仪器设备主要由高校或国家科研机构提供，研究人员以企业为主，相关研究成果由双方共同所有。该模式经历了1983—1988年制度建设阶段、1989—1994年稳步发展阶段、1995—1998年多样化发展阶段和1999年以来快速发展阶段。参见张文强《中国产业技术创新与产学研结合的理论与实践》，中国社会科学出版社2013年版，第70页。

④ 合作研究中心指的是大学、国家科研机构与企业共同设立研究中心，主要共同开展两类研究活动，一是接受企业的委托进行合作研究或委托研究，二是为企业内部的研究机构提供技术咨询、培训等相关服务。该模式始于1987年。参见张文强《中国产业技术创新与产学研结合的理论与实践》，中国社会科学出版社2013年，第72—73页。

⑤ 高新技术城指的是政府利用行政手段，在日本若干区域范围内建立具有高新技术集聚效应的工业园区，较为著名的有筑波大学科技城、关西科技城、横滨高科技园等。其中筑波大学科技城集中了全日本49家国家试验研究机构、教育机构和250多家民间研究机构。参见张文强《中国产业技术创新与产学研结合的理论与实践》，中国社会科学出版社2013年版，第73页。

⑥ 日本政府从1947年就开始实行9年义务教育制，免费供应全国中小学生午餐。事实上，日本从1875年就开始采取措施不断改进教育体制和加强对本国科技干部的培养（陈劲等，2013）。

二战后，日本的教育和培训规模得到了迅猛发展①。同时，日本企业注重为员工提供高水平的技术培训。日本产业培训体系最大的特殊性体现在产品和流程创新的紧密结合上，目的是使受训者通晓由于技术变革可能产生的种种影响和问题，并让他们了解企业中不同运作环节之间的联系。拥有大批高素质的职业工程师，不仅在研发方面，而且在生产工艺和管理方面对于日本在技术引进、产品和流程的重新设计，以及日益增加的自主创新上取得的诸多成功起着至关重要的作用（弗里曼著，张宇轩译，2008）。

韩国是较早推行企业集团化②战略的国家之一，韩国经济的发展与产业结构的升级与其所推行的企业集团化战略是密不可分的。龙头企业的迅速成长使韩国产品增加了国际竞争力，同时带动了各个产业部门的发展。这种由政府主导推行的大企业集团化战略为韩国在比较薄弱的工业基础上发挥本国的比较优势，实现规模效应，增强国家竞争力提供了重要支持。

（三）科技、产业、贸易等多种政策法规共同发挥作用

日韩两国在产业转型升级的过程中，都经历了"贸易立国"的发展阶段，两国政府在经济发展过程中也都一直立足国际国内两个市场，积极开发国际市场资源。

从1955年到1972年，日本通过提高产业的国际竞争力、加快发展重化工业的产业政策使得日本的科技进步速度加快，竞争力增强，国内需求增大，因此日本的贸易政策配合其产业结构政策，实施比较开放的自由贸易政策③。世界经济因1973年的石油危机陷入滞胀，同

---

① 二战后日本公共教育费在国民收入中所占的比例，从1970年的4.7%上升到1982年的7.2%，与美国不相上下，略低于英国的7.5%。在20世纪70年代早期，日本电子工程学的毕业生人数超过了美国。1977年，在电子和电机工程的毕业生人数比较上，日本几乎是美国的3倍、英国的4倍。

② 20世纪70年代起，韩国政府就采取各种财政、信贷、贸易等优惠措施扶持了一批大型企业集团，打造了一批龙头企业，减少了资本的分散性和不节约性，提高了资本集中度。

③ 日本政府首先修改《日本进出口银行法》和《出口保险法》，增加对进出口企业的支持，其次还推行多元化的出口贸易政策和加工贸易政策。

第十二章　日韩推动产业迈向中高端的技术创新政策经验与启示

时日美贸易摩擦不断加剧，使得日本的电机、汽车等产品向美欧国家出口受阻，促使日本的这些大企业选择以直接投资代替贸易的战略，日本的贸易立国战略逐渐向技术立国和扩大内需的方向转化。为实现目标，日本的贸易政策在 80 年代发生了重大变化，通过降低关税，减少贸易壁垒以及加强与其他国家的政策协调，积极发展多边贸易来逐步实现贸易自由化。20 世纪 90 年代，WTO 成立，日本在此背景下，进一步开放国内市场，同时开始尝试建立区域性经济组织[①]。

与日本相似，战后韩国的经济发展也十分缓慢[②]。20 世纪 60 年代以来，韩国制订了第一个五年计划，提出了"贸易立国"的政策，其实质是实施"出口导向型"外贸发展战略[③]。与此同时，韩国对于国际市场的开拓还体现在出口对象国不断增加[④]，出口市场逐步多元化等方面。

20 世纪 80 年代以来，韩国在日益严峻的形势下[⑤]，为适应世界经济的潮流调整了发展战略，提出了市场自由化、科技化和国际化的发展战略。通过减少政府对市场的干预，《反垄断和公平贸易法》的颁布以及贸易壁垒的消除，加强市场的作用，逐步实现贸易自由化；同时，韩国为维护和促进对外贸易出口，提出了"技术立国"思路，

[①] 在 21 世纪初，日本主动提出了日本—东盟自由贸易区和"小泉构想"；2002 年 1 月，日本与新加坡正式签署两国间自由贸易协定，这是日本历史上签订的第一个双边贸易协定。

[②] 1960 年前，韩国资金不足、产品短缺，整个经济处于贫穷落后状态，因此韩国依靠关税及非关税壁垒的手段实行进口替代贸易政策保护和促进消费品工业，提高消费品的自给率，维持国内低水平的消费需求。

[③] 韩国一方面通过吸引外资、引进技术等一系列产业政策扶植重化工产业，改变以往的轻纺工业占主导的状况，提高了出口产品的国际竞争力；另一方面通过税收政策以及外汇制度的改革鼓励出口，由此韩国进入了快速发展时期。

[④] 在 50 年代至 70 年代中期，韩国的出口市场严重依赖美国与日本，对美日的出口额占韩国出口总额的 80% 以上。到 1994 年韩国对美、日出口份额只剩下 35%，而对东亚（不包括日本）的出口比重达到了 48%，出口的国家从 1964 年的 41 个国家增加到几乎世界上所有的国家。

[⑤] 新技术革命的影响不断加剧，技术竞争日益激烈，世界经济一体化和区域化也不断加强，同时韩国国内的通货膨胀、国民经济失衡和外债负担过重等问题越发明显。

走工业尖端化的道路，大力发展新技术。韩国于1995年加入WTO，进一步开放国内市场，开发国际市场。

多种政策协同配合，并以法律的形式规定具体政策。这突出表现为政府强化调控职能，加强科学、技术、经济、环境决策的整体性，以立法的形式颁布国家科技政策，调动国家的科技资源为经济和社会发展服务；持续稳定增加科技投资，大力加强基础研究，促进产业、政府、学院（研究所）三者合作；充分发挥科技人才的作用，注重国际科技合作与交流（陈劲，2013）。同时，充分辅以产业政策，通过每10年左右一个促进产业结构高级化的总体规划、稳定产业发展的有关法律法规、产业组织政策与产业结构政策协调运作、对衰退产业进行转型和援助等举措，推动相关产业逐步迈向中高端（洪雨，2008）。

除了从其成功经验中得到启示，日本的教训也值得汲取：由于走"吸收型"技术创新道路，日本过于关注技术的商业化，造成科学技术体系的分割，知识人才储备匮乏，基础研究落后，因而独创能力差，导致其在后期发展高技术上遇到了障碍（孙萍、陈凡，2003）。

四 日韩产业迈向中高端的启示

我国工业也是在引进国外技术的基础上逐步发展起来的。但时至今日，我国产业整体上仍处于全球价值链的中低端，与仅仅用20—30年时间就通过对引进技术消化吸收再创新成为工业强国的日本、韩国差距较大，与国家创新体系全面、基础科学雄厚、工业技术发达的美国差距显著，这当中有新中国起步发展时高素质人才少、企业技术能力弱的原因，有十年"文化大革命"冲击的原因，有"引进技术"

的条件和性质与日韩有很大不同的原因[①]，也有技术创新政策未能充分发挥作用的原因。美、日、韩至今仍在引进技术[②]，我国也必将继续引进国外技术推动产业向中高端发展。借鉴美、日、韩的成功经验，有助于我国加快推动产业迈向中高端。综合起来看，美、日、韩的经验对我国主要有如下几点启示：

（一）政府对技术引进的有力管控、对企业技术能力的有效培养是产业迈向中高端的重要前提

从美日韩等国的经验看，创新型国家的科技发展在工业化初期和中期阶段带有政府主导的特征，即企业技术创新能力的提高一般要经过一段特殊的培育期（李平，2011）。其中，日韩企业之所以能开展高强度的技术学习并发展出高水平的技术能力，是因为国家在技术学习过程中发挥了超乎寻常的作用。这种作用的形式并不是表现在由政府替代企业的技术学习，而是表现在政府采取积极措施来鞭策、支持和保护本国企业的技术学习，甚至在企业的技术学习过程中直接贯彻国家的意志[③]。日韩政府不是单纯把技术引进作为生产手段，而是作为企业积累技术能力、提升创新能力的契机，强制并系统地帮助企业开展消化吸收再创新，使企业在实践中积累到合适的人力资源、技术技能，逐步培养、发展出制造能力、设计能力，从而快速提高了技术创新能力。

受日韩这一经验的启示，我国政府当前和今后应加强和改进对技

---

① 与日韩在二战后引进技术相比，一方面，我国被西方国家封锁，而日韩得到西方发达国家的巨大帮助和支持；另一方面，我国在经济全球化和加入了 WTO 的条件下，"引进技术"的性质已经发生了根本性的变化，技术引进的主要对象——跨国公司——已经越来越成为中国企业的直接竞争对手。由于技术是获得竞争优势的主要因素，任何企业都不会轻易地将自己的技术转让给竞争对手。参见路风《走向自主创新：寻求中国力量的源泉》，广西师范大学出版社 2006 年版，第 175 页。

② 进入 21 世纪，美国已成为世界最大的技术输出国，但美国仍然每年支付相当可观的技术引进费，并通过此种方式来吸引各国的先进技术和先进的科学技术人员，从而保持其在科技经济上的国际领先地位。参见李宽、王会利《美国、日本和中国技术引进与创新的比较》，《经济管理》2004 年第 3 期。

③ 1973 年，韩国政府"命令"只能组装外国汽车的本国汽车企业必须进行自主开发，从而迫使这些企业增加技术学习的强度（Kim, 1997；转引自路风，2006）。

术引进的管控，督导并帮助企业高强度开展技术学习和技术积累；对企业以前引进的技术，应继续想方设法弥补消化吸收再创新的不足。

（二）大企业是攻克关键技术—提高产品质量—打造世界品牌从而推动产业迈向中高端的主要引擎

一个行业的竞争力由该行业中领头企业的竞争力所决定（Chandler，2001；转引自路风，2006）。领头企业通常是大企业。日本和韩国在赶超中推动产业迈向中高端，主要依靠的就是以大企业主导的技术创新为动力（Kim，1997；转引自路风，2006）。原因在于，一方面技术进步不是直线式的，而是充满了不确定性的演进过程（路风，2006）。另一方面当存在能力壁垒时，后进企业在进入被先行者所主导的产品市场时，必定面临着风险，而且壁垒越高，风险越大，这些风险来自能力发展的长期性和困难性，也来自先行者的压制（路风，2006）。对于技术追赶型国家，只有大企业才具备技术吸收能力和长时间抗风险的能力。而美国之所以视中小企业为"美国经济的脊梁"，是因为美国是技术领先型国家，而中小企业是原始技术创新的重要源泉（陈劲，2013）。同时，大企业更有能力在产品质量过硬的基础上打造世界知名品牌。

我国绝大多数产业企业技术积累和人才积累尚未达到临界值，而攻克关键核心技术并掌握相关知识产权—生产质量过硬产品—打造世界知名企业和品牌的任务艰巨繁重，这些任务非一般中小企业所能承受或完成。因此，在推动产业迈向中高端过程中，我国应像日韩一样主要倚重并发挥行业领军企业、骨干企业的作用，鼓励、支持行业领军企业、骨干企业通过国内外兼并收购方式加快做大做强。

（三）人才、教育和培训是推动产业迈向中高端的决定性因素

波特说，有竞争力的国家的生产要素是创造出来的，而不是天然的，并且要不断加以提升。而在这些要素中，最重要的是人力资源和知识资源（雷家骕、林苞、王艺霖，2012）。美国不遗余力地招揽全球英才，教育、培训世界一流，因而能傲视群雄。事实证明，技术进步或产品和工艺创新对经济增长的长期作用要远远超过价格因素（张承友，1998）。美日韩的产业之所以能成功迈向中高端，主要取决于

其世界一流的教育和培训体系的支撑①。

我国要推动产业迈向中高端，必须大力提高教育水平，近期应努力完善培训体系、扩大培训规模、提升培训质量，中远期应大力提升高等教育质量，为经济发展培养一大批适应技术创新需要的熟练劳动力和中高级科技人员。

（四）技术创新和管理创新并重是产业迈向中高端的不二法门

技术创新只有落实到产品上才可能产生经济收益。而只有产生经济收益，技术创新过程才可能持续（路风，2006）。因此，通过技术创新推动产业迈向中高端，必须在充分考虑产品市场实现的基础上，进一步通过强化管理创新、品牌创新，不断提高产品的质量、性能和品牌效应。这方面，日本正反两方面的经验②值得借鉴。日本的技术引进与消化吸收再创新，都伴随着与之相适应的管理方法，这是日本技术引进的一大特色。注重新技术的管理，这是其经验的总结。我国在推动产业迈向中高端过程中，除了要重视狭义的技术创新外，应格外重视管理创新、品牌创新，要通过不断提高产品质量和品牌影响力不断提高经济效益。

（五）政策法律化是产业迈向中高端的重要保障

美日韩关于技术创新的政策，大多数是以法律的形式出现的，因而具有很强的约束力、执行力，取得了很好的效果。我国已经明确科教兴国、创新驱动发展等战略，出台了较多技术创新政策，但以法律形式出台的政策较少，应适时将其中对全局有重大影响的政策、具有长期稳定性的政策和比较成功的政策法律化，以更好地体现国家意

---

① 日本对英国的赶超，就是日本接受高水平教育的年轻人特别是自然科学和工程专业的年轻人在绝对数量上领先英国；同时，在企业层面产业培训的规模和质量方面也领先英国（弗里曼著，张宇轩译，2008）。

② 20世纪50年代初期，日本只注重引进先进的设备和技术，仍沿用传统的办法进行管理，导致虽然引进了先进的设备与技术，但产品质量和劳动生产率以及生产成本等指标都远落后于美国。50年代后期，日本开始引进美国的统计质量管理技术、价值分析、系统工程和投入产出分析等一系列先进管理技术，结合本国情况加以消化吸收，创新出全面质量管理体系，以独具特色的管理制度赢得其产品在国际市场上的竞争力，创造出世界经济的奇迹（李宽、王会利，2004）。

志，给企业等技术创新主体和有关方面更长期稳定的预期，从而更有效地贯彻执行，更高效地推动产业迈向中高端。

另外，从日、韩的教训看，我国在推动产业迈向中高端过程中，技术创新政策既要注重应用研究，也要注重基础研究。这是因为"不搞应用研究，经济就上不去；不搞基础研究，国家将永远落后"（［日］茅诚司语，参见刘舒、杨宏、杨武，1997）。

五　日韩等国经验的参考借鉴分析

能否实现产业中高端发展，与各国的国情、发展路径紧密相关，除了日本、韩国的经验，国际上也有相关的教训。我国当前产业向中高端发展的关键，是要明确突出企业的技术创新主体地位，健全技术创新的市场导向机制，分析好适合我国当前发展阶段的历史经验。

（一）我国产业向中高端发展面临的主要问题

第一，企业技术创新动力不足。任何一项经济活动总是行为主体在一定动力的支配下展开的，企业的技术创新活动也不例外，它同样需要相应的动力来推进和加速。作为产业中高端发展在微观层面的基础，企业技术创新动力的强弱程度至关重要。

企业技术创新的动力主要可以分为两大类，即企业内部创新动力与企业外部创新动力。企业内部创新动力包括存在于企业内部的各种主要的技术创新动力要素，如企业家精神、企业文化、企业创新资源、企业创新机制等。企业外部创新动力则由市场需求、市场竞争、技术发展等政策引导。

从内部动力来看，存在着内部投入机制、内部协作机制、激励机制等问题。如创新意识不强，危机意识不足；国有企业科技成果以股权、期权、项目收益提成等方式参与分配政策的可操作性落实难，使得国有创新人才难以得到充分激励；国有企业的员工冗繁，体制化明显使得员工执行力不够，效率低下，缺乏进取和主动创新精神。

从外部动力来看，企业首先要有逐利动机，这是企业家的天性，但是从逐利动机到创新动机，到最后的价值实现，到获得超额利润，并不是一个必然的过程。企业可以通过垄断、政策支持、扩大产能、投资房地产等方式去实现利润。我国过去大量的企业技术创新政策是集中在鼓励创新行为的环节，而通过市场环境引导、"倒逼"企业通过技术创新实现赢利的政策不足[1]。同时，政策的细化程度和配套程度也不完善。

第二，技术创新市场导向机制不健全。经过改革开放以来的多年努力，我国科技创新的市场导向逐步完善，成为具有重要国际影响的科技创新大国。但与落实创新驱动发展战略的要求相比，与把握好全球产业变革的重大历史机遇的需求相比，我国技术创新市场导向机制还只是粗具雏形，仍面临着企业创新能力不强、市场机制不完善等问题，亟须进一步深化改革，突出企业和市场的作用。

从成果转化看，产业的转型升级离不开市场，技术的创新价值也要通过市场才能实现。目前，一些本应有转化前景的技术创新活动只停留在研究阶段，没有实现商业化，这其中存在研发活动不以市场为导向的原因，同时也反映了科技成果转化体系不健全的问题[2]。同时，由于收益与风险的不平衡，部分科研人员和单位宁可不选择向工业化生产领域转化，而是进行小规模生产，甚至束之高阁不去转化，根本无经济效益可言，也造成了有效供给不足。

从评价导向看，长期以来科技成果的"价值"都是单纯以获得国家经费多少、发表论文数量、参与人学术地位高低、所获奖励级别和数量来确定。这种评价体系仅体现了科技成果的"技术价值"，忽略了"市场价值"，结果导致科研不是面向市场需要，仅是单纯追求学术价值和地位而进行与实际脱节的研究。市场价值的缺失又造成科技成果的有效供给不足，科研的低水平重复，出现"滞销"现象。

第三，技术的积累和有效集成不足。技术创新不等同于某一项全

---

[1] 国有企业集团总部为所属研究院或子公司划拨的研发经费存在营业税和所得税反复征收的问题，进一步加大了企业内部协作创新的成本

[2] 郭娅：《我国技术创新存在的问题》，《经济问题探索》2004年第9期。

新的技术和产品,技术创新活动也不是一夜之间发生的,而是存在着一个发生、发展的变化过程。企业技术的创新是企业在技术实体要素的积累基础上,依靠知识和技术能力的积累产生的。目前我国很多企业认为技术创新就等同于某一项全新的技术和产品,并希望靠此技术和产品一举独占市场,而没认识到技术跨度过大可能会带来的技术和市场的风险,同时也没有认识到单一技术或产品如果没有一定积累,其新颖性也很难持久。

企业真正的技术底蕴在于持续的技术改进过程中,由于这些在同一方向或向相关方向延伸的技术或产品的数量非常大,最终可以构成企业具有广泛适应性,获得难以模仿的技术能力。与发达国家相比,我国大多数企业尚未建立成规模的研发机构,研发投入还主要集中于产品、工艺渐进性创新和对引进技术的消化、再创新阶段,对创意、科技成果的工程化能力尚不足。

第四,面临着前所未有的国际技术经济竞争。2008年国际金融危机后,主要发达国家纷纷调整战略方向,从传统的"去工业化"[1]调整为"再工业化",转而发展高附加值的高技术产业和战略性新兴产业。美国[2]和德国[3]等国家推出了一系列以振兴制造业为中心的战略举措[4]。因此,当前的国际技术竞争态势已经完全不同于日韩创新时期欧美国家的"去工业化"目标。

同时,我国劳动力成本优势减弱,要获得新的竞争优势唯有通过

---

[1] 从20世纪50年代开始,以美国为代表的发达国家开始了"去工业化"过程,将传统的劳动密集型产业等低端制造业转移到生产要素成本较低的国家,本国制造业所占国内生产总值的比重持续下降。虽然"去工业化"后的经济服务化趋势强化了发达国家在高端服务业的优势,但虚拟经济的过度发展容易诱发经济泡沫,从而加剧了宏观经济波动,进而引发了20世纪末的互联网泡沫的破灭以及2008年的国际金融危机。

[2] 美国奥巴马政府于2009年年底提出"再工业化"战略,通过加大政府对战略性新兴产业的扶持力度、税收激励等方式发展高附加值、高技术含量的先进制造业;2014年4月18日,美国AT&T、思科、IBM和英特尔公司在波士顿宣布成立工业互联网联盟。

[3] 德国政府于2013年批准了《工业4.0》工作组提交的《保障德国制造业的未来——关于实施工业4.0战略的建议》,即"工业4.0"计划。

[4] 沈坤荣、赵倩:《创新驱动发展的国际经验以及对中国的启示》,《学习与探索》2015年第11期。

技术创新。通过 30 多年的工业化，我国劳动力、土地等要素成本随之增加，而金融危机后欧美工人工资增长相对缓慢甚至下降①。厂房、原材料、燃料、国际运费等海外投资成本也有所增长。

(二) 日韩经验中的可借鉴因素

从我国产业技术发展现状看，日本、韩国等国的经验，有的目前仍有较好的参考价值，有的已过了国际经济发展的窗口期，需要进行必要的政策调整，挖掘新的政策红利。

第一，政府重在提供公共服务，产业中高端发展根本上要靠企业提高创新能力。一方面，技术创新离不开政府的扶持。技术创新具有公共产品属性，这决定了政府对技术创新扶持的必要性。但是，这种扶持不简单等同于当时日韩政府的产业规划、科技规划，而是要通过稳定创新链前端投入、保障后端市场公平等方面，维持一个良好的创新生态。另一方面，要按照社会主义市场经济的要求，引导和倒逼企业将发展路径转向更多依靠技术创新上来。

第二，技术引进依然重要，但难度加大。从历史上看，技术引进是实现经济增长、科技进步和社会发展的有效途径，是发展中国家试图缩短与日本②、美国等发达国家技术差距、实现经济赶超战略的最佳选择。近年来，随着我国科技和产业竞争力的增强，欧美的企业、科研机构对我方逐渐开始表现出一定的警惕，对于一些重要的研发机构或研发活动，我国企业参与合作的难度增加。面对国外企业对于核心技术的封锁，我国引进的更多的是成熟或标准化的技术，对于技术进步的贡献有限。

---

① 财新网对江苏、广东等省 588 家企业的调查显示，从 2008 年到 2010 年，机械设备、纺织等领域人工成本增加了约 1.7%，占总成本的比例也从 11.1% 上升至 12.3%。

② 20 世纪 70 年代，日本通过引进、消化、赶超的技术模式，确实使信息产业快速发展，节约大量研究开发费用，缩短了与先进技术的差距。但是，进入 20 世纪 90 年代后，日本从美国等发达国家获得先进技术的难度空前加大，日本难以再引进所需要的尖端技术。原来的模式已经无法为日本经济参与国际竞争和实现持续增长提供动力。日本虽然意识到解决技术自主问题的重要性，但实际上日本技术自主问题未得到真正解决，至今仍停留在跟踪阶段。20 世纪 80 年代中后期，日本半导体产量虽然超过了美国，但在需要丰富创造性的 CPU 的开发上仍然是美国一统天下。

第三，共性技术的开发、消化、吸收要适应新的技术经济范式。任何技术经济范式都是在科技创新与经济结构两者互动的关系基础上发展起来的。实现两者发生作用的最直接因素即是"关键生产要素"，其主要特征包括：成本较低并且相对成本迅速下降；在长期内几乎无限的供应能力；在整个经济系统中具有广泛的应用前景。与日韩当时的共性技术研发相比，作为关键生产要素的新兴技术呈现群发性和融合性特征，需要更加稳定、包容的公共研发平台。当前，以新一代信息技术、新能源、生物技术等为代表的新兴技术已具备了关键生产要素的特征，对其他新兴技术和产业的促进作用非常明显。

第四，产业技术创新，需要立足开放型的经济新体制。自2010年取代日本成为世界第二大经济体、2013年取代美国成为世界第一大贸易国和第一大外汇储备国以来，构建开放型的经济新体制已经成为我国经济发展的必然选择。一方面，多年的工业化发展必然要面向全球扩展新的发展空间，另一方面，我国资本积累相对充足，也具有前所未有的对外投资冲动。这不仅意味着进一步打开国门把外资"请进来"，更意味着让更多的国内资本和产能"走出去"。因此，需要立足我国改革开放已有的基础，通过科技创新合作为先导，为资本合作扩张打开新空间，进而带动我国制造业向全球的扩展，带动产业向中高端发展。

六 政策建议

《国家创新驱动发展战略纲要》既提出了推动产业技术体系创新，创造发展新优势的战略任务，也将改革创新治理体系，培育创新友好的法治环境、市场环境和文化环境作为战略保障。当前，立足我国经济发展新常态和供给侧结构性改革的新要求，借鉴国外的经验教训，我国推动产业向中高端发展需要重点关注以下几方面。

（一）充分保护企业通过创新获得的合理收益，激发企业创新内生动力

一是着力通过环境、质量、要素成本、反垄断等倒逼机制，促使企业把逐利动机转化为创新动机，特别是要有效保护企业通过创新获得的合法利益，如修订落实专利法、反垄断法等法律法规，研究制定产业准入负面清单、职务发明条例等政策，建立公平竞争审查、商业秘密诉前保护等制度。二是通过供给侧的改革，根据企业规模、领域的不同特点，分类加强公共创新服务，提供多元化的公共产品，降低企业技术创新的成本和风险，提高企业技术创新效率。三是通过需求侧政策、释放明确的市场信号，引导企业集成技术、资本、人力等资源，通过公平的市场竞争环境实现价值。

（二）增强企业技术创新能力，从产业技术体系的视角推动创新

第一，加快构建符合创新规律和发展阶段要求的产业创新链，加强产业上下游企业、大中小企业、配套企业之间的协同创新。第二，全面展开企业研发组织布局。大幅度提高大型企业建立研发机构的比例，优先支持行业骨干企业建设一批国家重点实验室、国家工程（技术）研究中心和国家工程实验室等。第三，加强市场导向、企业主体的产学研合作机制建设。鼓励各产业内企业在自愿原则下，采取共同投资、利益合约方式组建产业技术创新联盟；支持中小微企业自主联合或与大学、科研院所结合成立不同类型的研发机构。

（三）推动政府从科技管理到创新治理的转变，完善政策法律，营造有利于创新的生态系统

第一，政府需要完善法律制度，加强政策协调，发挥政策、规划、标准等引导作用，积极营造公平、开放、透明的市场环境。第二，政府应加大对基础研究的投入，增加对前瞻性技术的研究，为实现自主研发和技术突破建立基础。第三，政府要发挥桥梁和纽带的作用，促使企业、大学及研究机构间建立技术合作关系。第四，搭建技术创新信息平台，向企业提供技术、信息、金融、法律等方面的服务。开展技术预测和产业技术评估，对前端的科技政策进行必要的调整。第五，改善基础设施。如破除通信行业的垄断，促使其提高服务水平的同时，降低收费标准，以提高企业的信息化程度及降低产品成本，提高产品竞争力。

（执笔人：李哲　曾智泽）

参考文献

1. ［日］纲川菊美：《日本的技术能力——其水平与开发能力》，［日］《社会科学研究》1989年第1期。
2. 陈劲等：《科学、技术与创新政策》，科学出版社2013年版。
3. 丁跃进：《日韩民营企业发展的历史比较及其启示》，《改革与战略》2008年第3期。
4. ［美］克里斯托夫·弗里曼：《技术政策与经济绩效：日本国家创新系统的经验》，张宇轩译，东南大学出版社2008年版。
5. 李宽、王会利：《美国、日本和中国技术引进与创新的比较》，《经济管理》2004年第3期。
6. 李平：《R&D资源约束下中国自主创新能力提升的路径选择》，人民出版社2011年版。
7. 沈正岩：《产业转型升级的"韩国经验"》，《政策瞭望》2008年第3期。
8. 杨志安：《韩国技术创新的税收政策及启示》，《税务研究》2004年第1期。
9. 易先忠：《后发不均质大国技术创新能力提升模式与政策机制研究》，格致出版社、上海人民出版社2013年版。
10. 张明龙：《从引进技术走向自主创新——韩国科技创新路径研究》，《科技管理研究》2008年第7期。
11. 张文强：《中国产业技术创新与产学研结合的理论与实践》，中国社会科学出版社2013年版。

附录一 我国技术创新政策汇总（2006年1月—2016年9月）

颁布日期	政策名称	颁布机构
2006年1月10日	展会知识产权保护办法（商务部等4部门令2006年第1号）	商务部、国家工商总局、国家版权局、国家知识产权局
2006年1月24日	"技术创新引导工程"实施方案（国科发政字〔2006〕31号）	科学技术部、国务院国资委、中华全国总工会
2006年1月26日	关于进一步加强委属高校与军工科研院所和企业联合培养研究生工作的若干意见（科工人〔2006〕108号）	国防科学技术工业委员会
2006年1月26日	关于实施科技规划纲要增强自主创新能力的决定（中发〔2006〕4号）	中共中央、国务院
2006年2月7日	实施《国家中长期科学和技术发展规划纲要（2006—2020年）》的若干配套政策（国发〔2006〕6号）	国务院
2006年2月13日	国务院关于加快振兴装备制造业的若干意见（国发〔2006〕8号）	国务院
2006年2月28日	国家高技术产业发展项目管理暂行办法（中华人民共和国国家发展和改革委员会2006年第43号令）	国家发展改革委
2006年3月15日	关于加快发展技术市场的意见（国科发市字〔2006〕75号）	科学技术部
2006年4月13日	关于开展创新型企业试点工作的通知（国科发政字〔2006〕110号）	科学技术部、国务院国资委、中华全国总工会

续表

颁布日期	政策名称	颁布机构
2006年4月19日	关于加强知识产权资产评估管理工作若干问题的通知（财企〔2006〕109号）	财政部、国家知识产权局
2006年5月18日	信息网络传播权保护条例（中华人民共和国国务院令第468号）	国务院
2006年6月13日	关于实施促进自主创新政府采购政策的若干意见（财库〔2006〕47号）	财政部
2006年6月30日	中国进出口银行支持高新技术企业发展特别融资账户实施细则（进出银〔2006〕120号）	中国进出口银行
2006年7月13日	关于印发关于建设国家工程实验室的指导意见的通知（发改办高技〔2006〕1479号）	国家发展改革委
2006年8月21日	关于改进和加强中央财政科技经费管理的若干意见（国办发〔2006〕6号）	国务院办公厅转发财政部、科技部发布
2006年9月8日	关于企业技术创新有关企业所得税优惠政策的通知（财税〔2006〕88号）	财政部、国家税务总局
2006年10月12日	专利费用减缓办法（国家知识产权局令第39号）	国家知识产权局
2006年10月24日	关于环境标志产品政府采购实施的意见（财库〔2006〕90号）	财政部、国家环保总局
2006年10月25日	关于企业实行自主创新激励分配制度的若干意见（〔2006〕383号）	财政部、国家发展改革委、科学技术部、劳动保障部
2006年11月24日	国家开发银行高新技术领域软贷款实施细则（开行发〔2006〕399号）	国家开发银行
2006年12月7日	科技企业孵化器（高新技术创业服务中心）认定和管理办法（国科发高字〔2006〕498号）	科学技术部
2006年12月7日	关于进一步支持出口信用保险为高技术企业提供服务的通知（财金〔2006〕118号）	财政部

续表

颁布日期	政策名称	颁布机构
2006年12月28日	关于商业银行改善和加强对高新技术企业金融服务的指导意见(银监发[2006]94号)	银行业监督管理委员会
2006年12月28日	支持国家重大科技项目政策性金融政策实施细则(银监发[2006]95号)	银行业监督管理委员会
2006年12月28日	关于加强和改善对高新技术企业保险服务有关问题的通知(保监发[2006]129号)	中国保险监督管理委员会、科学技术部
2006年12月31日	关于依托转制院所和企业建设国家重点实验室的指导意见(国科发基字[2006]559号)	科学技术部
2006年12月31日	关于提高知识产权信息利用和服务能力推进知识产权信息服务平台建设的若干意见(国科发政字[2006]562号)	科学技术部
2006年12月31日	关于纳税人向科技型中小企业技术创新基金捐赠有关所得税政策问题的通知([2006]171号)	财政部、国家税务总局
2006年12月31日	关于进一步推动科研基地和科研基础设施向企业及社会开放的若干意见(国科发基字[2006]558号)	科学技术部
2007年1月5日	关于在重大项目实施中加强创新人才培养的暂行办法(国科发计字[2007]2号)	科学技术部
2007年1月9日	关于改进和加强重大技术装备研制经费管理的若干意见(财建[2007]1号)	财政部、发展改革委
2007年1月14日	关于落实国务院加快振兴装备制造业的若干意见有关进口税收政策的通知(财关税[2007]11号)	财政部、国家发展改革委、海关总署、国家税务总局
2007年1月15日	科技计划支持重要技术标准研究与应用的实施细则(国科发计字[2007]24号)	科学技术部、国家质量监督检验检疫总局、国家发展改革委、财政部
2007年1月31日	科技开发用品免征进口税收暂行规定(财政部等3部门令[2007]第44号)	财政部、海关总署、国家税务总局

续表

颁布日期	政策名称	颁布机构
2007年1月31日	关于产业技术研究与开发资金试行创业风险投资的若干指导意见（财建〔2007〕8号）	财政部、国家发展改革委
2007年2月7日	关于促进创业投资企业发展有关税收政策的通知（财税〔2007〕31号）	财政部、国家税务总局
2007年2月15日	关于建立海外高层次留学人才回国工作绿色通道的意见（国人部发〔2007〕26号）	人事部、教育部、科技部、财政部、外交部、国家发展改革委、公安部、商务部、人民银行、国资委、国务院侨办、中国科学院、国家外专局、海关总署、税务总局、工商总局
2007年3月2日	关于进一步加强引进海外优秀留学人才工作的若干意见（教外留〔2007〕8号）	教育部
2007年3月5日	国家工程研究中心管理办法（中华人民共和国国家发展和改革委员会令第52号）	国家发展改革委
2007年3月30日	关于印发促进国家高新技术产业开发区进一步发展——增强自主创新能力的若干意见的通知（国科发高字〔2007〕152号）	科学技术部、国家发展改革委、国土资源部、建设部
2007年4月2日	关于印发〈关于加强知识产权保护和行政执法工作的指导意见〉的通知	国家知识产权局
2007年4月3日	关于印发《自主创新产品政府采购预算管理办法》的通知（财库〔2007〕29号）	财政部
2007年4月3日	关于印发《自主创新产品政府采购评审办法》的通知（财库〔2007〕30号）	财政部
2007年4月3日	关于印发〈自主创新产品政府采购合同管理办法〉的通知（财库〔2007〕31号）	财政部

续表

颁布日期	政策名称	颁布机构
2007年4月19日	国家认定企业技术中心管理办法（国家发展和改革委员会等五部门令第53号）	国家发展改革委、科学技术部、财政部、海关总署、国家税务总局
2007年5月10日	关于进一步发挥信用保险作用支持高新技术企业发展有关问题的通知（国科发财字〔2007〕254号）	科学技术部、中国出口信用保险公司
2007年5月18日	中央科研设计企业实施中长期激励试行办法（国资发分配〔2007〕86号）	国资委、财政部、科学技术部
2007年6月16日	关于对创新型试点企业进行重点融资支持的通知（开行发〔2007〕225号）	国家开发银行、科学技术部
2007年6月30日	关于加强专业技术人员继续教育工作的意见（国人部发〔2007〕96号）	人事部、教育部、科学技术部、财政部
2007年7月5日	国家级示范生产力促进中心认定和管理办法（国科发高字〔2007〕403号）	科学技术部
2007年7月6日	科技型中小企业创业投资引导基金管理暂行办法（财企〔2007〕128号）	财政部、科学技术部
2007年7月30日	关于建立政府强制采购节能产品制度的通知（国办发〔2007〕51号）	国务院
2007年8月6日	关于进一步加强国家重点领域紧缺人才培养工作的意见（教高〔2007〕16号）	教育部、国家发展改革委、财政部、人事部、科学技术部、国资委
2007年9月4日	关于企业加强研发费用财务管理的若干意见（财企〔2007〕194号）	财政部
2007年9月10日	国家技术转移示范机构管理办法（国科发火字〔2007〕565号）	科学技术部
2007年10月23日	关于支持中小企业技术创新的若干政策（发改企业〔2007〕2797号）	国家发展改革委、教育部、科学技术部、财政部、人事部、人民银行、海关总署、国家税务总局、银监会、统计局、国家知识产权局、中国科学院

续表

颁布日期	政策名称	颁布机构
2007年11月7日	关于印发《关于开展知识产权维权援助工作的指导意见》的通知（国知发管字〔2007〕157号）	国家知识产权局
2007年12月5日	国家技术转移促进行动实施方案（国科发火字〔2007〕609号）	科学技术部、教育部、中国科学院
2007年12月6日	建立和完善知识产权交易市场的指导意见（发改企业〔2007〕3371号）	国家发展和改革委员会、科学技术部、财政部、国家版权局、国家知识产权局
2007年12月29日	中华人民共和国科学技术进步法	全国人民代表大会常务委员会
2008年1月17日	关于印发"十一五"重大技术装备研制和重大产业技术开发专项规划的通知（发改高技〔2008〕162号）	国家发展改革委
2008年1月23日	关于印发〈首台（套）重大技术装备试验、示范项目管理办法〉的通知（发改工业〔2008〕224号）	国家发展改革委、科学技术部、财政部、国防科工委
2008年3月10日	关于利用金融手段支持国家科技兴贸创新基地的指导意见（商产发〔2008〕66号）	国防科工委
2008年4月14日	高新技术企业认定管理办法（国科发火字〔2008〕172号）	科学技术部、财政部、国家税务总局
2008年4月23日	关于加强创新方法工作的若干意见（国科发财〔2008〕197号）	科学技术部、国家发展改革委、教育部、中国科学技术协会
2008年6月5日	关于印发国家知识产权战略纲要的通知（国发〔2008〕18号）	国务院
2008年6月27日	国家科技计划支持产业技术创新战略联盟暂行规定（国科发计〔2008〕338号）	科学技术部
2008年6月30日	关于嵌入式软件增值税政策的通知（财税〔2008〕92号）	财政部、国家税务总局
2008年10月18日	关于创业投资引导基金规范设立与运作的指导意见（国办发〔2008〕116号）	国务院办公厅转发发展改革委、财政部、商务部

续表

颁布日期	政策名称	颁布机构
2008年12月10日	关于进一步推动国家科技基础条件平台开放共享工作的通知（国科发计〔2008〕722号）	科学技术部、财政部
2008年12月15日	关于促进自主创新成果产业化的若干政策（国办发〔2008〕128号）	国务院办公厅
2008年12月23日	关于修改《国家科学技术奖励条例实施细则》的决定（科学技术部令第13号）	科学技术部
2008年12月27日	关于修改《中华人民共和国专利法》的决定（中华人民共和国主席令（十一届第八号）	全国人民代表大会常务委员会
2008年12月30日	关于推动产业技术创新战略联盟构建的指导意见（国科发政〔2008〕770号）	科学技术部、财政部、教育部、国务院国资委、中华全国总工会、国家开发银行
2009年1月23日	关于开展节能与新能源汽车示范推广试点工作的通知（财建〔2009〕6号）	财政部、科学技术部
2009年2月1日	禁止进口限制进口技术管理办法（商务部令2009年第1号）	商务部
2009年2月1日	技术进出口合同登记管理办法（商务部令2009年第3号）	商务部
2009年3月24日	关于动员广大科技人员服务企业的意见（国科发政〔2009〕131号）	科学技术部、教育部、国务院国有资产监督管理委员会、中国科学院、中国工程院、国家自然科学基金委员会、中国科学技术协会
2009年4月20日	禁止出口限制出口技术管理办法（商务部、科学技术部令2009年第2号）	商务部、科学技术部
2009年4月22日	关于实施高新技术企业所得税优惠有关问题的通知（国税函〔2009〕203号）	国家税务总局

续表

颁发日期	政策名称	颁布机构
2009年4月24日	关于技术转让所得减免企业所得税有关问题的通知（国税函［2009］212号）	国家税务总局
2009年4月30日	关于实施创业投资企业所得税优惠问题的通知（国税发［2009］87号）	国家税务总局
2009年5月5日	关于进一步加大对科技型中小企业信贷支持的指导意见（银监发［2009］37号）	中国银行业监督管理委员会、科学技术部
2009年5月5日	工业和信息化部科技部财政部税务总局关于印发《国家产业技术政策》的通知（工信部联科［2009］232号）	工业和信息化部、科学技术部、财政部、国家税务总局
2009年6月2日	关于印发《国家技术创新工程总体实施方案》的通知（科技部国科发政［2009］269号）	科学技术部、财政部、教育部、国务院国资委、中华全国总工会、国家开发银行
2009年7月16日	关于实施金太阳示范工程的通知（财建［2009］397号）	财政部、科学技术部、国家能源局
2009年7月24日	科技重大专项进口税收政策暂行规定（财关税［2010］28号）	财政部、科学技术部、国家发展改革委、海关总署、国家税务总局
2009年8月24日	关于股权激励有关个人所得税问题的通知（国税函［2009］461号）	国家税务总局
2009年9月2日	关于印发《民口科技重大专项资金管理暂行办法》的通知（财教［2009］218号）	财政部、科技部、国家发展改革委
2009年9月21日	关于实施中国留学人员回国创业启动支持计划的意见（人社部发［2009］112号）	人力资源和社会保障部
2009年12月1日	关于印发《关于推动产业技术创新战略联盟构建与发展的实施办法（试行）》的通知（国科发政［2009］648号）	科学技术部
2009年12月7日	关于鼓励技术出口的若干意见（商服贸发2009年第584号）	商务部、科学技术部

续表

颁发日期	政策名称	颁布机构
2010年1月17日	研发机构采购国产设备退税管理办法（2010版）（国税发［2010］9号）	国家税务总局
2010年2月1日	中关村国家自主创新示范区企业股权和分红激励实施办法（财企［2010］8号）	财政部、科学技术部
2010年2月12日	全国人民代表大会常务委员会关于修改《中华人民共和国著作权法》的决定（中华人民共和国主席令第26号）	全国人民代表大会常务委员会
2010年3月11日	关于进一步做好科技保险有关工作的通知（保监发［2010］31号）	中国保险监督管理委员会、科学技术部
2010年3月24日	国务院关于修改《中华人民共和国知识产权海关保护条例》的决定（国务院令第572号）	国务院
2010年4月1日	国家中长期人才发展规划纲要（2010—2020年）（中发［2010］6号）	中共中央、国务院
2010年7月1日	中国资源综合利用技术政策大纲	国家发展改革委、科学技术部、工业和信息化部、国土资源部、住房和城乡建设部、商务部
2010年7月1日	国家科技重大专项知识产权管理暂行规定（国科发专［2010］264号）	科学技术部、国家发展改革委、财政部、国家知识产权局
2010年8月12日	关于加强知识产权质押融资与评估管理支持中小企业发展的通知（财企［2010］199号）	财政部、工业和信息化部、中国银行业监督管理委员会、国家知识产权局、国家工商行政管理总局、国家版权局
2010年8月26日	专利权质押登记办法（国家知识产权局令第56号）	国家知识产权局
2010年9月21日	对中关村科技园区建设国家自主创新示范区有关股权奖励个人所得税试点政策的通知（财税［2010］83号）	财政部、国家税务总局
2010年10月8日	对中关村科技园区建设国家自主创新示范区有关研究开发费用加计扣除试点政策的通知（财税［2010］81号）	财政部、国家税务总局

续表

颁发日期	政策名称	颁布机构
2010年10月10日	关于加快培育和发展战略性新兴产业的决定（国发〔2010〕32号）	国务院
2010年10月11日	关于在部分中央企业开展分红权激励试点工作的通知（国资发改革〔2010〕148号）	国务院国有资产监督管理委员会
2010年10月13日	关于豁免国有创业投资机构和国有创业投资引导基金国有股转持义务有关问题的通知（财企〔2010〕278号）	财政部、国务院国有资产监督管理委员会、中国证券监督管理委员会、全国社会保障基金理事会
2010年11月4日	青年海外高层次人才引进工作细则（组通字〔2010〕63号）	中共中央组织部
2010年11月5日	关于技术先进型服务企业有关企业所得税政策问题的通知（财税〔2010〕65号）	财政部、国家税务总局、商务部、科技部、国家发展改革委
2010年11月22日	国家知识产权局关于印发〈知识产权人才"十二五"规划（2011-2015年）〉的通知（国知发人字〔2010〕148号）	国家知识产权局
2010年12月9日	科技型中小企业创业投资引导基金股权投资收入收缴暂行办法（财企〔2010〕361号）	财政部、科学技术部
2010年12月24日	促进科技和金融结合试点实施方案（国科发财〔2010〕720号）	科学技术部、中国人民银行、中国银行业监督管理委员会、中国证券监督管理委员会、中国保险监督管理委员会
2011年1月1日	关于印发创新人才、推进计划实施方案的通知（国科发政〔2011〕538号）	科学技术部、人力资源和社会保障部、财政部、教育部、中国科学院、中国工程院、国家自然科学基金委员会、中国科学技术协会
2011年1月10日	关于《中关村国家自主创新示范区企业股权和分红激励实施办法》的补充通知（财企〔2011〕1号）	财政部、科学技术部

续表

颁发日期	政策名称	颁布机构
2011年1月28日	关于印发进一步鼓励软件产业和集成电路产业发展若干政策的通知（国发［2011］4号）	国务院
2011年5月12日	关于支持软件产业和集成电路产业发展的有关政策规定和措施（总署公告［2011］30号）	海关总署
2011年5月31日	关于高新技术企业境外所得适用税率及税收抵免问题的通知（财税［2011］47号）	财政部、国家税务总局
2011年6月15日	关于印发《关于加强中央企业科技创新工作的意见》的通知（国资发规划［2011］80号）	国务院国有资产监督管理委员会
2011年6月27日	《专利实施许可合同备案办法》（局令第62号）	国家知识产权局
2011年7月1日	产业关键共性技术发展指南（2011年）（工信部科［2011］320号）	工业和信息化部
2011年7月26日	关于印发《国家中长期科技人才发展规划（2010—2020年）的通知》（国科发政［2011］353号）	科学技术部、人力资源和社会保障部、教育部、中国科学院、中国工程院、国家自然科学基金委员会、中国科学技术协会
2011年7月29日	国家国际科技合作基地管理办法（国科发外［2011］316号）	科学技术部
2011年8月11日	关于延长国家大学科技园和科技企业孵化器税收政策执行期限的通知（财税［2011］59号）	财政部、国家税务总局
2011年8月17日	国家国际科技合作专项管理办法（国科发外［2011］376号）	科学技术部、财政部
2011年8月17日	新兴产业创投计划参股创业投资基金管理暂行办法（财建［2011］668号）	财政部、国家发展改革委
2011年10月10日	关于继续执行研发机构采购设备税收政策的通知（财税［2011］88号）	财政部、商务部、海关总署、国家税务总局

续表

颁发日期	政策名称	颁布机构
2011年10月13日	关于软件产品增值税政策的通知（财税〔2011〕100号）	财政部、国家税务总局
2011年10月20日	关于促进科技和金融结合加快实施自主创新战略的若干意见（国科发财〔2011〕540号）	科学技术部、财政部、中国人民银行、国务院国有资产监督管理委员会、国家税务总局、中国银行业监督管理委员会、中国证券监督管理委员会、中国保险监督管理委员会
2011年11月21日	国家中小企业公共服务示范平台（技术类）进口科技开发用品免征进口税收的暂行规定（财关税〔2011〕71号）	财政部、工业和信息化部、海关总署、国家税务总局
2011年12月8日	关于印发2010至2020年国家中长期生物技术人才发展规划的通知（国科发社〔2011〕673号）	科学技术部、人力资源和社会保障部、教育部、中国科学院、中国工程院、国家自然科学基金委员会、中国科学技术协会
2011年12月12日	关于加快发展高技术服务业的指导意见（国办发〔2011〕58号）	国务院办公厅
2011年12月14日	研发机构采购国产设备退税管理办法（2011版）（国家税务总局公告2011年第73号）	国家税务总局
2011年12月29日	关于印发《政府采购促进中小企业发展暂行办法》的通知（财库〔2011〕181号）	财政部、工业和信息化部
2011年12月30日	关于印发《工业转型升级规划（2011—2015）》的通知（国发〔2011〕47号）	国务院
2012年2月6日	关于印发《质量发展纲要（2011—2020年）》的通知（国发〔2012〕9号）	国务院
2012年3月15日	专利实施强制许可办法（局令第64号）	国家知识产权局

续表

颁发日期	政策名称	颁布机构
2012年4月14日	关于印发《资助向国外申请专利专项资金管理办法》的通知（财建［2012］147号）	财政部
2012年4月19日	关于进一步支持小型微型企业健康发展的意见（国发［2012］14号）	国务院
2012年5月4日	关于印发《高等学校创新能力提升计划实施方案》的通知（教技［2012］7号）	教育部、财政部
2012年5月24日	转发发展改革委等部门《关于加快培育国际合作和竞争新优势指导意见》的通知（国办发［2012］32号）	国务院办公厅
2012年6月5日	关于印发《依托企业建设国家重点实验室管理暂行办法》的通知（国科发基［2012］716号）	科学技术部
2012年6月19日	发明专利申请优先审查管理办法（局令第65号）	国家知识产权局
2012年7月9日	关于印发《"十二五"国家战略性新兴产业发展规划》的通知（国发［2012］28号）	国务院
2012年9月1日	关于促进企业技术改造的指导意见（国发［2012］44号）	国务院
2012年9月23日	关于深化科技体制改革，加快国家创新体系建设的意见	中共中央、国务院
2013年1月15日	关于印发《"十二五"国家自主创新能力建设规划》的通知（国发［2013］4号）	国务院
2013年1月28日	关于强化企业技术创新主体地位，全面提升企业创新能力的意见（国办发［2013］8号）	国务院办公厅
2013年1月30日	关于修改《计算机软件保护条例》的决定（国务院令第632号）	国务院

续表

颁发日期	政策名称	颁布机构
2013年1月30日	关于修改《中华人民共和国著作权法实施条例》的决定（国务院令第633号）	国务院
2013年1月30日	关于修改〈信息网络传播权保护条例〉的决定（国务院令第634号）	国务院
2013年1月31日	关于修改《中华人民共和国植物新品种保护条例》的决定（国务院令第635号）	国务院
2013年2月23日	关于印发《国家重大科技基础设施建设中长期规划（2012—2030年）》的通知（国发〔2013〕8号）	国务院
2013年7月5日	关于印发《新材料产业标准化工作三年行动计划》的通知	工业和信息化部
2013年8月1日	关于印发《"宽带中国"战略及实施方案》的通知（国发〔2013〕31号）	国务院
2013年8月8日	关于促进信息消费，扩大内需的若干意见（国发〔2013〕32号）	国务院
2013年8月30日	关于修改《中华人民共和国商标法》的决定（主席令第六号）	全国人民代表大会常务委员会
2013年9月16日	关于印发《产业关键共性技术发展指南（2013年）》的通知	工业和信息化部
2013年9月29日	关于研究开发费用税前加计扣除有关政策问题的通知（财税〔2013〕70号）	财政部、国家税务总局
2013年11月29日	关于深化高等学校科技评价改革的意见（教技〔2013〕3号）	教育部
2013年12月13日	关于全国中小企业股份转让系统有关问题的决定（国发〔2013〕49号）	国务院
2013年12月17日	关于印发《关于加强中央企业品牌建设的指导意见》的通知（国资发综合〔2013〕266号）	国资委

续表

颁发日期	政策名称	颁布机构
2013年12月18日	关于进一步提升专利申请质量的若干意见	国家知识产权局
2014年1月9日	关于加快实施信息惠民工程有关工作的通知（发改高技［2014］46号）	国家发展改革委、中央编办、工业和信息化部、财政部、教育部、公安部、民政部、人力资源社会保障部、国家卫生计生委、审计署、食品药品监管总局、国家标准委
2014年1月22日	关于大力推进体制机制创新—扎实做好科技金融服务的意见	中国人民银行、科技部、银监会、证监会、保监会、知识产权局
2014年1月28日	关于进一步做好新能源汽车推广应用工作的通知（财建［2014］11号）	财政部、科学技术部、工业和信息化部、国家发展改革委
2014年2月26日	关于推进文化创意和设计服务与相关产业融合发展的若干意见（国发［2014］10号）	国务院
2014年3月3日	关于改进加强中央财政科研项目和资金管理的若干意见（国发［2014］11号）	国务院
2014年4月5日	关于印发《2011协同创新中心建设发展规划》等三个文件的通知（教技［2014］2号）	教育部、财政部
2014年4月29日	中华人民共和国商标法实施条例（中华人民共和国国务院令第651号）	国务院
2014年5月2日	关于加快发展现代职业教育的决定（国发［2014］19号）	国务院
2014年5月4日	关于创新服务外包人才培养机制，提升服务外包产业发展能力的意见（教高［2014］2号）	教育部、商务部

续表

颁发日期	政策名称	颁布机构
2014年5月30日	关于印发《国家物联网发展及稀土产业补助资金管理办法》的通知（财企〔2014〕87号）	财政部、工业和信息化部
2014年6月11日	关于印发政府机关及公共机构购买新能源汽车实施方案的通知（国管节能〔2014〕293号）	国管局、财政部、科学技术部、工业和信息化部、发展改革委
2014年7月14日	关于印发《高校国际合作联合实验室建设与管理办法》的通知（教技〔2014〕3号）	教育部
2014年7月14日	关于加快新能源汽车推广应用的指导意见（国办发〔2014〕35号）	国务院办公厅
2014年7月15日	国家知识产权局等八部门印发《关于深入实施国家知识产权战略，加强和改进知识产权管理的若干意见》的通知（国知发协字〔2014〕41号）	国家知识产权局、教育部、科技部、工业和信息化部、国资委、工商总局、版权局、中科院
2014年8月8日	关于印发《国家科技成果转化引导基金设立创业投资子基金管理暂行办法》的通知（国科发财〔2014〕229号）	科技部、财政部
2014年9月30日	关于印发《重大环保装备与产品产业化工程实施方案》的通知（发改环资〔2014〕2064号）	国家发展改革委、工业和信息化部、科学技术部、财政部、环境保护部
2014年10月8日	关于知识产权支持小微企业发展的若干意见（国知发管字〔2014〕57号）	国家知识产权局
2014年10月23日	关于加强进口的若干意见（国办发〔2014〕49号）	国务院办公厅
2014年10月23日	关于印发《关键材料升级换代工程实施方案》的通知（发改高技〔2014〕2360号）	国家发展改革委、财政部、工业和信息化部
2014年11月18日	关于新能源汽车充电设施建设奖励的通知（财建〔2014〕692号）	财政部、科技部、工业和信息化部、国家发展改革委

续表

颁发日期	政策名称	颁布机构
2014年12月3日	关于深化中央财政科技计划（专项、基金等）管理改革方案的通知（国发［2014］64号）	国务院
2014年12月10日	关于转发《知识产权局等单位深入实施国家知识产权战略行动计划（2014—2020年）》的通知（国办发［2014］64号）	国务院办公厅
2014年12月29日	关于加大重大技术装备融资支持力度的若干意见（工信部联装［2014］590号）	工业和信息化部、中国进出口银行
2014年12月31日	关于印发《宽带中国工程实施方案》的通知（发改高技［2014］3060号）	国家发展改革委、财政部、工业和信息化部、科学技术部
2014年12月31日	关于印发《能效"领跑者"制度实施方案》的通知（发改环资［2014］3001号）	国家发展改革委、财政部、工业和信息化部、国管局、国家能源局、国家质检总局、国家标准委
2014年12月31日	知识产权局、国家标准委、工商总局、版权局印发《关于知识产权服务标准体系建设的指导意见》的通知（国知发规字［2014］74号）	国家知识产权局、国家标准委、工商总局、版权局
2014年12月31日	关于国家重大科研基础设施和大型科研仪器向社会开放的意见（国发［2014］70号）	国务院
2015年1月6日	关于促进云计算创新发展，培育信息产业新业态的意见（国发［2015］5号）	国务院
2015年1月21日	关于印发《原材料工业两化深度融合推进计划（2015—2018年）》的通知（工信部原［2015］25号）	工业和信息化部
2015年1月29日	关于审理专利纠纷案件适用法律问题的若干规定	最高人民法院
2015年2月2日	关于开展首台（套）重大技术装备保险试点工作的指导意见（财建［2015］19号）	财政部、工业和信息化部、保监会

续表

颁发日期	政策名称	颁布机构
2015年2月2日	关于开展首台（套）重大技术装备保险试点工作的指导意见（保监发〔2015〕15号）	中国保监会
2015年2月12日	关于加快培育外贸竞争新优势的若干意见（国发〔2015〕9号）	国务院
2015年3月2日	关于发展众创空间，推进大众创新创业的指导意见（国办发〔2015〕9号）	国务院办公厅
2015年3月13日	关于深化体制机制改革，加快实施创新驱动发展战略的若干意见	中共中央、国务院
2015年3月31日	关于印发《战略性新兴产业专项债券发行指引》的通知（发改办财金〔2015〕756号）	国家发展改革委办公厅
2015年4月2日	关于印发《可再生能源发展专项资金管理暂行办法》的通知	财政部
2015年4月7日	关于禁止滥用知识产权排除、限制竞争行为的规定（国家工商行政管理总局令第74号公布）	国家工商行政管理总局
2015年4月13日	关于印发《国家小型微型企业创业示范基地建设管理办法》的通知（工信部企业〔2015〕110号）	工业和信息化部
2015年4月17日	关于页岩气开发利用财政补贴政策的通知	财政部、国家能源局
2015年4月22日	关于2016—2020年新能源汽车推广应用财政支持政策的通知（财建〔2015〕134号）	财政部、科技部、工业和信息化部、国家发展改革委
2015年4月30日	专利代理管理办法（局令第70号）	国家知识产权局
2015年5月7日	关于节约能源使用新能源车船车船税优惠政策的通知（财税〔2015〕51号）	财政部、国家税务总局、工业和信息化部

续表

颁发日期	政策名称	颁布机构
2015年5月4日	关于深化高等学校创新创业教育改革的实施意见（国办发〔2015〕36号）	国务院办公厅
2015年5月8日	关于印发《中国制造2025》的通知（国发〔2015〕28号）	国务院
2015年5月13日	关于开展国家资源再生利用重大示范工程建设的通知	工业和信息化部
2015年5月14日	关于完善城市公交车成品油价格补助政策，加快新能源汽车推广应用的通知	财政部、工业和信息化部、交通运输部
2015年5月18日	关于印发《国家军民结合公共服务平台信息征集和发布管理暂行办法》的通知（工信厅联军民〔2015〕43号）	工业和信息化部办公厅、国防科工局综合司
2015年5月29日	关于修改《专利行政执法办法》的决定（局令第71号）	国家知识产权局
2015年6月8日	关于实施新兴产业重大工程包的通知（发改高技〔2015〕1303号）	国家发展改革委
2015年6月9日	关于促进先进光伏技术产品应用和产业升级的意见	国家能源局、工业和信息化部、国家认监委
2015年6月9日	关于推广中关村国家自主创新示范区税收试点政策有关问题的通知	财政部、国家税务总局
2015年6月11日	关于大力推进大众创业、万众创新若干政策措施的意见（国发〔2015〕32号）	国务院
2015年6月24日	关于运用大数据加强对市场主体服务和监管的若干意见（国办发〔2015〕51号）	国务院办公厅
2015年7月1日	关于积极推进"互联网＋"行动的指导意见（国发〔2015〕40号）	国务院

续表

颁发日期	政策名称	颁布机构
2015年7月31日	关于印发《工业和信息化部贯彻落实〈深入实施国家知识产权战略行动计划（2014—2020年）〉实施方案》的通知（工信厅科〔2015〕85号）	工业和信息化部办公厅
2015年8月26日	关于首台（套）重大技术装备保险补偿机制试点工作有关事宜的通知	财政部办公厅、工业和信息化部办公厅、中国保监会办公厅
2015年9月7日	关于印发《关于进一步加强知识产权运用和保护，助力创新创业的意见》的通知	国家知识产权局、财政部、人力资源和社会保障部、中华全国总工会、共青团中央
2015年9月14日	关于印发《全国性行业协会商会行业公共信息平台建设指导意见（试行）》的通知（发改经体〔2015〕2053号）	国家发展改革委
2015年9月17日	关于开展工业企业知识产权运用标杆示范活动的通知（工信厅科函〔2015〕633号）	工业和信息化部办公厅
2015年9月17日	关于进一步完善固定资产加速折旧企业所得税政策的通知（财税〔2015〕106号）	财政部、国家税务总局
2015年9月23日	关于加快构建大众创业、万众创新支撑平台的指导意见（国发〔2015〕53号）	国务院
2015年9月24日	深化科技体制改革实施方案	中共中央办公厅、国务院办公厅
2015年10月16日	关于印发《云计算综合标准化体系建设指南》的通知（工信厅信软〔2015〕132号）	工业和信息化部办公厅
2015年10月19日	关于印发〈高等职业教育创新发展行动计划（2015—2018年）〉的通知（教职成〔2015〕9号）	教育部
2015年10月23日	关于将国家自主创新示范区有关税收试点政策推广到全国范围实施的通知（财税〔2015〕116号）	财政部、国家税务总局

续表

颁发日期	政策名称	颁布机构
2015年11月2日	关于完善研究开发费用税前加计扣除政策的通知（财税［2015］106号）	财政部、国家税务总局、科技部
2015年11月12日	关于印发《产业关键共性技术发展指南（2015年）》的通知	工业和信息化部
2015年11月25日	关于印发贯彻落实《国务院关于积极推进"互联网＋"行动的指导意见行动计划（2015—2018年）》的通知（工信部信软［2015］440号）	工业和信息化部
2015年11月30日	关于印发《信息技术服务标准化工作五年行动计划（2016-2020）》的通知（工信厅联信软［2015］164号）	工业和信息化部办公厅、国家标准化管理委员会办公室
2015年12月1日	关于调整重大技术装备进口税收政策有关目录及规定的通知	财政部、国家发展改革委、工业和信息化部、海关总署、国家税务总局、国家能源局
2015年12月4日	关于印发《国家科技成果转化引导基金贷款风险补偿管理暂行办法》的通知（国科发资［2015］417号）	科技部、财政部
2015年12月14日	关于印发《产业技术基础公共服务平台建设管理暂行办法》的通知（工信部科［2015］458号）	工业和信息化部
2015年12月18日	关于新形势下加快知识产权强国建设的若干意见（国发［2015］71号）	国务院
2015年12月22日	关于完善陆上风电光伏发电上网标杆电价政策的通知	国家发展改革委
2015年12月24日	关于共同推动大众创业、万众创新工作的意见（发改高技［2015］3065号）	国家发展改革委、中国科学技术协会

续表

颁发日期	政策名称	颁布机构
2015年12月25日	关于加强高等学校科研基础设施和科研仪器开放共享的指导意见（教技厅［2015］4号）	教育部办公厅
2015年12月30日	关于印发《国家智能制造标准体系建设指南（2015年版）》的通知	工业和信息化部、国家标准化管理委员会
2015年12月30日	关于修改《首次公开发行股票并在创业板上市管理办法》的决定（中国证券监督管理委员会令第123号）	中国证券监督管理委员会
2016年1月11日	关于"十三五"新能源汽车充电基础设施奖励政策及加强新能源汽车推广应用的通知（财建［2016］7号）	财政部、科学技术部、工业和信息化部、国家发展改革委、国家能源局
2016年1月29日	关于修订印发《高新技术企业认定管理办法》的通知（国科发火［2016］32号）	科技部、财政部、国家税务总局
2016年2月14日	关于加快众创空间发展服务实体经济转型升级的指导意见（国办发［2016］7号）	国务院办公厅
2016年2月26日	关于印发《国有科技型企业股权和分红激励暂行办法》的通知（财资［2016］4号）	财政部、科学技术部、国资委
2016年2月26日	关于印发实施《中华人民共和国促进科技成果转化法》若干规定的通知（国发［2016］16号）	国务院
2016年3月2日	关于印发《加强信息共享，促进产融合作行动方案》的通知（工信部联财［2016］83号）	工业和信息化部、中国人民银行、中国银行业监督管理委员会
2016年3月11日	关于印发《长江经济带创新驱动产业转型升级方案》的通知（发改高技［2016］440号）	国家发展改革委、科学技术部、工业和信息化部

续表

颁发日期	政策名称	颁布机构
2016年3月16日	关于印发《制造业单项冠军企业培育提升专项行动实施方案》的通知（工信部产业[2016]105号）	工业和信息化部
2016年3月28日	关于发布《国家技术标准创新基地管理办法（试行）》的公告（2016年第2号）	国家标准委
2016年3月29日	关于助推大众创业、万众创新的意见（国质检办[2016]155号）	国家质检总局
2016年4月7日	关于印发《能源技术革命创新行动计划（2016-2030年）》的通知（发改能源[2016]513号）	国家发展改革委、国家能源局
2016年4月21日	关于加强集成电路人才培养的意见（教高[2016]1号）	教育部、国家发展改革委科技部、工业和信息化部、财政部、人力资源社会保障部、国家外专局
2016年4月21日	关于印发《促进科技成果转移转化行动方案》的通知（国办发[2016]28号）	国务院办公厅
2016年4月27日	关于支持银行业金融机构加大创新力度，开展科创企业投贷联动试点的指导意见	中国银监会、科学技术部、中国人民银行
2016年5月8日	关于建设大众创业，万众创新示范基地的实施意见（国办发[2016]35号）	国务院办公厅
2016年5月13日	关于实施制造业升级改造重大工程包的通知（发改产业[2016]1055号）	国家发展改革委、工业和信息化部
2016年5月16日	关于印发《国家规划布局内重点软件和集成电路设计领域》的通知（发改高技[2016]1056号）	财政部、国家税务总局、国家发展改革委、工业和信息化部

续表

颁发日期	政策名称	颁布机构
2016年5月16日	关于印发《中央引导地方科技发展专项资金管理办法》的通知（财教〔2016〕81号）	财政部、科学技术部
2016年5月17日	关于申请首台（套）重大技术装备保费补贴资金等有关事项的通知（财办建〔2016〕60号）	财政部办公厅、工业和信息化部办公厅、中国保监会办公厅
2016年5月19日	国家创新驱动发展战略纲要	中共中央、国务院
2016年5月30日	关于印发《工业和通信业节能与综合利用领域标准制修订管理实施细则（暂行）》的通知（工信厅节〔2016〕87号）	工业和信息化部办公厅
2016年6月2日	关于印发〈国家小型微型企业创业创新示范基地建设管理办法〉的通知（工信部企业〔2016〕194号）	工业和信息化部
2016年6月10日	关于发挥品牌引领作用，推动供需结构升级的意见（国办发〔2016〕44号）	国务院办公厅
2016年7月25日	关于加快居民区电动汽车充电基础设施建设的通知（发改能源〔2016〕1611号）	国家发展改革委、国家能源局、工业和信息化部、住房城乡建设部
2016年7月25日	关于继续执行光伏发电增值税政策的通知（财税〔2016〕81号）	财政部、国家税务总局
2016年7月28日	关于印发《"十三五"国家科技创新规划》的通知（国发〔2016〕43号）	国务院
2016年7月31日	关于进一步完善中央财政科研项目资金管理等政策的若干意见	中共中央办公厅、国务院办公厅
2016年8月3日	关于加强高等学校科技成果转移转化工作的若干意见（教技〔2016〕3号）	教育部、科学技术部

续表

颁发日期	政策名称	颁布机构
2016年8月11日	关于科技企业孵化器税收政策的通知（财税［2016］89号）	财政部、国家税务总局
2016年8月19日	关于印发《制造业创新中心等5大工程实施指南的通知》	工业和信息化部、国家发展改革委、科学技术部、财政部
2016年8月19日	关于完善制造业创新体系，推进制造业创新中心建设的指导意见（工信部科［2016］273号）	工业和信息化部
2016年8月24日	关于印发《中国科学院关于新时期加快促进科技成果转移转化指导意见》的通知（科发促字［2016］97号）	中国科学院、科学技术部
2016年8月25日	关于"十三五"期间中央财政支持开展海洋经济创新发展示范的通知（财建［2016］659号）	财政部、国家海洋局
2016年9月8日	关于印发《推进"一带一路"建设科技创新合作专项规划》的通知	科学技术部、国家发展改革委、外交部、商务部
2016年9月19日	关于印发《智能硬件产业创新发展专项行动（2016—2018年）》的通知（工信部联电子［2016］302号）	工业和信息化部、国家发展改革委
2016年9月20日	关于完善股权激励和技术入股有关所得税政策的通知（财税［2016］101号）	财政部、国家税务总局

附录二 工业企业技术创新调查问卷及企业名录

一 企业基本信息

基本情况	企业名称	
	所属行业	
	企业规模	大型□ 中型□ 小型□
	企业类型	国有或国有控股□ 股份有限□ 有限责任□ 中外合资□ 外商独资□ 股份合作□ 集体□ 合伙□ 其他□
	企业地址	
	公司职工人数	
	拥有大学以上文化程度的职工人数	
	公司技术开发人员人数	
	公司成立年限	30年以上□ 20—30年□ 15—20年□ 10—15年□ 5—10年□ 5年以下□
	联系人及电话	

二 主要调查问题

1. 近3年来企业销售收入增长（选左栏，在对应项中打"√"，下同）或下降（选右栏）：

年份	同比增长				同比下降			
	5%以下	5%—10%	10%—15%	15%以上	5%以下	5%—10%	10%—15%	15%以上
2013								
2014								
2015								

2. 近3年来企业利润增长（选左栏）或下降（选右栏）：

年份	同比增长				同比下降			
	5%以下	5%—10%	10%—15%	15%以上	5%以下	5%—10%	10%—15%	15%以上
2013								
2014								
2015								

3. 近3年来企业研发投入的增长（选左栏）或下降（选右栏）：

年份	同比增长				同比下降			
	5%以下	5%—10%	10%—15%	15%以上	5%以下	5%—10%	10%—15%	15%以上
2013								
2014								
2015								

4. 当前行业技术发展的变化态势
（1）行业技术正在孕育革命性变化□
（2）行业技术正在快速更新升级□
（3）行业技术相对成熟、变化缓慢□
（4）行业技术呈现衰退趋势□

5. 当前企业技术水平与国际先进水平的差距

（1）处于国际领先水平□

（2）基本相当或差距相对较小□

（3）远落后于国际领先水平□

6. 企业主要的生产经营业务情况

（1）以代工生产为主□

（2）以自主品牌为主□

（3）代工生产与自主品牌并有，但代工业务相对稳定□

（4）代工生产与自主品牌并有，但自主品牌发展较快□

7. 不同业务在企业生产经营中的重要性比较（在对应的重要项中打"√"）

	成本控制	技术创新	管理优化	品牌推广	市场销售
非常重要					
一般重要					
相对次要					

8. 企业不同技术创新方式的重要性比较（在对应的重要项中打"√"）

	基于国外引进技术模仿创新	基于产学研合作创新	基于产用供合作创新	企业内部研发	研发外包
非常重要					
一般重要					
不重要					

9. 产品创新和工艺创新的重要性比较（在对应的重要项中打"√"）

（1）产品创新比工艺创新更重要□

（2）工艺创新比产品创新更重要□

（3）产品创新与工艺创新同等重要□
（4）产品创新与工艺创新都不重要□
10. 制约企业开展产品创新、工艺创新的主要因素是（可复选）
（1）企业承受不起技术创新风险□
（2）企业资金积累不足□
（3）缺乏企业家精神□
（4）促进产学研结合的政策不健全□
（5）企业缺乏高素质技术人才□
（6）促进产用供协同创新的政策缺失□
（7）其他（请填写）
11. 企业进行研发投入的主要原因是：（请在下表选择，仅选一项）：

国家政策支持（有优惠政策）是主要原因	企业本身发展的需求是主因，国家政策支持是次要原因	企业本身发展的需求，与国家政策无关

12. 下列政策对促进产业迈向中高端的效果大小（请在下表选择，每个政策仅选一项）：

	作用很大，效果显著	作用、效果一般	没有什么作用和效果	说不清
信贷政策				
土地调控政策				
出口退税政策				
技术创新公共服务政策				
市场培育政策				
控制产能政策				
兼并重组政策				
技术改造政策				

13. 影响企业的产品向中高端提升的主要问题（多选排序）

A. 产品设计有缺陷　B. 生产工艺较落后　C. 市场环境不佳　D. 品牌缺乏知名度　E 市场定位不准、细分不够　F. 生产成本上升　G. 税负加重　H. 发达国家贸易保护　I. 其他

最重要	第二	第三	第四	第五	第六	第七	第八	最不重要

14. 企业应用 CAX 软件与系统情况（可复选）

（1）已广泛应用 CAD□　部分应用 CAD□　偶尔应用 CAD□　没有应用 CAD□

（2）已广泛应用 CAE□　部分应用 CAE□　偶尔应用 CAE□　没有应用 CAE□

（3）已广泛应用 CAI□　部分应用 CAI□　偶尔应用 CAI□　没有应用 CAI□

（4）已广泛应用 CAPP□　部分应用 CAPP□　偶尔应用 CAPP□　没有应用 CAPP□

（5）已广泛应用 CAM□　部分应用 CAM□　偶尔应用 CAM□　没有应用 CAM□

15. CAX 软件与系统在企业开展产品创新和工艺创新中的作用大小

（1）非常大□

（2）较大□

（3）一般□

（4）较小□

（5）无用□

16. 对企业开展产品创新、工艺创新最重要的 CAX 软件与系统是

（1）CAD□

（2）CAE□

（3）CAI□

（4）CAM□

（5）CAPP□

17. 企业所用 CAX 软件与系统来自

（1）国内自主开发的 CAD□　CAE□　CAI□　CAM□　CAPP□（选此项不答第 19、20 题）

（2）国外品牌的 CAD□　CAE□　CAI□　CAM□　CAPP□（选此项不答第 18、21 题）

18. 企业采用国内自主开发的 CAX 软件与系统的理由是（可复选）

（1）与国外品牌比，性能更好，价格更低□

（2）与国外品牌比，性能一样，价格更低□

（3）与国外品牌比，性能稍差，价格更低□

（4）与国外品牌比，后续综合服务更好□

（5）与国外品牌比，使用无安全隐患□

19. 企业采用国外品牌的 CAX 软件与系统的理由是（可复选）

（1）与国内品牌比，价格虽高，性能更好□

（2）与国内品牌比，价格虽高，服务更好□

（3）与国内品牌比，价格虽高，更可靠□

（4）与国内品牌比，价格虽高，后续综合服务更好□

20. 企业不采用国内自主开发的 CAX 软件与系统的理由是（可复选）

（1）与国外品牌比，价格虽低，性能不好□

（2）与国外品牌比，价格虽低，不可靠□

（3）与国外品牌比，价格虽低，服务不好□

（4）与国外品牌比，价格虽低，后续综合服务少□

21. 企业不采用国外品牌的 CAX 软件与系统的理由是（可复选）

（1）与国内品牌比，性能虽好，价格太高□

（2）与国内品牌比，服务不好，使用不方便□

（3）与国内品牌比，使用存在安全隐患□

（4）与国内品牌比，缺乏后续综合服务□

22. 制约企业应用 CAX 软件与系统的原因是（可复选）

（1）价格高，企业买不起□

（2）买来企业里也没人会用□

（3）买来只使用几次不合算□

（4）使用效果不明显□

（5）说不清（包括没听说过、听说但没接触过）□

23. 中小企业普及使用 CAX 软件与系统最希望得到下列哪项政策支持

（1）财政补助购买专用 CAX 软件与系统□

（2）提供 CAX 软件与系统应用培训□

（3）政府建立 CAX 软件与系统公共服务平台提供廉价服务□

（4）政府鼓励发展 CAX 软件与系统应用企业提供市场化研发设计外包服务□

三 其他调查问题

24. 企业在转型升级、迈向中高端过程中面临的瓶颈制约有哪些？比较突出的是哪些？

25. 近年来企业取得的重大技术突破有哪些？这些技术突破是否对企业效益改善、竞争力提升形成足够支撑？

26. 未来企业技术进步的主要方向有哪些（比如柔性制造、个性化生产等）？

27. 要解决本企业当前和未来技术创新过程中面临的最迫切问题，您认为还需要政府出台哪些新的政策举措？

四 青岛调研企业名录

战略性新兴产业：中胶橡胶资源再生（青岛）有限公司、软控股份有限公司、青岛泽灵文化传媒有限公司、青岛天人环境股份有限公司、青岛诺力达智能科技有限公司、青岛明月湖海藻集团、青岛汉缆股份有限公司、青岛东软载波科技股份有限公司、青岛东海药业

装备制造业：中车青岛四方车辆研究所有限公司、青特集团有限公司、青岛中集冷藏箱制造有限公司、青岛特锐德电气股份有限公司、青岛马士基集装箱工业有限公司、青岛海通车桥有限公司

消费品工业：青岛红领集团有限公司、即发集团有限公司、海尔集团公司、澳柯玛股份有限公司、青岛啤酒

原材料工业：青岛双星集团有限责任公司、青岛海湾集团有限公司